中央司法警官学院监所治理体系和治理能力现代化研究专项项目

监狱科研成果转化研究

JIANYU KEYAN CHENGGUO ZHUANHUA YANJIU

李为忠　刘光国◎著

法律出版社 LAW PRESS·CHINA
北京

图书在版编目(CIP)数据

监狱科研成果转化研究 / 李为忠，刘光国著. -- 北京：法律出版社，2022
ISBN 978 - 7 - 5197 - 6947 - 5

Ⅰ. ①监… Ⅱ. ①李… ②刘… Ⅲ. ①监狱－科技成果－成果转化－研究－中国 Ⅳ. ①D926.7

中国版本图书馆 CIP 数据核字(2022)第 134296 号

监狱科研成果转化研究
JIANYU KEYAN CHENGGUO ZHUANHUA YANJIU

李为忠　刘光国　著

责任编辑　慕雪丹
装帧设计　汪奇峰

出版发行　法律出版社
编辑统筹　法商出版分社
责任校对　赵明霞
责任印制　胡晓雅
经　　销　新华书店

开本　710 毫米×1000 毫米　1/16
印张　13.25　　**字数**　212 千
版本　2022 年 11 月第 1 版
印次　2022 年 11 月第 1 次印刷
印刷　唐山玺诚印务有限公司

地址：北京市丰台区莲花池西里 7 号(100073)
网址：www.lawpress.com.cn
投稿邮箱：info@lawpress.com.cn
举报盗版邮箱：jbwq@lawpress.com.cn

销售电话：010 - 83938349
客服电话：010 - 83938350
咨询电话：010 - 63939796

书号：ISBN 978 - 7 - 5197 - 6947 - 5　　**定价**：69.00 元

凡购买本社图书，如有印装错误，我社负责退换。电话：010 - 83938349

前　言

当今,“科学技术是第一生产力”已经成为整个社会的广泛共识,科学技术在生产力发展及社会变革中的现实作用有目共睹。人们越来越认识到科学研究成果向现实生产力转化的重要性、必要性和迫切性,并深入地研究了转化科学研究成果的机制、方法和途径,以切实促进科学研究成果向现实生产力的转化。但是,时至今日,监狱科学研究成果转化的必要性和重要性仍然没有引起人们应有的重视,文献检索和相关部门的文献查询显示,截至目前,监狱科研中还没有针对监狱科研成果转化的相关研究。

为了促进监狱科学研究成果的转化,给予监狱科学成果转化应有的重视,有必要全面揭示转化监狱科学研究成果的重要意义,深入把握监狱科学成果转化的特点,探索监狱科学研究及其成果转化的特点,研究转化监狱科学研究成果的有效机制、对策、方法和途径。

有鉴于此,本书在系统梳理科学研究成果转化的基础上,明确了监狱科研成果转化的内涵与意义,揭示了监狱科研成果转化的形态、特点、条件和途径,分析了监狱科研成果转化的主体与影响因素,探究了监狱科研成果转化中存在的问题及根源,并进一步提出了监狱科研成果转化的针对性对策措施。

希望本书的研究能起到抛砖引玉的作用,唤起各界对监狱科研成果转化的重视与支持,并为监狱科研界的同仁提供参考,进一步做好监狱科研成果转化工作,将监狱科研成果转化的研究不断引向深入。

目录

第一章　导　　论

第一节　研究的社会背景

一、新科技革命的兴起与知识经济的发展以及科技成果转化的基本趋向

（一）新科技革命的兴起与知识经济的发展

进入20世纪，科学技术空前繁荣和发展，人类新的科技革命已悄然兴起，科学技术对社会进步的贡献也越来越突出。科学技术对社会发展贡献的一个重要方面，就是科研成果转化率。正如马克思在《经济学手段》一书中指出的那样："随着大工业的发展，现实财富的创造不是较多地取决于劳动时间和已耗费的劳动量……相反地，却取决于一般的科学水平和技术进步，或者说取决于科学在生产上的应用。"①

进入21世纪，知识经济作为一个新的经济形态，已经成为世界性的发展趋势。知识经济让生产方式从工业生产为主导转向了以知识生产为目的和方向，形成了以知识为主导的社会新范式。知识经济的发展和新经济现象日益引起世界许多国家和地区的高度重视，而科技成果是知识的集合，是知识经济发展的介质。科技成果转化的本质是知识流的运动，科技成果转化效果是知识经济发展的保证。

（二）新科技革命和知识经济时代科技成果转化的基本趋向

在新科技革命和知识经济时代，各个国家和地区的发展表现出不同于过去的特征。科技成果转化也具有区别于以往的明显的特点，表现出以下的基本趋向：

1. 市场的导向和驱动作用愈加明显。在市场经济条件下，市场力量已经成为

---

① 银纯泉：《高新技术成果转化理论与实证研究》，西南农业大学2003年博士学位论文，第18页。

科技成果转化的力量源泉。从成果转化项目的选择和确定、成果转化的过程、成果转化的最终标志,到成果转化市场服务体系的建立和完善,都是以市场为导向的原则。

2. 政府的宏观调控作用不断增强。政府通过制定有关的法律、政策,包括立项引导、资金引导、税收等一系列优惠政策和奖励措施等途径,鼓励和扶持与经济发展、国计民生密切相关的产业,对于提升自主创新能力、增强综合实力和核心竞争力,尤其是拥有自主知识产权的高新技术成果的转化具有重大意义。

3. 产学研合作日益加强。产学研相结合是实现科技与经济紧密结合,加速科技成果转化最有效的形式与途径之一,也是增强自主创新能力、提升产业竞争力的根本性战略举措。当今世界,产学研相结合已成为全球性的一个基本趋势,是实现科技成果高效转化的最佳选择和必由之路。

4. 民间组织或半民间组织在促进科技成果转化工作中也扮演着重要的角色。由于市场机制的建立健全,各类民间、半民间机构迅速发展,同时,随着政治体制改革的深入和政府职能的转变,这类民间、半民间机构的功能得到充分发挥,在促进科技成果转化工作中也扮演着重要的角色。它们运用各种资源、渠道和服务平台,促进企业、高校和科研机构之间以及与政府与金融机构之间的信息交流、联合开发,推动资源优化配置,加速科技成果转化。①

二、世界各国科技成果转化的实践及其成效

伴随着知识经济和新科技革命时代的来临,科技已经成为支撑和引领经济发展及社会进步的主要动力,加速科技成果转化已经成为一个国家快速发展社会生产力、实现经济快速增长的必由之路。当今世界各国综合国力的竞争,归根结底是科学技术的竞争,在某种意义上,也是科技成果转化为现实生产力的速度、规模的竞争。因此,如何加速科技成果转化已成为世界各国共同关注的重大课题。

一是将科技成果转化纳入政府相关部门的职责。在许多经济发达国家和地区,如美国、英国、欧盟等,都专门通过立法成立相应的政府职能部门,对科技成果转化进行管理、指导和协调。实质上就是将科技成果转化纳入政府相关部门的职责中,从而使政府部门的职责制度化、法律化。

---

① 彭文晋主编:《科技成果转化概论》,羊城晚报出版社2008年版,第12-13页。

二是许多国家都加大对科技成果转化的投入力度。例如,日本新技术开发事业团,对持有先进技术,但风险较大,难以转化的项目提供5年期的无息贷款,成功者偿还,失败者可以不偿还;英国政府于1981年制定了《贷款投资担保计划》,规定私人银行机构对高新技术中小企业的贷款,其中总金额的80%由政府担保;美国1950年制定的《国家科学基金法》保证了R & D投入的持续稳定增长,1988年制定的《贸易和竞争法》为科技成果转化提供了强有力的资金支持。①

三是对科技成果转化进行立法,为科技成果转化提供法律保障。例如,为促进科技成果转化,美国先后制定了《国家研究法案》《联邦技术转移法案》等法律,日本先后颁布了《联合研究制度》《研究交流促进法》等法律,法国颁布施行《技术创新和科研法》等法规,从而为科技成果转化提供法律保障。②

自20世纪80年代以来,在经济发达国家,科技成果转化成生产力取得规模效益的比例高达60% -80%,③每年,美国市场上价值400亿美元的经济活动归功于大学的科技成果转化。美国近十年高增长、低膨胀的新经济现象,正是得益于在加快科技成果转化和推广应用中抢占了先机。进入21世纪以来,世界各国尤其是发达国家,把促进科技成果转化作为提升国家综合国力和竞争力的重要手段。④

三、我国科技成果的转化

(一)我国科技成果转化的发展历程

科技成果转化工作与科技体制密切相关。在我国,科技成果转化同科技体制改革同步,随着改革的深化而发展。新中国成立以来,我国科技成果转化工作的发展历程大致分为五个阶段:(1)起步阶段(1949—1978年)。政府把大力发展科学技术事业放在重要战略地位,制定了《1956—1967年科学技术发展远景规划纲要》,初步建立了适合当时科技成果转化需要的工作体系。(2)恢复和探索阶段(1978—1984年)。改革开放促成了我国科技成果转化工作得以恢复和发展。1978年全国科技大会召开,我国科技成果转化工作进入了恢复期,产生了早期的技术市场和初期的科技成果转化服务机构,开始涌现出一批新型民营科技企业,

---

① 郭洪波:《经济发达国家科技成果转化法律环境初探》,载《中国科技论坛》2003年第1期。
② 陈涛:《高校科技成果转化的系统分析》,东北大学2009年博士学位论文,第4-6页。
③ 郭洪波:《经济发达国家科技成果转化法律环境初探》,载《中国科技论坛》2003年第1期。
④ 陈涛:《高校科技成果转化的系统分析》,东北大学2009年博士学位论文,第4-6页。

在实现高科技产业化的道路上率先探索，并为我国“科教兴国”战略的实施迈开了开拓性的一步。(3)推进阶段(1985—1994年)。1985年，随着《关于科学技术体制改革的决定》《1986—2000年科学技术发展规划》的颁布和实施，在国家计划的科技体制下，涌现了一大批科研成果，我国科技成果转化工作进入了一个新的时期。这个阶段，科技体制市场化取向的改革不断深化，技术市场不断发展。1988年邓小平提出“科学技术是第一生产力”的马克思主义论断，进一步推动了科技体制改革的继续进行，为科技成果转化提供了理论上的依据。1988年3月，在北京市中关村地区建立全国第一个国家级高新技术产业开发区——新技术产业开发试验区；8月，国务院批准原国家科委“火炬计划”，决定国家支持高新技术产业的发展，以产业化带动科技成果的转化，从此掀开中国当代改革史上蔚为壮观的旨在促进成果转化，发展高新技术产业的序幕。(4)产业化发展阶段(1995—1999年)。从1995年开始，科技成果转化进入向产业化发展阶段。1995年5月全国科学技术大会召开，国务院作出《关于加速科学技术进步的决定》，并提出实施科教兴国战略是我国的一项基本国策。同年8月全国高新技术产业化工作会议召开，进一步提出实现科技成果转化和高新技术产业化的举措。1996年10月，制定并颁布实施《中华人民共和国促进科技成果转化法》，以法律形式规范了科技成果转化的各个环节，使科技成果转化工作走上了法治轨道，为科技成果转化创造了良好的环境。从1995年开始，全国科技成果转化工作开始升温，进入实质重视阶段。这一时期，利用市场在科技成果转化方面的作用，在更广泛的领域内加速科技成果转化的工作，并在产业化方向上取得了显著成效。(5)面向21世纪跨越式发展阶段(1999年以后)。1999年8月，国家技术创新大会召开，形成了指导性的文件中共中央、国务院《关于加强技术创新，发展高科技，实现产业化的决定》，要求深化科研机构管理体制改革，优化科技力量布局和资源配置。这一时期，国家在继续大力实施“星火计划”等重大科技计划的同时，还启动了科技兴贸行动计划，建立了科技型中小企业创业基金，设立农业科技成果转化基金，形成了较为完整的科技成果转化支撑服务体系。2000年科技部发布《科技评估管理暂行办法》，进一步完善了我国科技成果评价制度；各地也制定了一系列促进科技成果转化的政策和措施，科技成果转化进入以技术创新为核心的跨越式发展阶段。①

① 张健华：《高校科技成果转化中的政府职能研究》，南开大学2010年博士学位论文，第70－79页。

经过这样一个历史发展过程，我国科技成果转化工作的局面已经有了显著的变化：一是以市场为导向的科技体制改革取得了重大进展；二是初步建立了有利于科技成果转化的政策与环境体系；三是初步建立了科技成果转化的支撑体系；四是企业创新的主体地位已初步确立；五是在成果来源上，我国已由技术引进为主转向技术引进与自主创新并重；六是初步形成国内外技术转移与相互渗透的态势；七是科技成果转化的贡献度明显提高。①

（二）我国科技成果转化工作取得的成就经验与不足

目前，我国科技成果转化工作已经有了一个良好的局面，在科技成果转化上取得长足进步，也形成了富有特色的宝贵经验。但是，我们也应该清醒地看到，我国科技成果转化与世界发达国家相比，仍然存在不足。

我国科技成果转化工作取得的成就及经验：一是科技成果转化政策法规制度逐步建立，特别是 1996 年 10 月 1 日起实施的《中华人民共和国促进科技成果转化法》，开创了依法推动科技成果向现实生产力转化的新局面；二是制定和实施了一批促进科技成果转化的国家科技计划，这些在不同战略层次上实施的一系列科技计划在促进科技成果转化中起了重要作用，直接推动科技成果应用和转化；三是科技成果转化技术市场交易逐步活跃，提高科技成果转化的效率；四是科技研发经费投入增强为促进科技成果转化创造条件；五是科技研发人员人才投入数量和质量提升有利于科技成果转化。②

我国科技成果转化的不足是科技成果转化效率仍处于较低水平。由于我国在科技成果转化的运行机制，如融资机制、优惠政策、激励机制、知识产权管理机制等方面存在不足，很难真正起到促进企业、高校和科研院所提高科技成果转化能力和效率的效果，使我国目前科技成果转化率仍处于较低水平。据统计，2009 年我国科技成果转化率平均仅为 20%，实现产业化的不足 5%，专利技术的交易率也只有 5%，远远低于发达国家。这种现状若没有根本性的措施来调整和辅助科技成果转化推广与实施，很难解决投入绩效高但产出效率低的问题。③

---

① 唐五湘、程桂枝、周飞跃：《新时期加速我国科技成果转化的战略研究》，载《科技管理研究》2006 年第 5 期。

② 喻登科：《科技成果转化知识管理绩效评价研究》，哈尔滨工程大学 2010 年博士学位论文，第 32－34 页。

③ 喻登科：《科技成果转化知识管理绩效评价研究》，哈尔滨工程大学 2010 年博士学位论文，第 34－35 页。

（三）实现我国科技成果转化的重要意义

实现科技成果转化，对于我国具有重要意义。一是只有实现科技成果的转化，才能真正发挥科学技术第一生产力的作用。因此，实现我国科技成果转化是发挥科学技术第一生产力作用的关键环节和必由之路。二是科技成果转化是提高我国综合国力和国际竞争力的基础工程。因为有效的科技创新和科技成果转化的能力，必定能造就一个国家更强大的经济和国防实力，这对于一个国家走上国际大舞台，争取更多的话语权，以及扩大国家的影响力，提升国际地位等都具有特别重要的意义。三是科技成果转化能力的高低，是衡量一个国家自主创新能力强弱的一个重要标志。因此，大力提升科技成果转化能力，无疑是提高我国自主创新能力，建设创新型国家的一项重要举措。四是中央提出了构建和谐社会，以人为本的发展观，这样的发展观即是强调人的全面发展，不仅是满足温饱，更重要的是人也要在精神上发展，进而使社会整体变得更加和谐，而这些都是要依靠科技成果的转化，科技成果转化是建设和谐社会，推进社会文明发展的强大推动力。五是科技成果转化是指科学技术成果转变为可供社会生产生活使用的新技术、新材料、新产品或新服务的实践活动，通过有效的成果转化，从而为实现人类社会的可持续发展提供了可能。因此可以说，大力加快科技成果的转化是实现人类社会可持续发展的可靠保障。①

四、监狱改革与发展

多年来，随着我国监狱体制和制度改革与发展，我国监狱在管理、教育、执法等各项工作取得显著成绩，监狱面貌发生了显著变化。但是，一方面，中国作为世界大国，每年进出监狱的人数 40 万左右，常年在押罪犯 165 万人，监狱收押任务很重，安全监管压力很大、教育管理任务很艰巨；另一方面，当前监狱工作中也存在队伍建设弱化、制度落实不力、矫正不科学、监督不到位等不少问题。②

党的十八大以来，习近平总书记等中央领导多次对监狱工作作出重要批示指示，为做好新形势下监狱工作指明了方向。2013 年 11 月，党的十八届三中全会通过了《中共中央关于全面深化改革若干重大问题的决定》，其中第九部分专门就

---

① 彭文晋主编：《科技成果转化概论》，羊城晚报出版社 2008 年版，第 13 – 15 页。

② 李豫黔：《构建我国监狱工作创新发展八大体系研究（上）》，载《犯罪与改造研究》2017 年第 1 期。

“推进法治中国建设”问题作出具体规定。这一决定对今后监狱的改革和发展提出了宏伟目标和明确要求。在中央部署的关于推进法治中国建设的深化改革的任务中,有多项都涉及监狱,这些重要部署为未来一段时期我国监狱的改革、发展和建设指明了方向。

正是在这样一种背景下,应创新监狱科学研究,实现监狱科研成果的有效转化,将监狱科研成果运用于指导监狱改革与发展实践,解决监狱改革与发展实践中出现的各种热点、难点和焦点问题,最大限度地提高罪犯的改造质量,为正确而有效地完成监狱的各项改革任务,促进国家长治久安而作出应有的贡献。

第二节 研究现状及分析与启示

一、国内外研究的状况

科学技术在生产力发展及社会变革中的现实作用有目共睹,这使人们越来越自觉地认识到了科研成果转化的重要性,并深入地研究了转化科研成果的机制、方法和途径,以切实促进科研成果向现实生产力的转化。

无论是在自然科学领域,还是在哲学社会科学领域,关于科研成果转化的问题也开始引起各领域专家学者们的重视,各领域内科研成果转化的问题开始成为研究的焦点和重点,产生了大量的研究成果。以中国期刊全文数据网 CNKI 中收集到的相关文献资料为例,在 CNKI 数据库中,以 1980—2017 年为检索的时间段,以“科技成果”①为篇名进行检索,显示出相关结果为 24900 条,以“成果转化”为篇名进行检索,显示出相关结果多达 17784 条。

综观国内外的研究成果,我们可以发现,对科技成果转化的研究,主要集中在三个方向:一是对科技成果转化的一般机理、机制、障碍及对策分析等方面的研究;二是农业领域的科技成果转化研究;三是高校方面的科技成果转化研究。

(一)科技成果转化的一般机理、机制、障碍及对策分析等方面的研究

国外具有代表性的研究成果主要有:Giorgio Petroni(2000)对科技成果转化路径的研究;Walter Kit(2003)对 NASA 软件技术转移成功重要因素的研究;Yukako

---

① 科研成果,即科学技术研究成果,简称科技成果,因此在本书中,三个概念是同等程度的概念。

Sunaoshi, Masaaki Koaabe 和 Janet Y. Murray(2004)对企业层面的技术转移进行了研究;Francoise Lemoine(2004)研究科技成果转化与对外贸易的关系;S. Visvanathan(2004)研究了科技成果转化与产品开发风险间的联系;Bernard M. Hoekman(2005)对国内、国际政策对科技成果转化的促进影响进行了研究;Anna Shaojie Cui(2006)对企业在技术转移过程中市场与文化环境的作用关系进行了研究;Gouranga Gopal Das(2007)研究了区域信息化水平对科技成果转化的影响,等等。①

国内具有代表性的研究成果主要有:龙尧的《怎样促使科技成果尽快在生产中推广应用——黑龙江省科技成果转化为生产力的初步调查》(1980),提出了科技成果转化需要满足的三个条件;申可的《科技成果转化的几个问题》(1982),讨论了科技成果转化中的动力与组织问题;彭万志的《抓好七个环节,促进科技成果转化》(1987),提出促进科技成果转化的七个环节;孙淑玲的《科技成果转化机制探讨》(1990),从科技成果转化的条件、动力及促进转化的方式与渠道等方面探讨了成果转化的运行机制;姚慧华的《科技成果转化中的利益机制》(1993),在界定科技成果转化过程的基础上,研究科技成果转化中的利益机制;李安云的《科技成果转化的问题及对策研究》(1996),分析了科技成果转化难的五大症结,并相应提出促进科技成果转化的对策;喻金田的《论三维式科技成果转化机制》(1997),提出了科技成排转化的供给机制、需求机制与引导机制三维模式;张东向的《科技成果转化为现实生产力的社会机制研究》(1998),探讨了科技成果转化的社会机制;李阳的《知识经济环境下促进科技成果转化的对策研究》(2004),通过分析我国科技成果转化工作的现状和问题,借鉴国外的成功经验,给出了促进我国科技成果转化的对策建议,②等等。

(二)农业领域的科技成果转化研究

国外具有代表性的研究成果主要有:Risdon(1992)把成果转化过程分成六个前后衔接的阶段,并明确了六个阶段的主要任务和转化指标;Thomas Eponou(2002)将农业科技成果转化过程分为四个相互联系的子系统;Tenkir Benger

① 喻登科:《科技成果转化知识管理绩效评价研究》,哈尔滨工程大学 2010 年博士学位论文,第 5-6页。

② 喻登科:《科技成果转化知识管理绩效评价研究》,哈尔滨工程大学 2010 年博士学位论文,第 12-15页。

(2002)则利用数学方法研究了农业科技成果转化与农产品价格变化的关系；Michael T. Morrissey(2005)研究农业与食物部门的中小企业在全球市场下的科技成果转化需求，构建了面向技术挑战和市场需求的动态模型，并对科技成果转化关键要素进行了系统分析，等等。①

国内具有代表性的研究成果主要有：王镇沂的《统一组织农业科技中间试验加快科技成果的转化》(1984)，探讨了农业科技成果转化中的中间试验问题；王俊明的《论农业科技成果转化的现状与对策》(1994)，研究了农业科技成果转化利用率低的症结问题，并提出了相应的对策；张雨的《农业科技成果转化运行机制研究》(2005)，深入剖析农业科技成果转化障碍因素，并提出了相关政策建议；叶良均的《农业科技成果转化问题研究》(2008)，以农业科技研究和成果转化的特征为基础，探讨了提高我国农业科技成果转化率的对策建议，②等等。

（三）高校方面的科技成果转化研究

国外具有代表性的研究成果主要有：Hameri(1996)从利益分配机制的视角，研究了企业和高校间的合作问题；Davies(1996)对校企合作的潜在好处进行了研究；George(2002)通过实证研究，发现校企合作可以使企业研发费用降低和研发水平提高；Tom Cook 创造了大学科技成果转化的牛津模式；Rory P. O'Shea (2005)研究了美国校企导向和技术转移、溢出绩效间的关系；Donald(2005)提出高校科技成果转化需要从战略的高度进行研究，等等。③

国内具有代表性的研究成果主要包括：吴鼎福的《高校科技成果转化为生产力的机制》(1992)，将高校科技成果转化的机制总结为三个机制；林林的《高校科技成果转化工作中存在的问题与思考》(1994)，认为高校科技成果转化存在的问题包括三个方面的问题；华琳的《高校科技成果转化中知识产权保护》(1999)，通过分析高校科技成果转化中知识产权保护现状，提出高校保护知识产权的对策与措施；陈涛的《高校科技成果转化的系统分析》(2009)，对高校科技成果转化系统进行了深入分析，并为构建一个适合我国高校科技成果转化系统的理论体系提出

---

① 喻登科：《科技成果转化知识管理绩效评价研究》，哈尔滨工程大学 2010 年博士学位论文，第 4－5 页。

② 喻登科：《科技成果转化知识管理绩效评价研究》，哈尔滨工程大学 2010 年博士学位论文，第 12－15 页。

③ 喻登科：《科技成果转化知识管理绩效评价研究》，哈尔滨工程大学 2010 年博士学位论文，第 5 页。

建设性策略；张健华的《高校科技成果转化中的政府职能研究》（2010），探讨我国高校科技成果转化过程中政府职能的定位和设计问题，[①]等等。

二、监狱科研成果转化研究的现状

然而，文献检索和相关部门的文献查询显示，截至目前，监狱科研中还没有针对监狱科研成果转化的相关研究。

以中国期刊全文数据网 CNKI 中收集到的相关文献资料为例，在 CNKI 数据库中，以 1980—2017 年为检索的时间段，以“监狱成果转化”为篇名进行检索，显示出相关结果为零篇；在高级检索中，以“监狱”且“成果转化”为关键词进行检索时，显示出相关结果为零篇。为了尽可能全面了解监狱科研成果转化的研究情况，害怕有所遗漏，笔者又分别以“监狱科技成果”“监狱研究成果”“监狱理论成果”“罪犯改造研究成果”“狱政管理研究成果”“劳动改造研究成果”等为关键词进行检索，检索结果仍然为零篇。在学术专著方面，目前尚未找到以“监狱科研成果转化”为题的教材和学术著作。在笔者所搜寻到的几十本有关监狱研究的教材和著作中，也没有发现涉及监狱科研成果转化的研究。总体来看，到目前为止，以监狱科研成果转化为问题的专门和独立的研究仍然为空白。笔者认为，之所以出现这种状况，并不意味着对该问题的研究不重要，而只是对该问题的研究还没有引起学术界的重视和关注。

三、分析与启示

从上述科研成果转化研究的状况与监狱科研成果转化研究的现状中，笔者可以明显地看出：第一，监狱科研成果转化的研究，已经大大滞后于其他领域的成果转化的研究，不能满足政府对科研成果转化的要求和监狱改革与发展的需要，监狱科研成果转化研究亟待加强；第二，所有领域的科研成果转化有共通之处，因此，监狱科研成果转化可以借鉴其他领域科研成果转化的有效方法，其他领域的关于科研成果转化的广泛研究以及大量的研究成果，为监狱科研成果转化研究开创了道路，奠定了理论基础；第三，与社会其他领域相比，监狱有不同于社会其他

---

① 喻登科：《科技成果转化知识管理绩效评价研究》，哈尔滨工程大学 2010 年博士学位论文，第 12 – 15 页。

领域的性质和功能，因此，监狱科研成果转化也必然拥有自己独特的特点和要求，所以在借鉴其他领域科研成果转化经验时，监狱科研成果转化当然也必须考虑到自身的特点和要求；第四，由于我国监狱在性质、功能和制度设计上与国外监狱明显不同，再加上我国科研成果转化大量借鉴了国外的经验，在监狱科研成果转化时，也必须坚持中国特色的监狱制度，突出监狱科研成果转化的中国特色。

第三节　本研究的目的、思路、内容、方法

一、研究的目的和思路

监狱科研成果转化为现实生产力的过程，是一个十分复杂的活动过程，其一端连接着监狱科研活动，另一端连接着监狱的实践活动。从涉及的转化主体来看，主要包括各级司法院校和各级司法部门的科研机构及其研究人员、各类监狱及其人民警察、中介机构及其人员、司法行政和监狱管理部门及其工作人员；从涉及的转化影响因素来看，监狱科研成果的转化，既受监狱科研成果品质的影响，也受监狱及其人民警察的需求与转化能力的影响，还受到中介系统与转化环境等诸多因素的影响。从系统的角度来看，监狱科研成果的转化，同时也受到各转化主体间相互协同程度以及转化过程中各个环节的影响。本研究在综合分析监狱科研成果转化的这些复杂因素的基础上，试图探寻出监狱科研成果转化的一般规律，以实现监狱科研成果供给与监狱需求有效衔接，促进监狱科研成果的有效转化，提高监狱科研成果的转化率。

监狱科研成果难以转化，主要有以下五种情况：一是可能监狱科研成果供给侧存在问题；二是可能源于监狱科研成果使用侧的问题；三是可能监狱科研成果转化的中介环节存在问题；四是可能监狱科研成果转化环境方面的问题；五是可能监狱科研成果转化各个主体、各个因素之间的协同或者是转化过程的某一环节存在问题。本书正是沿着这一思路，首先对监狱科研成果供给侧、使用侧、中介环节以及环境方面的问题进行深入分析，并从系统协同与自组织、转化过程的角度，对各转化主体间、因素间的冲突、博弈、协同以及转化系统的自组织和转化过程进行了分析。在对以上问题分析的基础上，分别提出了提高监狱科研成果有效供给、提升监狱科研成果需求与转化能力、建构监狱科研成果中介系统和创设监狱

科研成果转化良好环境的对策建议。

二、研究内容与方法

（一）研究内容

本书的研究内容主要集中在两大方面：一是对监狱科研成果转化的影响因素、存在问题及其原因进行系统分析；二是从提高监狱科研成果转化率出发，寻求促进监狱科研成果有效转化的对策。本书主体部分分为四大部分共九章，内容安排如下：

第一部分为全书的引文，即第一章“导论”，交代了研究的背景，揭示了科研成果转化研究的状况与监狱科研成果转化研究的现状，在此基础上，明确了论文研究的目的、思路、内容和方法，并阐明了研究的现实意义与理论价值。

第二部分由第二章“监狱科研成果转化的内涵与意义”和第三章“监狱科研成果转化的系统分析”组成，该部分主要对涉及监狱科研成果转化的一些基本概念和基本问题进行系统研究与阐释，主要包括：监狱科学的属性及性质方面的特点；监狱科研的概念及主体和客体方面的特点；监狱科研成果的概念、属性、类型和评价指标；监狱科研成果转化的内涵和意义；监狱科研成果转化的形态和特点；监狱科研成果转化的机制、模式；监狱科研成果转化的主体构成及影响因素等。

第三部分由第四、五、六、七章和第八章组成，该部分首先从监狱科研成果转化主体的视角，分别分析了监狱科研成果供给方、使用方、中介方和政府方等四大主体在监狱科研成果供给、使用、中介、环境等方面存在的问题及原因，并寻求解决问题的对策。其中，第四章“监狱科研成果供给侧：树立成果转化意识，提供优质科研成果”，明确监狱科研成果供给侧在科研成果转化中的作用，监狱科研成果转化中科研供给侧存在的问题，分析导致监狱科研成果供给侧问题的原因，在此基础上，提出改进监狱科研成果供给侧以提供优质监狱科研成果的对策；第五章“监狱科研成果使用侧：激发转化动力，提升转化能力”，阐释监狱在科研成果转化中的地位与作用，揭示目前监狱方面在监狱科研成果转化中的现状，分析影响监狱科研成果转化的监狱方面因素，进而对监狱及其人民警察提出改进的建议；第六章“监狱科研成果转化中介系统的构建”，解释监狱科研成果转化中介的内涵、特征、类型、运行与功能，揭示我国监狱科研成果转化中介发展的现状及存在的问题，提出建立和完善我国监狱科研成果转化中介建设的措施；第七章“政府相关部门:切实履行职能职责,创设监狱科研成果转化的良好环境”,介绍环境的构成及其对监狱科研成果转化的功能,阐释政府在创造监狱科研成果转化环境中的职能与职责,揭示我国监狱科研成果转化环境存在的问题,在此基础上,对政府相关部门在建设监狱科研成果转化环境方面给出对策建议;第八章“监狱科研成果转化的系统协同”,运用系统论和协同论,建构出监狱科研成果转化系统,并分析了监狱科研成果转化主体目标的冲突与协同,阐释了监狱科研成果转化主体行为的博弈与协同,从而使得系统内各主体间密切配合,协同工作。

第四部分为全书的结文,即第九章“研究结论与政策运用”,整理和精炼本研究获得了一些结论,并依据这些结论,从参与监狱科研成果转化的主体入手,结合监狱科研成果转化的影响因素,分别提出加强我国监狱科研成果转化的政策建议。

(二)研究方法

考虑到本书的研究主题,与研究内容相匹配,本书主要采用了以下研究方法:

1. 文献分析法

本书拟通过对各类期刊、著作、学位论文以及专题报告等文献资料中相关研究成果的搜寻、整理和分析,概括出科研成果转化存在的一般规律,其他国家和其他领域科研成果转化的成功经验与教训为监狱科研成果转化提供参照。

2. 系统分析法

系统分析法是一种适于认识和解决高阶次、非线性、多重反馈的复杂的时变系统问题的有效方法。监狱科研成果转化是一个复杂的系统工程,运用系统思维方法对监狱科研成果转化进行系统分析,可以深刻阐明监狱科研成果转化各主体、各要素之间的关系,使监狱科研成果转化主体能站在监狱整体和系统的高度,从整个监狱系统出发,监狱科研成果转化各主体间密切配合,协同工作,从整体和过程上提高监狱科研成果转化的整体效益和转化的成功率。

3. 调查研究法

在本书的研究过程中,通过走访的形式调研政府相关部门、司法院校与监狱科研机构及其研究人员和监狱及其人民警察,了解监狱科研成果转化的实际情况、存在的问题及原因以及他们的建议,以增加本研究成果的针对性和适应性。

4. 比较分析方法

本书一方面将监狱科研成果转化的现状和监狱改革与发展的要求相比较并进行分析,找出目前我国监狱科研与监狱实践要求之间的差距,并寻找解决差距的途径;另一方面将监狱科研成果转化和其他领域的科研成果转化进行比较,以借鉴其他领域的科研成果转化的经验,进而提出促进我国监狱科研成果转化的对策和措施。

5. 归纳法与演绎法相结合

通过对在监狱科研成果转化过程中政府相关部门、司法院校与监狱科研机构及其研究人员和监狱及其人民警察等方面存在的具体问题的事实描述与分析,概括出影响监狱科研成果转化的因素;从科研成果转化的一般规律出发,演绎出监狱科研成果转化的途径、措施与方法。

第四节　研究的意义

一、现实意义

(一)研究有助于引起监狱系统各方对监狱科研成果转化的关注与重视,营造重视监狱科研以及成果转化、依靠监狱科研成果的良好氛围

随着知识经济的到来和新科学技术革命的兴起,社会各个系统、领域的生存与发展越来越依赖于科学技术,通过应用科学技术成果来促进自身的改革与发展,已经成为社会各个系统、领域的发展的新常态。与此同时,关于科研成果转化的问题也开始引起各系统、各领域专家学者们的关注与重视,各系统、领域内科研成果转化的问题已经成为研究的焦点和重点,产生了大量的研究成果,从而促进了本系统、领域科研成果的转化。

然而,与社会其他系统、领域相比,科研成果转化的问题在监狱系统还没有引起关注与重视,在监狱实践部门还没有形成依靠科学技术成果来促进自身的改革与发展的意识与行动,在监狱理论界,关于监狱科研成果转化的研究,到目前为止还处于空白,已经大大落后于其他领域的成果转化的研究,监狱科研成果转化实践与研究亟待加强。因此,本研究希望通过对监狱科研成果转化意义与价值的分析,能引起政府相关部门、监狱及其人民警察、司法院校和科研机构及其研究者对监狱科研成果转化的关注与重视,加深对监狱科研成果转化意义与价值的理解。从而,在整个监狱系统营造出重视监狱科研以及成果转化、依靠监狱科研成果的良好氛围。

（二）研究有助于司法院校和科研机构及其研究者提高科研能力与水平，生产出针对性强的优质的监狱科研成果

对司法院校和科研机构及其研究者来说，大量的监狱科学研究成果被束之高阁，仍然只是作为“论文成果”“著作成果”“鉴定成果”“获奖成果”“展览成果”，没有得到充分的转化应用，没能产生应有的社会效益和经济效益。本书通过明确监狱科研成果供给侧在科研成果转化中的作用、全方位深入剖析当前司法院校和科研机构及其研究者在监狱科研及其成果转化体系中存在的问题及其原因，并提出切实可行的建议，将有利于司法院校和科研机构及其研究者提高科研能力，了解监狱的需求，生产出针对性强的优质的科研成果，在促进监狱发展的同时，也促进自身的发展。

（三）研究有助于提高监狱及其人民警察转化监狱科研成果的积极性和主动性，提高自身的转化能力

对监狱及其人民警察来说，随着监狱内外环境的变化以及在押犯数量的不断攀升，监狱监管改造罪犯的压力越来越大，急需监狱科学理论的指导，急需监狱科学研究成果提供理论支持和智力服务，以提高罪犯改造的质量。本书通过监狱在科研成果转化中的地位与作用、监狱方面在监狱科研成果转化中的现状、影响监狱科研成果转化的监狱方面因素等的系统分析，并据此提出系统的改进建议，将有利于提升监狱及其人民警察对监狱科研成果转化重要性的认识和理解，从而提高对监狱科研成果转化的积极性和主动性，提高自身的转化能力，积极参与监狱科研成果转化，进而促进罪犯改造的质量的提高和监狱的稳定与发展。

（四）研究有助于提高政府相关部门有关监狱科研成果转化决策的科学水平

对政府相关部门来说，本书通过阐释监狱科研成果转化环境的构成与功能，揭示监狱科研成果转化中存在的环境问题，明确政府相关部门在创造监狱科研成果转化环境中的理论依据与作用、职能与职责，并据此给政府相关部门提出系统对策建议，将为有关部门领导者的科学决策，为制定我国监狱科研成果转化的支撑环境和发展规划，提供科学参考和依据。

（五）研究有助于从整体上提高监狱科研成果转化的整体效益和转化的成功率

对整个监狱系统来说，本书通过监狱科研成果转化系统协同与自组织以及过程管理的研究，可以从整体和过程上提高监狱科研成果转化的整体效益和转化的

成功率。一方面,通过在监狱科研成果转化中引入系统论和协同理论,可以使监狱科研成果转化主体能站在监狱整体和系统的高度,从整个监狱系统出发,监狱科研成果转化各主体间密切配合,协同工作;另一方面,利用自组织系统理论的原理,通过监狱科研成果转化系统中的非平衡态、涨落因素和非线性作用,建构监狱科研成果转化系统的自组织。

二、理论意义

(一)监狱科研成果转化研究关乎监狱科学的生存与发展

任何科学的产生,都是源于社会实践的需要;任何科学的发展,都是建立在不断满足社会实践需要的基础上的,科学的发展过程就是科学不断提高自身的发展水平以适应和满足社会主体和个体主体不断提出新需要和新要求的过程。科学产生和发展的历史说明,在不断满足社会需求的过程中,科学自身也得到了发展和完善;科学自身的发展和完善,又为科学进一步满足社会、群体和个体的需要提供了条件、基础、保障与可能。科学满足社会实践需要的实质,就是将科学研究成果应用于社会实践,转化为现实生产力。

监狱科学产生和发展也不例外。监狱科学之所以产生,也是源于当时监狱实践的需要。纵观监狱科学的发展过程,推动监狱科学发展的正是监狱科学满足监狱实践不断提出新需要和新要求的过程,监狱科学发展的涨落与其满足监狱实践需要一致,当监狱科学能很好地满足监狱实践需要时,监狱科学就快速发展;当监狱科学不能满足监狱实践需要时,监狱科学的发展速度就会慢下来,甚至出现停滞。毋庸讳言,监狱科学,特别是我国的监狱科学的发展,呈现出停滞不前的现象。导致这一状况的因素可能很多,但监狱科学不能满足监狱实践需要,无疑是其中一个最重要的因素。监狱科学之所以不能满足监狱实践需要,究其根源,就是监狱科学研究成果没能应用于监狱实践,转化为监狱现实生产力。因此,通过对监狱科研成果转化进行研究,指导、推动监狱科研成果向监狱实践转化,促进监狱科学满足监狱实践不断提出新需要和新要求,以科学的、具备超前意识的理论成果和成熟的对策性研究指导监狱实际工作,解决监狱实际问题,并为监狱有关的部门和领导的相关决策提供科学依据,为监狱的变革和发展作出应有的贡献。唯有如此,才能重新塑造监狱科学自身良好的形象,改变人们对监狱科学的偏见,赢得社会对监狱科学的重视和认同,为监狱科学发展创造良好的环境,使监狱科学在发展中焕发出活力。

(二)填补监狱科研成果转化研究的理论空白,丰富了监狱科学理论

科研成果转化理论是一门科学重要的理论组成部分,因此,在科学理论的发展中,都非常重视科研成果转化理论的研究,以科研成果转化理论来丰富和发展科学理论。然而,文献检索和相关部门的文献查询显示,截至目前,在我国监狱科研中,还没有针对监狱科研成果转化的相关研究。由于到目前为止,在监狱科学研究中,还没有针对监狱科研成果转化的相关研究。因此,本书的研究填补了监狱科学理论一块理论空白,其研究成果有助于丰富和发展监狱科学理论,具有重大的理论意义。

(三)引起更多的监狱科学研究者对这一问题的关注,同时为此方面后续研究提供参考资料和理论研究参考

到目前为止,直接以监狱科研成果转化为问题的专门和独立的研究为空白。笔者认为,之所以出现这种状况,并不意味着对该问题的研究不重要,而是对该问题的研究还没有引起学术界的重视和关注。因此,通过本书抛砖引玉的研究,相信将会引起更多的监狱科研人员对这一问题的关注,继而进行更广泛、更深入的研究;同时本书的研究成果也会为理论界进行此方面后续研究提供积极和有实际意义的参考资料和理论研究参考,从而生产出数量更多、质量更高的相关科学研究成果,这也赋予本书重要的理论价值。

(四)有助于丰富和深化科研成果及其转化理论

科研成果及其转化理论是由各门具体科学的科研成果及其转化理论构成,并随着各门具体科学的科研成果及其转化理论的发展而发展。科学技术在生产力发展及社会变革中的现实作用使人们越来越自觉地认识到了科研成果转化的重要性、必要性和迫切性,无论是在自然科学领域,还是在哲学社会科学领域,关于科研成果转化的问题也开始引起各领域专家学者们的重视,各领域内科研成果转化的问题开始成为研究的焦点和重点,产生了大量的研究成果,这极大地促进了科研成果及其转化理论的发展。监狱科研成果是科研成果的有机组成部分,监狱科研成果转化亦是科研成果转化的一个分支,本书通过监狱科研成果及其转化的研究,有助于丰富和深化科研成果及其转化理论。

第二章　监狱科研成果转化的内涵与意义

概念是对事物的一般性概括，概念的形成是推理过程中必不可少的步骤。它是“我们进行思考、批评、辩论、解释和分析的‘工具’”。①

与其他类型的科研成果转化相比，监狱科研成果转化，既有科研成果转化的共性，也有自身的特殊性，这种共性和特殊性首先表现在监狱科学、监狱科研、监狱科研成果、监狱科研成果转化等基本概念方面。因此，我们有必要首先廓清这些核心概念，以便为后续的研究奠定科学的基础。

第一节　监 狱 科 学

一、科学

科学是人们十分熟悉而又难以界定的一个概念。至今世界上还没有一个为世人所公认的统一定义。但是从众多的科学定义、解释中，我们可以看出人们对科学的本质和内涵还是有基本一致的理解和认识。

（一）科学是人类对客观世界的认识，是反映客观事实与规律的知识和知识体系

人类对客观世界的认识，就是对客观世界事实的认识。科学的使命就是发现人们未知的事实，但是科学不仅要发现客观世界的事实，还要揭示事物的本质和它们之间内在的、本质的、必然的联系，也就是要把握事物发展的规律。同时，科学不只是关于客观世界事实和规律的知识单元，而且是由这些知识单元组成的知

① 马君昭：《论案例教学法在行政管理教学中的实施》，载《世纪桥》2011年第7期。

识体系。这个体系包括众多的学科和学科群，是一个多层次、多序列的体系。因此，大部分辞书都强调“科学是知识体系”，认为“科学是关于自然、社会和思维的知识体系，是反映客观事实和规律的知识体系”。①

（二）科学是一项反映客观事实和规律的知识体系相关活动的事业

科学技术产生于久远的年代，经过人类世世代代的探索和积淀，又经历了多次科学或技术的革命和科学技术中心的转移，发展到了现代科学技术时代。现代科学技术尤其是自第二次世界大战以来的迅猛发展和巨大的社会功能，令人们的科学概念发生了深刻的变化。那种认为科学只是反映客观事实和规律的知识体系的认识已经不够了。科学研究经过从业余爱好到职业化的发展，经历了个体活动时代、集体研究时代，然后进入国家规模建制的时代，今天已经进入同国际合作的跨国建制时代。也就是说，自第二次世界大战后，科学已成为一种庞大的社会建制，成为一项国家事业，从而使政府和整个社会都直接参与到科学事业中，实现了科学与政府和社会的有机结合。②

二、监狱

监狱这一社会现象并非随着人类社会的产生而产生，而是人类社会发展到一定历史阶段的产物。在人类社会发展的历史进程中，随着阶级的出现以及国家的产生，开始有了监禁行刑的方式，监狱这一产物便顺时产生。按照马克思主义国家学说的观点，监狱是阶级矛盾不可调和的产物和表现，是构成国家这一特殊公共权力的“物质的附属物”。也就是说，没有国家这种“从人类社会中分化出来的管理机构”，没有刑罚这种强迫人们服从暴力的手段，也就没有作为实行阶级专政的压迫工具的监狱。③

从人类阶级社会发展史的角度来看，监狱是一种普遍存在的社会事物。不但奴隶社会有，封建社会有，资本主义社会有，社会主义社会也要有。不但中国有，外国也有。因而，监狱是普遍的社会现象。

（一）监狱的渊源

“监狱”一词，无论是英文的“Prison”，拉丁文的“Ba-rcer”，还是德文的

---

① 谭畅：《科技价值理性缺失的哲学思考》，载《和田师范专科学校学报》2010 年第 6 期。
② 彭文晋主编：《科技成果转化概论》，羊城晚报出版社 2008 年版，第 2 页。
③ 万安中：《中国监狱发展的探索与思辨》，中国政法大学出版社 2013 年版，第 1 页。

“Yefangnin”，都是由“捕获”“系留”等意义转化来的。虽然在古代的希腊、罗马、埃及、印度等国都已有了所谓的“监狱”，但这只能说是监狱的雏形。这时的监狱没有固定的设备，也无一定的规则，只是一种威吓、拘禁人犯的场所。他们把等待执行刑罚的人不分民刑、不管轻重，或囚禁于宫殿、寺院、城墙的一角，或囚禁在破旧的塔宇、荒仓、土窑、兽监之中，没有固定的建筑场所。“监狱”采用原始的复仇主义的刑罚形态折磨犯人。所以说，这时的监狱只是近代监狱的雏形，直至经过封建社会，特别是资本主义的监狱改良，才逐渐发展到今日监狱的形态。

我国监狱的历史已有四千多年了，最早的有关于“皋陶造狱”的传说，从夏朝开始就正式有监狱存在了。根据《唐律疏议》和有关资料记载，监狱的称谓，夏曰“夏台”，又称“均台”；殷曰“羑里”；周朝名曰“圜土”；秦朝称“囹圄”；汉代始称“狱”，或叫“牢狱”；明代才称“监狱”并一直沿用至今。夏朝的夏台和殷朝的羑里，都只是拘押人的地方；周朝的圜土，根据《周礼》注释“狱城也”，即用土建成的圆形土包；秦时的囹圄，囹，狱也，圄，守之也，拘罪人也；汉时的牢狱，牢者，闲养牛马圈也，闲在此作木栅栏讲。狱从犬从言，二犬所以守也。二犬是守卫的意思。言即讼，从字面上理解，狱即是关押、守备因诉讼被拘禁的人的地方。

从上述史料可以看出，我国古代的监狱与世界其他国家古代监狱一样，只是拘禁、羁押人犯的地方，而不是现代意义上的监狱。①

（二）监狱的沿革与发展

监狱的沿革与发展是与刑法的沿革与发展紧密相连的，因为，狱制与刑法如同形影表里，关系密切。

奴隶社会的刑法与近代刑法不同。奴隶社会的刑法由三种观念为基础，即复仇、除害、赔偿。基于这三种不同的观念形成了不同的行刑手段，即生命刑（死刑）、身体刑（体刑）、财产刑（金刑）、名誉刑（奴刑）。从我国的《史记》和欧洲查士丁尼法典所反映出的史料看，这时虽然出现了监狱，但所谓的监狱只是对违法者予以暂时拘留，以待执行刑罚的临时关押地，相当于当今的看守所。监狱并非当今执行自由刑的机关，这一状况一直持续到 19 世纪。

---

① 杨世云：《比较监狱学》，中国人民公安大学出版社 1991 年版，第 22 – 23 页。

到封建社会以后，刑法观念除复仇、除害、赔偿三种外，又出现威吓的观念。其用意是国家规定严峻的刑法，使其他人有恐惧心理，不敢犯罪，以达到禁止犯罪行为的目的。与今日的监狱相比，当时的监狱完全体现的是残酷和不人道的，如英国伦敦的塔狱、威尼斯的河底狱、德国爱伦堡的地下狱等。

到了资本主义社会时期（15 世纪以后），随着人类文明程度的逐渐提高，特别是欧洲文艺复兴和人权运动的兴起，人们的知识逐渐进化，目睹当时刑罚的残酷暴虐，产生了改良思想。当时的宗教家、法学家、政治家也深知刑罚违背人道的惨状，特别是新兴的资产阶级的出现，使世界各国纷纷出现刑罚改良思想。根据史料记载，英国于 1550 年在伦敦建立世界上第一个惩治场所（习艺所），开始仅收容无产、无业游民，教给工作技术和培养作业习惯，使其复归社会，之后又监禁犯罪之人，德、奥、法、意、俄、西班牙等国相继设立这样的惩治所，从而出现当今意义上的监狱的雏形。18 世纪自由刑开始盛行以后，监狱的需要更加迫切，行刑制度较以前也大有进步，采用分房制的监狱应运而生。在 18 世纪末至 19 世纪中叶，美国开始对监狱进行彻底的改革，如 1796 年创设的宾夕法尼亚分房制、1819 年创设的奥本制等监狱制度。这样，欧洲各国又纷纷派员赴美，观摩和学习美国的这两种监狱制度，从此西方国家监狱开始大规模革新。①

（三）监狱的概念

监狱的概念有广义和狭义之分。广义的监狱，是指以国家强制力为后盾，拘禁限制人身自由、关押罪犯或强迫罪犯劳动的场所，包括既决犯执行自由刑（徒刑和拘役）场所、犯罪嫌疑人和刑事被告的羁押场所（看守所）、治安处置拘留场所、少年犯和失教者的教养场所、民事拘留场所，以及其他未决犯羁押场所。狭义的监狱，是指国家依法设立的关押罪犯、执行刑罚的场所，即对既决犯执行自由刑的场所。《中华人民共和国监狱法》（以下简称《监狱法》）第 2 条规定："监狱是国家的刑罚执行机关。依照刑法和刑事诉讼法的规定，被判处死刑缓期二年执行、无期徒刑、有期徒刑的罪犯，在监狱内执行刑罚。"②本书是从狭义的监狱出发来研究监狱科学研究成果转化问题。

---

① 杨世云：《比较监狱学》，中国人民公安大学出版社 1991 年版，第 23 - 34 页。

② 《监狱警察考试专业基础知识》，载豆丁网 2011 年 3 月 13 日，https://www.docin.com/p-147514715.html。

三、监狱科学

(一)监狱科学

1.监狱科学的产生与发展

监狱是普遍的社会现象。既然如此,监狱现象也一定存在一般的发展规律。人们为了提高与犯罪作斗争的能力与水平,提高刑罚的效益,必然要加强对监狱这一特殊社会事物和机构的建设,提高认识,使之更好地为国家治理服务,为社会进步、社会发展和社会繁荣作贡献。因而,以认识、研究和努力把握监狱的一般规律和特殊规律性为目的监狱科学就应运而生了。

监狱现象从产生之后,经历了从简单到复杂,从低级到高级的发展历程。人们对监狱现象的认识以及相应产生的监狱理论和监狱科学学说也日趋深入和成熟,得到了迅速的发展。

伴随着新中国的成立,在独具特色的中国监狱工作长期实践的基础上,为适应工作指导和教学的需要,新中国监狱科学作为一门新兴学科便孕育和发展起来。尤其是改革开放近40年来,中国监狱科学得到了充分发展,理论内容日益丰富,学科体系逐渐完善。

新中国成立后,在毛泽东关于劳动改造罪犯的思想指导下,诞生了一种全新的社会主义新型监狱——劳动改造机关。中国劳动改造机关在先进的行刑思想指导下,通过劳动改造、教育改造、监管改造等有效的改造手段成功地改造了大批罪犯。在实践中取得辉煌成就的同时,有关监狱(劳动改造)的系统理论研究也受到了空前的重视,在有关部门的领导下,通过广大理论工作者的艰苦努力,迅速形成了由多个学科组成的劳改科学体系,具有鲜明中国特色的劳改学初具规模。1994年12月,《监狱法》颁布施行。为了与现行法相一致,学科名称遂更改为"监狱学",这是一个全新的"监狱科学",它建立在以往劳动改造科学的大量成果基础之上,在现行《监狱法》指导之下,经过大量的修改与完善初步形成。

截至目前,已经形成包括十几门分支学科的学科群。这些分支学科包括:监狱学基础理论、监狱法学、中国监狱史、外国监狱史、罪犯改造心理学、比较监狱学、狱政管理学、狱内侦查学、罪犯教育学、罪犯劳动改造学、罪犯行为学、监狱经济管理学、回归社会学等。监狱科学在融合、渗透多种学科科研成果的基础上,已经形成为综合性的科学。

2. 中国监狱科学的特色

同传统监狱科学——西方资本主义国家和旧中国的监狱科学相比较，中国监狱科学有着自己鲜明的特色：

（1）理论基础不同。传统监狱科学以资产阶级人道主义为理论基础，强调尊重罪犯的人权，否认罪犯改造的必要性和可能性；中国监狱科学以马克思列宁主义、毛泽东思想、邓小平理论为理论基础，认为罪犯是必须改造的，而且在一定条件下是能够改造的。

（2）意识形态属性不同。传统监狱科学受历史局限性和阶级局限性的制约，未能揭示监狱的阶级本质；中国监狱科学以马克思主义哲学历史唯物主义为指导，深刻揭示了监狱的阶级本质，明确指出中国监狱是人民民主专政的工具之一。

（3）研究的侧重点不同。传统监狱科学注重监狱实务操作的研究，极少论及罪犯思想教育和监狱生产等问题；中国监狱科学不但研究罪犯的监禁和管理，而且着重研究对罪犯的教育、矫正和改造。①

（二）监狱科学的属性及性质方面的特点

1. 监狱科学的社会科学属性

一般而言，人类的知识体系分为三大类：哲学、自然科学和人文社会科学。

关于社会科学，在我国至少存在两种不同的界定。②《辞海》把“社会科学”一词界定为“以社会现象为研究对象的科学”。《中国大百科全书》（简明版）则提出了“广义社会科学”的概念，倾向于把人文科学各学科并入通常意义上的社会科学之中。社会科学是研究各种社会现象及其发展规律的科学，是一门以社会为研究对象的学科。③

社会科学是关于人类社会的、有目的的科学认识活动及其知识体系，是人类知识体系中的一个庞大的门类，是一个拥有众多学科的知识群。关于社会科学分类的问题，一般按研究对象的不同，可将社会科学知识分为：经济学、政治学、社会学、法学等。《中国图书馆图书分类法》包括的社会科学学科有：哲学、政治学、法学、军事学、经济学、文化学（包括新闻学、图书馆学等）、教育学、体育学、语言学、

① 夏宗素、耿光明、冯昆英：《新中国监狱学的回顾与前瞻》，载《中国监狱学刊》1999 年第 5 期。
② 刘娟主编：《社会科学研究项目管理》，中国财政经济出版社 2006 年版，第 1 页。
③ 黄福康主编：《社会科学基础知识》，江西高校出版社 2006 年版，第 1－3 页。

文学、艺术学、历史学、地理学。①

从以上科学的分类以及社会科学的含义及其分类来看，很明显，监狱科学应属于社会科学的范畴，具有明显的社会科学的属性。这是因为，一是从监狱科学的研究对象及内涵来讲，监狱科学是以监狱现象为研究对象的科学，是研究各种监狱现象及其发展规律的科学，而监狱现象是一种社会现象；二是从社会科学分类来讲，监狱科学属于社会科学的其中一类——法学的范畴；三是从监狱科学自身所包含的学科来讲，监狱科学包括监狱学基础理论、监狱法学、监狱史学、罪犯改造心理学、比较监狱学、狱政管理学、狱内侦查学、教育改造学、罪犯劳动改造学、罪犯行为学、监狱经济管理学、回归社会学等学科，这些学科大多属于社会科学，带有明显的社会科学的性质；四是现代监狱已经不是单纯的行刑机构、惩罚机关，而是在刑罚执行的过程中，在对罪犯实行监禁和惩罚的同时，还要对罪犯进行教育、矫正和改造，要对罪犯进行文化教育和职业培训，要使罪犯刑满释放回归社会后能适应社会生活。因此监狱学不仅要研究监狱法规制度、刑罚执行活动，还要研究罪犯矫正和改造的原理及其手段体系。要综合运用政治学、法学、社会学、哲学、管理学、教育学、心理学、行为学、经济学等多学科的理论研究监狱科学。

2. 监狱科学性质方面的特点

监狱科学以监狱及其发展规律为研究对象，在科学性质上属于上层建筑、意识形态，从总体上说，监狱科学主要是通过社会意识对于社会存在的能动反映来实现其影响的。监狱科学不直接反映人与自然的关系和生产力的状况，它直接反映和作用的对象是监狱及罪犯改造制度，会打上特定社会形态的标志和烙印。其成果主要或直接用于革新监狱、改造罪犯等。由于社会事件具有利益倾向，监狱及罪犯改造的研究者要受所属的阶级、民族或国家的需要的影响，监狱科学理论在阶级社会中就会有阶级性、党派性，甚至民族性，因此，也不存在超阶级的、统一的监狱科学。监狱科学的这种性质必然会影响到监狱科研成果的转化。

---

① 杨云香：《社会科学研究管理导论》，河南人民出版社 2009 年版，第 1 - 5 页。

第二节　监狱科学研究

一、监狱科研的概念与类型

科学研究简称科研，科学研究是在遵循科学的系统性、规律性和客观性的原则下，对未知世界展开的探寻新知、求证真理的活动。① 它是人类发现科学、掌握科学和应用科学的途径，也是人类开展社会实践的重要组成部分。美国资源委员会对科学研究的定义是：科学研究工作是科学领域中的检索和应用，包括对已有知识的整理、统计以及图表及其数据的搜集、编辑和分析研究工作。②

现代科学技术系统包含三种不同类型的科学研究，即基础研究、应用研究和开发研究三类。

基础研究是为获得关于现象和可观察事实的基本原理、规律和新知识而进行的实验或理论研究活动，其研究具有前瞻性，以产生新观点、新学说和新理论成果为目标。科技部、教育部、中国科学院、中国工程院、国家自然科学基金委员会印发的《关于加强基础研究工作的若干意见》对我国基础研究作出了界定："基础研究的使命是探索自然规律，追求新发现、新发明，创立新学说，积累科学知识。为认识世界、改造世界提供基础理论和方法。"③

应用研究是为获得新的科学技术知识并服务于应用目的而进行的独创性研究活动，针对某一特定的实际应用领域，分析如何把科学的基础理论知识和技术理论知识物化为生产技术、工程技术、工艺流程的原理和方法，使科学知识同社会生产力直接衔接起来。应用研究以解决特定研究领域关键技术问题为主要任务，结合特定领域的长远需要，把基础研究发现的新知识、新理论用于特定目标，为解决实际需求而进行应用理论基础及技术基础的研究。一般通过提高特定领域的研究水平，创新技术和方法来解决特定领域可持续发展中存在的技术问题，实现

---

① 何敏：《国外科学研究绩效评价现状考量》，载《中外企业家》2013 年第 15 期。

② 朱文雨：《基于平衡计分卡的高校科研成果评价研究》，南京林业大学 2013 年硕士学位论文，第 11 – 13 页。

③ 葛国耀：《国家战略性基础研究的绩效评估研究》，华中科技大学 2004 年硕士学位论文，第 2 – 8 页。

特定领域技术的突破。①

开发研究是以解决社会中的实际问题为目标，且在较短时期可能取得经济效益或社会效益的研究。其研究过程是把应用研究的成果运用到具体的实践部门，解决实践中提出的问题。

以上三大类研究反映了人们认识过程的一般、特殊、个别的紧密联系。三者之间的相互联系、相互作用构成科学研究系统的逻辑结构。首先，基础研究揭示的是最基本、最普通的物质运动形式，因而它是科学技术系统的基本内容和发展基础。其次，应用研究是基础研究和开发研究的中间环节。发展科学技术的根本目的是促进社会发展，而基础研究的成果却不能直接解决社会发展中的具体问题，这就必须进行应用研究。应用研究一方面利用基础科学的原理研究某一类社会实践的规律，指导开发某一类的创新研究，带来明显的效益；另一方面，它又向基础研究提出研究课题和实际材料，从而推动基础科学的发展。最后，开发研究是科学研究的目的。应用研究在科学技术系统中仅仅解决了某一类技术和工艺过程的问题，把它运用到具体的社会实践中去实现科学研究的目的还要依靠开发研究。

监狱科研，即以监狱及其活动规律为对象的科学研究，主要是中国监狱及其活动的理论与实践，研究作为国家刑罚执行机关的监狱的原理原则、活动组织、方针政策、方式方法以及罪犯改造、管理、处遇、劳动、教育等方面内容，人们通过对其进行科学研究，达致对监狱现象及其运动规律与发展规律的认识。

由于现代监狱已经不是单纯的行刑机构、惩罚机关，而是在刑罚执行的过程中，在对罪犯实行监禁和惩罚的同时，还要对罪犯进行教育、矫正和改造，要对罪犯进行文化教育和职业培训，要使罪犯刑满释放回归社会后能适应社会生活。因此，监狱科研不仅要研究监狱法规制度、刑罚执行活动，还要研究罪犯矫正和改造的原理及其手段体系。

监狱科研也包含三种不同类型的科学研究，即监狱基础研究、监狱应用研究和监狱开发研究。

监狱基础研究，是监狱科研人员寻找监狱的新现象，探索发生这些现象的规律的研究。这一研究成果是以概念、原理等组成的知识体系，它使人们获得关于

① 龙海明：《我国高校科研成果绩效评价制度研究》，湖南大学出版社 2015 年版，第 15 - 16 页。

监狱的新知。这类研究主要包括监狱学基础理论、监狱法学、监狱史学、罪犯改造心理学、比较监狱学等方面的研究监狱基础研究，揭示的是监狱的本质和监狱的规律，因此，它是监狱应用研究和监狱开发研究的研究基础。

监狱应用研究，是利用监狱基础研究的科学原理，研究某一类监狱现象的规律性，为实际的监狱目标服务，其研究的课题大多是为了解决监狱实践中所提出的一般性科学或技术问题。这些问题的解决，将可以直接变成实用技术，应用到监狱实践中去。这类研究主要包括狱政管理学、狱内侦查学、教育改造学、罪犯劳动改造学、罪犯行为学、监狱经济管理学、回归社会学等方面的研究。监狱应用研究是基础研究和开发研究的中间环节。

监狱开发研究，是以解决监狱中的实际问题为目标，且在较短时期可能取得经济效益或社会效益的研究。其研究过程是把监狱应用研究的成果运用到具体的监狱实践部门，解决监狱实践中提出的问题。监狱开发研究是监狱科学研究的目的、出发点和最终归宿。

二、监狱科研的特点

（一）监狱科研的对象和客体方面的特点

监狱科研的对象和客体是监狱及各种监狱现象。监狱科研以监狱及其发展变化规律为研究内容，其研究任务是揭示各种监狱现象的本质及其发展规律。

监狱是一种由人组成的人为的社会机构，监狱现象是一种社会现象，从监狱科研的对象和客体可以看出，监狱科研不属于自然科学研究，而属于社会科学研究的范畴。在自然科学研究的过程中，由于自然科学的对象是离开人而独立存在的自然界，并且自然界本身是没有目的和激情的，没有理性和思维的，没有对象意识和自我意识的。所以，在人与自然这个对象和客体之间，从总体上说，只存在研究者获得对象信息的单向性作用，研究客体没有参与性。在社会科学研究的过程中，由于其研究的对象是由现实的活动着的人为主体构成的社会，而人是有理性和思维的，有对象意识和自我意识的。① 这说明，社会科学对象的发展程度对于社会科学认识具有重要的意义。因此，监狱科研的客体有参与性。

作为监狱科研客体的人，在获知研究者的意图、目的、看法之后，可以改变自

① 《马克思恩格斯选集》（第4卷），人民出版社2012年版，第243页。

己的正常行为,而显现出某种异常行为,从而影响研究资料的客观性和理论预测的准确性;作为研究客体的人在被研究过程中,还可以反作用于研究主体,使研究主体自觉不自觉地受到作为研究客体的人的思想、心理、情感、意志、价值观念的影响。监狱科研人员在获得被研究者信息的同时,被研究者也在获取关于研究者的信息,他们之间的信息传输是双向的。监狱科研人员在对研究对象进行考察时,难免影响了研究客体,并反过来受到研究客体的影响,这样他所获得的资料有时并不能代表正常状态下研究对象的行为规律。被研究者可以反作用于研究者,对后者施加种种影响,使后者自觉不自觉地戴上被研究者的有色眼镜去看人、看事、看问题,从而有可能曲解所获信息的真正意义。[①] 所有这些都会严重影响监狱科研中资料的客观性和理论预测的准确性。因此,在监狱科研中,任何一般的、"共同的"概括都更容易遇到反例,任何简单的外推都更容易导致错误,这也加大了监狱科研,包括监狱科研成果转化的困难程度。

(二)监狱科研主体方面的特点

一般来说,自然科学工作者只管他所研究的对象是什么,怎么样,而不必顾及该对象"应该如何"。这在属于社会科学研究范畴的监狱科研中是不可能做到的。监狱科研工作者本身就是他所研究的监狱现象的参与者,是某一社会阶级、阶层和集团的一分子,因此,他在研究过程中不可能或很难采取纯客观的立场,必然会以这种或那种方式,把他所属的社会阶级、阶层和集团以及他自己的政治倾向、价值观念、宗教情感等带进研究过程,从而影响研究结果。这在阶级社会中尤其如此。正如毛泽东同志所指出的"在阶级社会中,每一个人都是在一定的阶级地位中生活,各种思想无不打上阶级的烙印"[②]。这就是所谓的研究主体的参与性。也就是说,监狱科研人员是他所研究的监狱现象的参与者,因此有了双重身份:既是研究的主体,同时也是研究的客体;既是能动的、主动的思考者,又是受一定规律和条件支配的被思考者;是"思考者"与"被思考者"的统一、主体与客体的统一。

---

① 王中阳:《计算改变科学》,东华大学 2007 年硕士学位论文,第 37 - 38 页。

② 《毛泽东选集》(第 4 卷),人民出版社 1991 年版,第 260 页。

第三节　监狱科研成果

一、监狱科研成果的概念

科研成果,是科学技术研究成果的简称,是我国在科技管理方面的规定用语。1984 年 2 月原国家科委在《关于科学技术研究成果管理的规定》表明,科研成果是指在科学技术活动的全部领域中所取得的成果。其包括:能揭示一定的客观规律、有一定的学术价值、有所创新的理论成果,或具有一定新颖性、先进性和实用价值的应用成果。既包括一个科学技术活动完成后所取得的最终成果,也包括在这一活动过程中取得的阶段性成果;既包括实物形态成果,也包括知识形态的成果;既包括硬科学技术成果,也包括软科研成果。

依据上述科研成果的定义,监狱科研成果可以定义为:针对监狱及罪犯改造某一方面的问题,经过科学研究活动而取得的,经过鉴定具有一定学术意义或实用意义的结果。

二、监狱科研成果的属性

科研成果作为一种知识和技能的结晶,可以说就是人类知识生产过程的“产品”,它可以通过物化的形式来体现,如一种新的机械、设备、仪器仪表、武器装备、新材料或新的元器件、零部件、基本结构件等,它也可以是非物化的知识和技能,如研究报告、论文、理论、原理、方法、工艺等。无论以什么形式呈现,科研成果包括监狱科研成果都具备下列属性:科研成果的产生源自科研者对自然界各种物质运动规律的探索,旨在增加科技知识和发现人类活动的新领域,因此,科研成果具备系统性、权威性,并具有一定的研究难度和复杂性等基本属性;综合科研成果概念在不同时期的内涵,科研成果具备科学性、新颖性、先进性、创造性等本质属性,这些属性的存在决定科研成果能够对社会或经济产生较为重大的或深远的影响;科研成果最终需要转化为现实生产力,为此,科研成果需要具备满足某种要求的独特功能，即派生属性，如实用性、成熟性、适用性、安全性等。①

对上述科研成果属性的认识，有利于我们在监狱科研成果转化中，更好地利用这些属性，以实现更好地转化。当然，不同类型的科研成果，上述属性所占的比重是不一样的。对同一类型的科研成果也需要根据其不同属性建立起一系列评价指标，可有定性的，也可有采用模糊处理后的定量评价，这对于科研成果转化是非常重要的。

三、监狱科研成果的类型

科研成果有很多种分类方法，按照常见的科研成果分类方法，可以根据监狱科研成果的性质和监狱科研成果的表达或表现的形式，将监狱科研成果划分为以下几种类型：

（一）根据监狱科研成果的性质划分

根据监狱科研成果的性质，与监狱科研的分类相对应，可以将监狱科研成果分为基础性研究成果和应用性研究成果两大类。这种分类的优点是，与监狱科学研究分类法相对应，有利于监狱科研工作的管理；比较容易区别各类成果的特点，便于采用不同的评审、鉴定方法进行评价。因此，在监狱科研成果的评价工作中，多采用这种分类方法。

1. 监狱基础性研究成果。监狱基础性研究成果是在监狱科学领域中发现或认识新的监狱现象的特性和规律。这种研究的目的在于探索世界的普遍本质和基本规律。其成果主要是某种科学发现、理论的建立和发展，一般表现为理论的知识形态。这类研究可分为纯基础研究与应用基础研究。基础研究的成果的价值在于揭示事物的本质和规律，提高人类的认识能力，一般不能直接转化为现实的生产力，但可以为技术的发展提示方向，成为生产技术突破的先导，并对广泛的科学技术领域产生长期影响，或被用于指导应用研究，尤其是应用性基础研究，有相对比较明确的应用目标，其成果对应用研究有更直接的指导意义。

2. 监狱应用性研究成果。监狱应用性研究成果是为了某种实用目的，运用基础性研究成果开辟新的科学技术途径和实际应用的研究。应用性研究成果是根

---

① 刘德刚、牛芳、唐五湘：《“科技成果”一词的起源、演变及重新界定》，载《北京机械工业学院学报》2004年第2期。

据基础研究的一般原理,针对某种具体的应用目标,在进一步研究技术应用问题或深入考察某一类事物的特殊规律过程中所取得的具有应用价值的成果,为生产和协调、控制与改造世界提供技术手段和方法。这类研究成果是基础性研究成果进一步转化为物质技术或方法技术研究过程中取得的,即应用性研究成果。① 这类成果可以转化为现实生产力,通过转化既可产生社会效益,又可以产生经济效益。

3. 监狱开发性研究成果。监狱开发性研究成果是对监狱应用性研究成果进一步扩大或具体化所作的开发性研究,监狱开发性研究成果强调实用性,表现形式主要为实用价值。

(二)根据监狱科研成果的表达或表现的形式划分

根据监狱科研成果的表达或表现的形式,可以将监狱科研成果分为学术论文、学术专著、调查报告和其他研究工作报告等类型。

1. 学术论文。学术论文是表达监狱科研新成果的文章。一篇真正的学术论文必须要有新的信息、新的内容、新的知识,而且这种新的信息、新的内容和新的知识必须具有一定程度的可接受性,即它要得到事实的和逻辑的论证与说明。总之,一篇学术论文就是要把某个新的论点、新的观点、新的见解,或某种新的论据、新的事实、新的材料,或某种新的分析方法,以论证的方式展示出来。除了新颖性、论证性外,学术论文在篇章结构方面也应当有许多严格的要求。

2. 学术专著。从形式上看,当学术论文字数很多,并以书籍形式通过出版社发表,则称为学术专著。当然,这只是就形式而言,内容和结构等方面学术专著与学术论文毕竟有质的不同。

3. 调查报告。调查报告是监狱科研工作者用以总结和汇报自己社会调查和研究成果的一种常用的方式。调查报告具有实践和理论两个方面的意义,它的实际价值取决于报告所记载的材料、数据及其真实性和全面性以及对于事实材料所作的理论概括的深度和科学性。调查报告因内容的不同而采取各种表达方式。一般来说,可以将调查报告分成两大类:一类是概况调查报告;另一类是专题调查报告。概况调查报告是对调查对象的情况和调查的结果作比较全面的系统的叙

① 薛庆林:《我国区域农业科技成果转化运行机制与模式研究》,天津大学 2008 年博士学位论文,第 36 页。

述。这类调查报告往往是以某一地区或部门的概貌或某特定事件的前因后果、来龙去脉为内容。专题调查报告通常是根据某一主题,选择一个具体角度,对某方面的情况进行描述和分析,从中抽象出一般性结论。

4. 其他研究工作报告。除了学术论文、学术专著、调查报告之外,监狱科研结果的系统化还采取其他各种研究工作报告的形式。一般来说,研究工作报告是为了总结和汇报研究工作的进展和结果以及为了研究工作档案之用而撰写的学术资料。研究工作报告可以是阶段性的,也可以是全过程的。研究工作报告的内容既包括研究工作事项的记载,又包括研究所得的创造性成果。一般来说,应用性的监狱科研成果总结较多地采取研究工作报告的方式。①

四、监狱科研成果的评价

原国家科委于1994年10月26日发布了《科学技术成果鉴定办法》,1994年2月又发布《科技成果鉴定规程(试行)》,在规范了科技成果鉴定的操作程序的同时,对科技成果的评价指标和评价方法都有明确表述。监狱科研成果的评价,可依据《科学技术成果鉴定办法》《科技成果鉴定规程(试行)》进行。

监狱科研成果评价指标主要包括学术、技术价值和实用价值两类指标。不同类型的监狱科研成果采用不同的评价指标体系。监狱基础理论研究成果以学术价值评价为主,并进行潜在经济效益、社会效益及推广应用前景的评价;监狱应用技术成果以实用价值评价为主,并进行技术水平的评价。②

第四节　监狱科研成果转化的内涵与意义

一、监狱科研成果转化的内涵

要理解监狱科研成果转化的内涵,首先应明确转化的含义。转化是指矛盾双方各自走向对立面过程的一种表现,转化的内容是破坏旧统一体和建立新统一体

---

① 于中涛、肖德富:《社会科研成果的推广应用与转化》,中国农业出版社2003年版,第4-6页。

② 袁永、陈丽佳:《广东科技成果评价政策的现状及对策分析》,载《技术与创新管理》2013年第3期。

的过程。转化的形式是多样化的,包括性质的转化、作用的转化和地位的转化等,一般而言,转化的总体趋势是前进的、向上的,但也有局部范围的、暂时的倒退现象。①

要正确认识监狱科研成果转化的含义,还需要参阅其他研究者对于科研成果转化的解读。关于科研成果转化的含义,目前主要有商品化产业化说、技术创新说、形态转化说、后续开发说、科研活动说等几种观点。科研成果转化被看作是科研活动的一个环节、一个阶段,本质上属于科研活动范畴。根据上述几种观点,我们可以将监狱科研成果转化界定为:监狱科研成果转化,是监狱科研成果从科研领域经过直接或间接环节转移到需求者手中,应用于监狱改革与罪犯改造,并获得预期效益(经济效益、社会效益、生态效益)的全过程。

容易与监狱科研成果转化概念相混淆的是"监狱科研成果转移"和"监狱科研成果推广"。监狱科研成果转移一般用以定义不同来源的监狱科研成果向其他领域的移植过程,描述监狱科研成果分布的空间变化,包括监狱科研成果自身系统内的转移,监狱科研成果从科研系统向监狱系统的转移。监狱科研成果的转化是体现潜在的、知识形态的生产力转化为现实的、物质形态生产力的过程。就广义而言,监狱科研成果转化包括监狱科研系统内部转化和监狱科研成果系统向监狱系统的转化。由此可见,监狱科研成果转化是从科学到实践的转化过程,科研成果属性发生变化,并最终实现科研成果与监狱实践的结合,形成现实生产力。监狱科研成果转移则是监狱科研成果转化的重要途径和手段。监狱科研成果推广指的是扩大监狱科研成果被使用或起作用的范围,因此,准确来说,监狱科研成果推广应该是监狱科研成果转化的前提和实现手段,监狱科研成果推广更多是单方面传输的,但监狱科研成果推广与监狱科研成果转化也存在相似之处,监狱科研成果推广与监狱科研成果转化都体现的是一种过程,而不是仅仅指向结果。

二、监狱科研成果转化的意义

在今天,人们已经越来越自觉地认识到了科研成果转化的重大意义,并深入地研究了转化科研成果的机制、方法和途径,以切实促进科研成果向现实生产力的转化。但是,时至今日,监狱科研成果转化的必要性和重要性却仍然没有引起监狱理论研究者和监狱实际工作者应有的重视。实际上,和其他科研成果的转化

---

① 《教师百科辞典》编委会编:《教师百科辞典》,社会科学文献出版社1987年版,第11页。

一样,监狱科研成果的转化以及研究监狱科研成果的转化也是必要的和重要的,并有其特殊的理论意义和现实意义。

(一)监狱科研成果转化的必要性和迫切性

一方面,随着监狱内外环境的变化以及在押犯数量的不断攀升,监狱监管改造罪犯的压力越来越大,急需监狱科学理论的指导及监狱科研成果提供理论支持和智力服务,以提高罪犯改造的质量;另一方面,新中国成立后,特别是改革开放以来我们所取得的大量的监狱科研成果却被束之高阁,没有得到充分的转化应用,没能产生应有的社会效益和经济效益。这种监狱科研与监狱实践需要之间的"两层皮"现象本身就表明了研究和加速监狱科研成果的转化是必要的和迫切的。

(二)监狱科研成果转化具有巨大的潜力和可能

大量监狱科研成果的存在同时说明我国监狱科研成果的转化有潜力可挖,有巨大的可能性与广阔的前景。我们的监狱理论与实践工作者大有用武之地,监狱科研成果的转化工作大有可为。监狱科研成果转化难、转化率不高的问题,固然反映了转化监狱科研成果的渠道不够畅通,转化机制和方法不够完善,但也有监狱理论与实践工作者转化的意识不强,转化的自觉性还不高的原因。因此,只要我们提高自己的思想认识,增强自觉性,积极采取一系列扎实有效的措施,做好大量的具体工作,就能开创监狱科研成果转化的新局面。

(三)从理论和实践的关系上看,转化监狱科研成果是理论回到实践的重要途径

一方面,真正的监狱理论应当而且必须回到监狱实践中去,这是监狱理论或监狱理性认识本身的要求。我们掌握监狱理论的根本目的,并不是简单地用以认识监狱和解释监狱,而是要在它的指导下变革监狱、改造罪犯。并且监狱理论只有回到监狱实践中去,才能得到检验;只有不断倾听监狱实践的呼声,不断概括和总结新的监狱实践经验,不断解决监狱实践中提出的新问题和新矛盾,才能与时俱进,不断丰富和发展。另一方面,监狱理论回到监狱实践中去,这也是监狱实践本身的要求。因为没有正确监狱理论指导的监狱实践是盲目的实践,也不可能是成功的实践。①

---

① 于中涛、张玉麟、李学明、康贝贝、王玉秀、刘毅杰:《论哲学社会科学成果推广应用的重要意义》,载《沈阳农业大学学报(社会科学版)》2005年第1期。

（四）促进监狱科研成果的转化，有利于转变监狱科研中存在的理论脱离实际的不良学风，重塑监狱科研的形象

多年来，我们的一些监狱科研工作者不同程度地存在理论脱离实际的倾向，在监狱科研界不同程度地存在理论脱离实际的不良学风。监狱科学及监狱科研工作者在当今社会被冷落是一个不争的事实。尽管其原因是多方面的，但监狱科研成果不能被有效地加以转化，监狱科研自我封闭，对监狱提出的各种现实问题不能作出及时而足够的反应，不能有效地与监狱现实密切结合，以致出现“两层皮”的现象则是重要原因之一。现实必须坚持“两头在外”，即一方面，其研究课题要来自监狱实践，源于监狱生活，不能闭门造车，只靠“神思”；另一方面，其研究成果要加以转化，指导监狱实践，服务罪犯改造，不能“一申请，二研究，三评奖，四入库”。如此，再好的科研成果也只能束之高阁，不仅无助于社会，相反只会造成人力、财力、物力等社会资源的大量浪费。监狱科学及监狱科研工作者只有走出书斋，坚持理论联系实际，从现实中发掘和提炼研究课题，这样才能改变人们对监狱科学及监狱科研工作者的偏见，赢得社会的重视和认同，重新塑造自身良好的形象。① 所以，促进监狱科研成果的转化也是转变监狱科研及监狱科研工作者不同程度存在的理论脱离实际的不良学风，提高人们对监狱科学的重视程度，重塑监狱科学及监狱科研工作者的形象的有效措施。

（五）监狱科研成果的转化有利于监狱科学自身的进步与发展

监狱科研成果的转化过程，是监狱科研成果的价值实现过程，监狱科研成果必须通过参与和服务监狱实现其价值。监狱科研成果参与和服务监狱的过程，既是监狱科研成果接受社会实践检验的过程，也是其价值实现的过程。监狱科研成果的转化过程也是促进监狱科学研究自身发展的过程。监狱发展中出现的新问题及问题的复杂性、丰富性和研究形式的多样性，必将带来监狱科研成果转化的复杂性、丰富性和研究形式的多样性，从而拓宽监狱科研的途径，使监狱科研自身得到发展。②

---

① 于中涛、张玉麟、李学明、康贝贝、王玉秀、刘毅杰：《论哲学社会科学成果推广应用的重要意义》，载《沈阳农业大学学报（社会科学版）》2005 年第 1 期。

② 殷志云：《关于社会科学研究成果转化的几点思考》，载《湖南文理学院学报（社会科学版）》2005 年第 1 期。

第三章 监狱科研成果转化的系统分析

第一节 监狱科研成果转化的形态

一、为监狱政策制定提供理论依据

为监狱政策的制定提供理论依据,是监狱科研成果转化的重要方式和途径。

所谓政策,在现代意义上,是国家、政党为实现一定历史时期的路线和任务而采取的行动纲领、方针和准则。[①] 简单地说,它是为达到一定的目的而采取的一种策略方针。政策与路线、方针在相当大的程度上是同一系列的概念,在现实生活中具有重大的理论指导作用。在我国,党和国家每发布一项重大的政策,都是对我国的经济建设、政治建设和文化思想建设等方面原则性的指导。[②]

学术研究对政策制定产生直接影响主要有两条途径:第一,研究者本身就是政策制定者,可以将研究成果直接转化为政策文本;第二,政策文件起草时要参考大量的研究文献,学者的研究成果被政策制定者直接或间接参阅和利用。然而,在很多情况下,学者从事研究的目的并不是直接指向政策,而只是单纯地希望揭示实践中真实存在的问题,便于管理者认识问题,至于如何解决问题,则更多地需要由管理者来决定。学术研究对政策制定的影响是很微妙的,研究成果直接转化成政策条文是很有难度的。学术研究对政策制定的影响是潜移默化的。政策就是一种主导性的话语,从主导政策的话语与核心概念就可以看出政策关注的重点和目标,从中也可以看出学术研究对政策的影响。学术概念逐渐进入政策文本并主导着政策的话语,在政策文件中反复出现,这就已经充分显示了学术研究对政

---

① 蔡瑜琢:《高等教育政策分析方法研究》,载《高等工程教育研究》2004 年第 4 期。

② 于中涛、肖德富:《社会科研成果的推广应用与转化》,中国农业出版社 2003 年版,第 231 页。

策制定的影响。①

监狱科研成果为监狱政策制定提供理论依据的方式主要有三种:第一种方式是通过开展定期或不定期的培训和咨询活动,向各级监狱政策制定者传授监狱科学的理论与方法,讲授监狱科学知识,让监狱科学研究成果直接为各级监狱政策制定者所接受,从而使监狱科学研究成果应有的社会效益得到最大限度的发挥;第二种方式是通过一定的组织以政策建议的形式向监狱政策制定系统提交相关的监狱科学研究成果,供监狱政策制定者选用;第三种方式是利用广播、电视、报纸、杂志等大众传播媒介,有目的、有针对性地宣传有助于提高监狱政策质量、改进监狱政策制定系统的监狱科学研究成果,以引起监狱政策制定者的关注。

二、转化为监狱领导者和管理者的决策

决策是关于解决问题的对策性思考,是多项方案、多种可能性间的选择;是对未来实践的去向、目标、原则和方法作出的一种决定。决策贯穿于管理的全过程,②在计划、组织、协调、控制、确定目标、选择方案、设置机构、配置人员、分配工作权限、检查监督等各项管理职能上都存在决策问题。从这个意义上说,管理就是决策,特别是在现代管理中,决策处于核心地位。领导者和管理者最主要的职责就是决策。很明显,决策在经济、政治、军事、科教乃至整个社会的发展等各个方面都有极为重要的作用。决策正确与否直接关系着行为的后果,即管理的成败,乃至成为事业成败的关键,对事业的发展具有决定性的影响。③

决策也是监狱科学成果转化的重要中介。监狱科学成果可以通过不同的方式和渠道,直接或间接地进入监狱各级各类领导机关的决策层,转化为领导者和管理者的决策。这样,监狱科学成果就以决策为中介,转化为生产力及现实的物质力量,产生社会效益和经济效益,从而完成其转化过程。一旦监狱各级领导将监狱科学成果变成自己民主决策和科学管理的依据,提高了领导者的决策和管理水平,并从而带来了经济效益和社会效益,就说明该监狱科学成果已经得到了转化。

① 闵维方:《学术的力量:教育研究与政策制定》,北京大学出版社 2010 年版,第 24 - 25 页。

② 康健:《科技与管理的发展推动了人类社会的发展进程》,载《教育教学论坛》2016 年第 50 期。

③ 于中涛、肖德富:《社会科研成果的推广应用与转化》,中国农业出版社 2003 年版,第 222 页。

三、转化为监狱人民警察的思想意识和观念

这种监狱科研成果转化的方式主要表现为监狱科研成果超出了认识和理论的领域,走出了书斋,走向了监狱,通过宣传、教育等方式,在监狱范围内进行广泛的传播、推广和应用,为广大监狱人民警察所接受,影响他们的意识形态,改变他们的观念形态。

监狱科学及其理论成果一般属于上层建筑、意识形态范畴,反映该基础的意识形态在相当长的时间内还会存在,并对社会产生一定的影响。① 具有超前意识并能反映出监狱发展规律的重大监狱科研成果,通过这种形式的转化,对于改变监狱人民警察意识形态和陈腐的观念形态,将会发挥积极作用。监狱科研的目的之一,就是通过其成果的转化去影响监狱人民警察的意识和观念。监狱科研成果在监狱人民警察范围内广泛地传播,转化为他们的思想意识与观念,是监狱科研成果转化的一种主要形态,也是监狱科研成果价值实现的根本保障和表现。②

四、转化为监狱人民警察的知识和能力

与其他科学研究成果一样,监狱科研成果只是潜在的、可能的、知识形态的生产力,要使其变成现实的生产力,产生经济效益和社会效益,必须对其成果进行转化。监狱科学研究的一个重要目标,就在于利用监狱科学的成果为监狱人民警察提供知识,通过知识掌握来提高他们的能力与素质,从而促进监狱生产力的发展和罪犯改造效率与效益的提高。

五、转化为新的监狱理论

这主要是指在认识和理论范围内的转化,即一种监狱科学理论成果产生后,以其为前提、基础和指导,形成新的认识,产生新的监狱理论的过程。换句话说,监狱科学成果转化的一种重要方式,就是用这种监狱科学理论及其方法为指导③来研究新的监狱现象和监狱问题,得出新的监狱科学的结论。

---

① 刘春霞:《当前辽宁省社会科学成果转化问题研究》,东北大学 2009 年硕士学位论文,第 11 页。

② 张建堂:《社会科学成果转化形态分析》,载《丹东师专学报》1998 年第 3 期。

③ 张建堂:《社会科学成果转化形态分析》,载《丹东师专学报》1998 年第 3 期。

第二节　监狱科研成果转化的特点

一、作为科研成果的监狱科研成果转化的特点

监狱科研成果是科研成果的一种特殊形式，作为科研成果之中的一种，监狱科研成果转化，也必然具备科研成果转化的一般特点。

（一）实用性与商业性的统一

科研成果转化的实用性目标十分明确，就是为了将具有实用价值的成果转化为产品，并实现商品化、产业化，提高社会生产力，创造更大更好的经济与社会效益。也可以说，科研成果转化本质上是一种商业行为，其直接目的就是为社会提供一种新的消费产品或服务的同时获取商业利润。

（二）承接性与创新性的统一

任何科学研究都需要借鉴前人的成果和经验，包括使用他们提供的技术手段，是继承与创新的辩证统一，科研成果转化也不例外。但是与一般科学研究的继承性不同，它必须首先全盘承接已经取得的成果，并紧紧围绕这一成果的商品化、产业化做文章。当然，这个过程不是对已有成果原封不动地照抄照搬，而是需要做一系列改造与创新的工作，否则，就失去了“转化”的意义，也用不着讨论成果“转化”和是否“转化成功”的问题了。

（三）阶段性与连续性的统一

完成一项科研成果的转化是一个周期很长的过程，中间要经历研究、开发、中试和投产等各个环节，完成商品化、产业化的全部过程。这些阶段和环节是必须经历、不可逾越的，而且有它自己的逻辑秩序。但是，这些环节、阶段又并不是相互分割、各自独立的，而是相互融合、连续贯通的完整过程，中间任何一个环节的阻塞和缺失，都必然导致转化过程中断而无法实现转化的目标。

（四）复杂性与高投入性的统一

科研成果转化是一个复杂的系统工程，中间环节多、影响因素广、工作量大。一个项目从立项研究到出成果，再由成果到产品，前者只有20%的工作量，其余80%的工作量在后者。成果转化每一阶段都需要有足够的资金和人力、物力投入，这种资金和人力、物力需求量还会随着“转化”的进行而逐步增加。据推算，从

科技开发到产品试制再到产品投产所需资金的比例是1∶10∶100,可以说高投入是科研成果向商品转化的“桥梁”和重要保障。

(五)不确定性与高风险性的统一

科研成果转化的不确定性是指科研成果转化的目标能否实现,有包括成功与失败的多种可能性,因此必然伴有高风险性。这种不确定性和高风险性,一是来自成果自身的技术风险,包括自身技术的不完善,导致转化、试制、投产的失败,或者面对更先进技术的挑战,使技术或产品的生命周期大大缩短,无法推广应用,等等;二是来自市场风险,包括对市场和产品的预测与评估是否准确,消费者的消费心理、消费习惯、对新产品的认同程度,以及盗版和仿冒等侵权行为对新产品的销售构成的威胁,等等;三是来自环境条件风险,包括要求配套的人力资源、原材料供给以及资金保障,等等;四是来自人为的道德风险,由于参与成果转化的各方在权益关系上处理不当,或产生纠纷,任何一方都有可能作出有碍于成果转化的非道德行为,从而导致成果转化的中断或失败。①

二、主要作为社会科学研究成果的监狱科研成果转化的特点

监狱科学属于社会科学的范畴,具有明显的社会科学的属性。因此,监狱科研成果转化,也必然具有社会科学研究成果转化的特点。

(一)转化的具体方式与自然科学不同

与自然科学成果的转化方式不同,对于属于社会科学范畴的监狱科研成果的转化,除了要靠宣传、引导、教育、示范及自觉自愿外,在有些情况下,还要采取灌输的方式、行政命令的方法,甚至强制的手段来落实和执行。②

(二)转化受阶级、阶层和集团利益的影响大

属于社会科学范畴的监狱科学以监狱及其发展规律为研究对象,从总体上说,监狱科学在性质上一般的,或大部分属于上层建筑、意识形态,具有阶级性,其成果主要或直接用于改革监狱、改造罪犯。所以,监狱科研成果的转化,受不同阶级、阶层和集团及其利益和意志的制约与影响大,甚至可能成为为某个阶级、集团的利益、要求和主张进行单纯证明的工具,反映一定阶级的意志和愿望,并为一定

---

① 彭文晋主编:《科技成果转化概论》,羊城晚报出版社2008年版,第11－12页。

② 刘春霞:《当前辽宁省社会科学成果转化问题研究》,东北大学2009年硕士学位论文,第12页。

的阶级利益服务，也因此会受到不同利益的阶级、阶层、集团或不同社会制度的抵制和反抗。[①] 监狱科学的意识形态特性，有时甚至会使其科学性和阶级性难以保持一致，使人怀疑它的科学性，从而敬而远之。

（三）转化产生的结果主要是或直接是社会效益

从效益上说，监狱科研成果转化产生的结果主要是或直接是社会效益，而不是直接的经济效益。监狱科研成果转化为社会效益的形态是大量的、随处可见的。当我们把监狱科研成果最大限度地推向监狱时，必将产生一定的社会效果和社会利益。这时，理论成果便转化为社会效益。[②]

也正因为监狱科研成果的转化主要和直接产生的是社会效益，并且往往要经过多个中间环节，才能间接地影响生产力的发展，间接地产生经济效益，监狱科学及其成果效益的这种潜在性，往往导致人们怀疑监狱科学的功能，产生监狱科学于监狱无助的感觉，不相信转化监狱科研成果的重大作用，难以产生转化监狱科研成果的自觉性、主动性和积极性。

三、新时期监狱科研成果转化的新特点

随着科研成果现代性的凸显，对科研成果应用的认识和应用手段的提高，科研成果对社会经济发展产生的巨大推动作用。因此，科研成果转化也具有新的特点，这些新的特点主要包括：科研成果转化速度加快、科研成果推广转化速度取决于市场需求导向力、科研成果的软性化和综合化、科研成果商品化的二重性等。当然，这些新的特点，也将会体现在新时期监狱科研成果转化之中，对于监狱科研成果的转化来说，既是有利因素，同时也是障碍因子，共同制约着监狱科研成果的转化。

第三节　监狱科研成果转化的机制

一、研究成果向实践转换的巧合性与必然性

在此，我们可以从学术研究的工具性视角进行分析。研究的工具性视角假设

---

① 刘春霞：《当前辽宁省社会科学成果转化问题研究》，东北大学2009年硕士学位论文，第11页。
② 张建堂：《社会科学成果转化形态分析》，载《丹东师专学报》1998年第3期。

实践者需要高质量的研究来改善实践，只要研究者能够对实践问题提出解决方案，研究就具有转换为实践的可能。一个以问题为取向的研究，被实践者利用的可能性更大。科学研究将这种类型称为“科学推动”或者“技术推动”方案。从这个视角来看，研究的适切性、复杂性、可观察性、有效性、可信性、应用性都应该比较高，研究得出的结论应该简洁明了。因而，从技术的角度看，的确更易对实践产生影响。

这种研究有几个有别于西方一般意义上的评估指标的特征。西方评估研究往往是从研究设计是否切合研究项目的需求，研究结果是否实现了研究设计中的研究目标来衡量，并且由研究项目的专业评估方来对研究的实践价值进行评估。所以，研究者从一开始做研究时，就有明确的指标体系来指导。但是这种研究却不是如此，它的研究过程完全是在另一条轨道上运行，事实上，课题的提出完全是依靠研究者个人的自觉，没有研究委托人，研究者也没有从事该研究的义务。对研究者而言，当意识到“问题”和可以加以解释的“数据”，并有“做文章”的动力时，研究者便启动研究进程。所以从中可以看出，研究者个人的判断会加速阻碍整个研究的进程。此外，研究所依赖的数据资料是可以“借用”的，这种“借鸡生蛋”现象也说明了研究者的主观意愿和学术敏感性。

我们也可以从组织和社会维度来作分析。该领域的相关理论模式认为，为使研究成果更易于被采用，应该：(1)努力使研究成果更可信，更容易理解；(2)努力使结论和建议更具体、更具有可操作性；(3)努力关注那些应用者能够改变和修正的变量；(4)努力使研究报告更有趣。实践者更喜欢研究成果以一种适宜阅读的方式呈现以及用大众化的语言对研究成果进行表述，而不是以科学技术报告的方式呈现，这样会大大促进实践者阅读研究成果的积极性。当应用者觉得研究切中时弊、与他们的需要吻合时，就会倾向于信任研究成果；如果研究成果在恰当的时间出现，那么研究被利用的可能性就更高。

当然，在科学之上，有价值的研究成果都是靠其所包含的客观真理性内容产生影响的。由此看来，尽管各种成果转化的“技术”非常重要，但研究成果质量却是根本。在科研成果向实践转化的过程中，偶然性中往往蕴含着必然性。[①]

① 阎维方：《学术的力量：教育研究与政策制定》，北京大学出版社2010年版，第156－158页。

二、监狱科研成果转化的机制

科研成果转化,有着其内在的机制。这些内在的机制在监狱科研成果转化中同样存在,在监狱科研成果转化中也同样需要遵循这些内在的机制。

1. 研究者传播研究成果的意愿。研究成果完成后,并不是每个研究者都希望它能产生某种实践效果。大多数研究者出于对自己研究兴趣、学术影响的考虑,对研究是否产生实践价值并不关心或者并不抱多大的希望。只有比较迫切地希望通过研究改变实践,从而影响社会实践的人,才会有动力去努力转化自己的研究成果。

2. 把学术语言转化为大众语言。学术研究的结果要被学术圈外的人接受,就不能完全使用学术化的语言。为了转化研究结果,必须在多种场合用最通俗的语言去解说,形象地阐释研究结果。就是用通俗的语言,把学术研究的结果说得非常清楚。因为传播的信息只有简洁、易于理解,才能真正扩大其影响范围。

3. 针对实践者的学术成果传播。通常情况下,研究者与实践者的私人交往可能会对研究成果的采用有较大的影响。我们不能完全排除社会资本这一因素的影响。同时,在国际上,一般的研究者通常是这样做的:他们是通过发表自己的学术成果来产生影响的。研究者主要是通过研究报告的方式来传递研究成果,中间没有太多的解释环节。看来,直接在实践者群体中发表自己的研究成果,是研究的声音传递到实践者耳中的最有效途径之一。①

第四节　监狱科研成果转化的模式

一、社会科学研究成果的应用模式

卡罗尔·韦斯女士对社会科学研究成果的应用模式进行过全面的研究。她把社会科学研究成果的应用分为七个不同类型的"模式":传统的"线性"模式、"问题解决"模式(笔者认为这些都是古典柏拉图式"哲学王"的观念,过高地估计了社会科学家的作用)、"相互作用"模式(它还假定,研究者和决策者之间的对话

---

① 闵维方:《学术的力量:教育研究与政策制定》,北京大学出版社2010年版,第154-156页。

并非一定要面对面,也可以通过“中间人”来进行)、“政治”模式(因为在进行政策辩论时,他们的研究结论可被所有的党派利用。所以,研究者可在使问题尖锐化,或者在重新阐述问题等方面有所作为)、“战术性”模式、“启蒙”模式(这种与任何特定证据无关的研究,往往能使决策者对新问题产生敏感,并能帮助他们把原以为不是问题的“问题”当作政策性的问题加以考虑)和“作为社会学术事业的一部分来研究”的模式(在这种模式中,社会科学研究被看作一种从属的变量。例如,政策的利益表现在哪个领域,哪个领域中的研究工作就会受到刺激,并且它能使科研基金得到保证)。

我们可以把上述七个模式合并成两大类:一是“启蒙”模式,或“渗透”模式;二是“政治”模式。我们很容易把“相互作用”模式并入“启蒙”模式;把“战术性”模式并入“政治”模式。但是,由于假设的方法在社会科学研究中很少运用,所以“线性”模式(从“纯”研究到应用)与“问题解决”模式在分析决策者与研究者之间相互关系时,并不特别有效。①

二、监狱科研成果转化的模式

监狱科研成果转化模式是指监狱科研成果转化成监狱实践这一全过程的运作方式。不同的运行体制,有着不同的转化模式。

综观各国的经验,从运行体制的角度看,科技成果转化的基本模式,可以概括为以下三种:

1. 市场推动模式。市场推动模式,就是以市场为基础的,即以市场需求为出发点和动力、以市场价值法则为准则、以市场交易为实现途径的市场推动模式。近代科学技术是伴随着资本主义社会的建立而兴起和发展起来的。在资本主义社会条件下,科学技术才第一次真正被应用于生产过程,生产过程也真正成为科学的应用。也就是说,科学技术成果转化为现实生产力的这一崇高使命,一开始就与资本主义社会相伴而生的市场经济体制血肉相连。并且,随着资本主义市场经济体制的不断完善,使科学技术成果转化为现实生产力的过程,也逐步形成了以市场需求为出发点和动力、以市场价值法则为准则、以市场交易为途径的“市场

① 华东师范大学教育科学资料中心编:《当代国外教育研究》,华东师范大学出版社1986年版,第67－72页。

推动模式”。

2. 计划推动模式。计划推动模式，就是以政府为主导的、自上而下的计划推动模式。这种模式是政府运用行政力量，通过编制一定的发展规划或发展计划，并直接担负起组织、领导责任或通过采取强有力的指令性措施，对关系国计民生和国家安全的重大科技成果有计划、有组织地实现转化工作。第一次世界大战之后，苏联科技成果的转化也纳入了计划经济体制的框架下，采用了“计划推动模式”。第二次世界大战之后，又建立了一批社会主义国家，他们基本上都仿效苏联的做法，实施高度集中的计划经济体制，科技成果的转化也更多地采取“计划推动模式”。从而使“计划推动模式”在更大的范围内获得应用和发展，甚至在一些国家成为科技成果转化最主要的推动机制和转化模式。随着科学技术生产力功能的充分显示，特别是自 20 世纪诞生了现代科学技术之后，在资本主义国家科技成果的转化，除了大量的中小型科技成果依然主要依靠市场机制来实现的“市场推动模式”外，对涉及国家安全和与国计民生关系密切的重大科技成果则从国家的发展目标和发展战略的需要出发，实施以政府行政力量为主导的“计划推动模式”。

3. 市场—计划混合推动模式。“市场推动模式”和“计划推动模式”这两种模式在实际运作过程中并非完全对立、互不相容。相反，它们相互补充、相互渗透。可以肯定的是，绝大多数的科技成果是通过市场模式来实现转化的。但是，这并不意味着这一转化过程完全自发地听任市场的自由支配，各国政府依然会根据各自国家发展战略目标的需要，通过行政手段制定有关的产业调整、金融、税收、资源与环境约束等政策法规，搭建相应的服务平台，实施有关的服务措施，规范和加强对科技成果转化市场的管理等途径，来对科技成果转化的方向和进程发挥积极的引导和推动作用。同样地，对那些虽然为数不多但与国计民生和国家安全有密切关系的重大科技成果的转化需要采用以政府为主导的计划模式来实施的时候，也会尽可能地引入市场机制，并在有可能采用市场模式的环节尽可能地引入市场模式。因此，科技成果转化的实际运作过程中，大多数是计划模式与市场模式同时并存、共同发挥作用，在市场模式中渗透着计划推动的因素，在计划模式中更渗透着市场推动的因素。实际上，更多的是一种以市场为基础的，政府发挥积极的宏观调控和引导作用的“市场—计划混合推动模式”。

我国监狱科研成果转化的模式也经历了一个类似的发展过程。新中国成立之后，实行了高度集中的计划经济体制，监狱成果转化几乎完全靠“计划推动模式”。在当时的历史条件下，“计划推动模式”对我国的监狱科技进步和监狱科研成果的有效转化发挥了积极显著的推动作用。改革开放近30年来，随着经济体制改革的深入发展，市场经济体制的建立和完善，计划经济体制逐渐弱化和淡化，监狱科研成果转化也逐步从主要靠“计划推动模式”转向主要采用“市场推动模式”，相关的体制和运作机制也逐步建立和健全。“市场推动模式”在我国监狱科研成果转化工作中发挥着愈加重要的作用，目前已经成为最主要的一种转化模式。从今后及长远来看，监狱科研成果的转化，必将采用“市场—计划混合推动模式”。①

第五节　监狱科研成果转化的主体构成及影响因素

科研成果转化为现实生产力的过程是一个十分复杂的行为过程。它涉及政府相关部门、成果的转让方、成果的受让方和中介机构等多个主体，受成果的品质、成果受让方的需求与转化能力、中介以及环境等诸多因素的影响。从系统构成的角度看，监狱科研成果转化主体主要包括监狱科研成果的供给者、使用者、中介机构和政府相关部门等四大主体，主要受监狱科研成果的品质、成果使用者的需求与转化能力、中介因素以及环境等四大因素的影响。

一、监狱科研成果转化的主体构成

为便于确定监狱科研成果转化的主体，避免概念的扩大化，特提出以下监狱科研成果转化主体的特征标准：(1)能动性。这是任何一个行为主体必然具有的先天特质。(2)推动性。即这一主体能够通过自身的主动行为推动监狱科研成果转化的进程。(3)得益性。即主体在推动科研成果转化的同时，能够使自己得益。以这三大特征为标准，分析监狱科研成果转化过程，我们不难从中找出符合条件的四大主体：

(一)监狱科研成果供给者

监狱科研成果供给者，承担着创造、供给监狱科研成果的任务。监狱科研成

---

① 彭文晋主编：《科技成果转化概论》，羊城晚报出版社2008年版，第18页。

果供给者，主要包括各级司法院校和直接隶属于各级司法行政部门的科研机构，当然也包括其他兼职监狱研究的院校和科研机构。各级司法院校和直接隶属于各级司法行政部门的科研机构，承担着监狱科研成果供给的核心任务，是监狱科研成果的主要提供者，它们的主要职责是以监狱实践需要为导向进行科研成果的生产。监狱科研成果供给者的价值选择的根本原因是通过不断为监狱提供监狱科研成果，实现自身的知识价值和社会价值。监狱科研成果供给是监狱科研成果转化系统的成果源，监狱科研成果的供给方，给成果转化提供源源不断的新的科研成果源头，因此，它是监狱科研成果转化为现实生产力的源泉和基础，它的有效供给决定着监狱科研成果转化的方向和可能性。

(二)监狱科研成果使用者

从监狱科研成果转化的过程来看，监狱是科研成果使用者，是监狱科研成果的终端用户，它们通过科研成果的使用，赢得预期的收益，在监狱科研成果的转化中占据举足轻重的地位。监狱科研成果使用者，主要包括各级各类监狱及其人民警察和司法行政和管理部门及其领导者和管理者。监狱科研成果使用者获取监狱科研成果并将其转化为现实生产力的过程，形成了监狱科研成果的显现价值，从而也完成了监狱科研成果转化。对于监狱实践部门来说，其改革、发展和创新离不开科研成果的指导与支持。作为监狱科研成果使用者，无论是各级各类监狱及其人民警察，还是司法行政和管理部门及其领导者和管理者，都既有通过使用科研成果达到创新的愿望，又有创新的条件。从监狱科研成果转化的流程来看，监狱及其人民警察和司法行政和管理部门及其领导者和管理者是监狱科研成果能否转化成功的最终决定因素。

(三)中介机构

中介机构是连接监狱科研成果供给方与使用方的桥梁，是提供监狱科研成果需求信息，进行监狱科研成果交流、交易、传递、扩散的媒介。其功能随着市场经济体制的完善而逐渐被强化。要使监狱科研系统了解监狱实践部门的需求，就必须建立反映需求的中介机构，将监狱实践部门的需求的信息传递到监狱科研系统中去。要使监狱实践部门了解到有哪些科研成果可以满足其需求，也要借助于中介机构。

(四)政府相关部门

政府之所以在监狱科研成果转化中作为一个主体出现，源于监狱行业与监狱科研自身的特点。监狱部门的政府部门特性，监狱科研成果的公共产品特性，决定了监狱没有足够的能力和动力来主导监狱科研成果转化的进程。因此，政府作为一个重要的行为主体介入这一过程，提供资金支持、分担风险、协调利益冲突等就成为必然。在国外也是如此。例如，监狱科研成果为监狱政策制定提供理论依据，或者，监狱科研成果转化为监狱领导者和管理者的决策，从这个角度看，政府相关部门是监狱科研成果使用者，是监狱科研成果使用主体。政府相关部门是监狱科研成果转化过程中的领导者、管理者，在监狱科研成果转化的过程中起着促进、规划、调整、监督的作用，担负着为监狱科研成果转化营造良好转化环境的职责。

二、监狱科研成果转化的影响因素

监狱科研成果转化不仅需要监狱科研成果供给者、使用者、中介机构、政府相关部门四大主体共同作用，还需要一系列相关因素的配合与参与。这些因素的质量和规模，直接影响着监狱科研成果转化的实现程度。从系统构成的角度看，影响监狱科研成果转化主要有四个方面的因素：

（一）监狱科研成果品质因素

监狱科研成果转化过程的成功与否，首先取决于监狱科研成果供给者提供的科研成果的品质，优质的监狱科研成果是监狱科研成果转化成功的前提和基础。一项研究成果能否被转化，能够实现多大的转化，该研究成果本身的品质无疑是最根本的因素。

监狱科研成果供给的目标是保证监狱科研成果的有效供给，监狱科研成果的有效供给包括监狱科研成果的数量、质量、成熟度、区域适应性、应用成本、应用效益、操作的复杂性等。如果监狱科研成果供给者提供的研究成果品质低劣，如针对性不强、成熟度不够、综合配套性差、创新不足、效益差等，无论监狱科研成果转化主体怎么努力，这些成果的转化效果都将不会理想。

影响监狱科研成果品质的因素也有很多，监狱科研成果供给者的思想观念与科研能力，监狱科研队伍的规模与质量，监狱科研成果供给机构的科研管理体制、科研成果评价制度等内部环境，等等，都会对监狱科研成果的品质产生影响。

（二）监狱科研成果使用者的需求与转化能力因素

有了大量的、优质的监狱科研成果，这只能说是完成了监狱科研成果转化完整过程的一半。监狱科研成果的转化还要有对象和客体,有吸收者和接纳者,即监狱及其人民警察。监狱及其人民警察是监狱实践的主体,也是监狱科研成果的接受和应用主体。作为科研成果吸收者和接纳者的监狱及其人民警察状况,直接影响监狱科研成果的转化。

影响监狱科研成果转化的成果使用者方面的因素众多,既有监狱科研成果使用者思想认识方面的因素,也有监狱科研成果使用者转化动力方面的因素;既有监狱科研成果使用者转化能力方面的因素,也有监狱科研成果转化内部环境方面的因素。这些因素还相互影响、相互制约,共同影响监狱科研成果转化。

(三)中介因素

要使监狱理论研发系统了解社会需求,就必须建立反映需求的监狱理论中介机构,将社会需求的信息传递到监狱理论研发系统中去。要使社会系统了解到有哪些科技成果可以满足其需求,也要借助于科技中介机构。

随着我国市场经济的发展,监狱科研机构及其科研人员与中介机构直接联系增多,并且监狱科研机构及其科研人员为了通过成果的转化而获取经济利益,也大量地直接参与监狱科研成果转化的转化活动。

(四)环境因素

监狱科研成果转化是一项复杂的系统工程,需要相应的环境支持。在监狱科研成果转化中,各主体需要协同合作,然而,更重要的是建立一个良好的监狱科研成果转化环境。一个良好的、完善的科研成果转化环境是监狱科研成果转化的重要前提和条件。监狱科研成果转化既与科研成果供给机构和成果使用机构的内部环境密切相关,又与外部环境因素相关。本章的环境主要是指监狱科研成果转化的外部环境。

监狱科研成果转化外部环境,是一个由多种要素构成的复杂的系统,主要包括政策要素、法律要素、政府科研管理体制要素、政府科研评估机制要素等。各个要素相互渗透构成的一个完整的系统,在监狱科研成果转化中共同发挥作用,对监狱科研成果的转化提供了强有力的支撑。

三、监狱科研成果转化过程中各主体及其影响因素的相互作用和相互关系

监狱科研成果转化过程主要涉及成果的产生(项目选择与研究开发)、成果的转移(交换流通与推广)和成果的受让使用(应用与出效益)三大环节。这三个环

节紧密关联、相互作用。研究开发是成果源；交换推广是渠道和桥梁；应用是科研成果物化，获得效益。监狱科研成果转化包含着几个互相依存、互相承续的基本过程。

从监狱科研成果转化过程来看，监狱科研成果转化并不是哪一个单位和组织自己独立的行为，它需要多元主体参与并共同完成。监狱科研成果的供给者、使用者、中介机构和政府部门等，都是监狱科研成果转化的主体。监狱科研成果转化主体的多元性，反映了监狱科研成果转化的复杂性和艰巨性，这种复杂性与艰巨性是科研成果转化所共有的，也是监狱科研成果公共物品特性所决定的。

监狱科研成果转化各主体的关系通过利益的纽带联系起来。这四大利益主体在主观上都希望通过自己的努力，加速监狱科研成果转化的进程，以便从中体现自己的价值并实现自己的利益。其利益的实现，是通过政府或市场机制来达成的。在利益分割的问题上，最普遍的做法就是将使用科研成果而实现的利益通过一定的比例，以一定的方式在各参与方之间进行分配。但由于他们各自的角色特点，使他们在科研成果转化过程中的主导思想、功能定位、目标追求以及具体行为各不相同。有调查研究显示，科研成果的供给者、使用者、中介机构和政府部门选择的偏好上存在较大差距。政府偏好优质科研成果，愿意推广资金节约型的科研成果；科研成果的供给者也更愿意从事优质项目的研究；中介机构愿意推广优质和节约资金的科研成果；科研成果使用者在选择优质和资金节约型科研成果的比例上远低于政府、科研成果供给者及中介机构的估计，他们对是否节约资金已没有太多的要求，他们有能力和意愿投资于优质特色高效的科研成果。①

监狱科研成果转化各主体及其影响因素的相互作用和相互关系是：政府相关部门是监狱科研成果转化的推动者和调控器；科研成果的供给者是监狱科研成果转化的母体和关键；科研成果使用者是监狱科研成果转化的需求动力源泉；中介机构是监狱科研成果转化的“红娘”；科研成果的品质因素是监狱科研成果转化的核心；科研成果使用者的需求与能力因素是监狱科研成果转化的动力；中介因素是监狱科研成果转化的酵母；科研成果转化环境因素是监狱科研成果转化的保障。

---

① 刘现武主编：《我国农业科研院所科技成果转化模式研究》，中国农业科学技术出版社 2009 年版，第 28 – 39 页。

以上各主体之间、各影响因素之间以及各主体与各影响因素之间，只有相互协调、相互促进、相互制约，才能形成高效率的监狱科研成果转化机制。监狱科研成果转化系统的整体功能就是实现科研成果向监狱实践的转移，并最终实现和满足监狱的需求。

第四章　监狱科研成果供给侧：树立成果转化意识，提供优质科研成果

第一节　成果供给侧在监狱科研成果转化中的作用

一、科研人员在监狱科研成果转化中的作用及其条件性

（一）科研人员在监狱科研成果转化中的作用

任何实践过程都应该注重其科学性，科研人员因其专业性，可以在一定程度上消除实践过程中不可避免出现的由于实践者的局限性而造成的偏差，因此，科学研究在实践过程中起着越来越重要的作用。科研人员在科研成果转化过程中的作用可以分为直接作用和间接作用两方面。

1. 直接作用。很多时候，由于实践问题本身的模糊性使实践者难以作出有效的实践方案。这种情况下，科研人员可以发挥其主动性，直接向实践者建言，让自己的方案进入实践者视野并指导实践者的实践。

2. 间接作用。一般研究者，尤其是大学的研究者往往按照学科特有的研究模式进行研究。他们的成果容易受到同行的关注和评判，而且他们认为同行的评价比政府机构的评估更为重要。因此，作为科研人员的研究，往往会严格遵守学术规范，从理论依据到数据分析再到论证推演都做到严谨求实，确保其研究结果经得起专业推敲。然而，实践者在实践过程中对科研成果的评价标准绝非是单一的，他们需要综合考虑科研成果转化的成本、可能的效果、可行性以及执行的难易程度等。所以，科研人员的研究为实践者提供专业视角的参考意见，使他们能够充分了解实践环境中可能存在的各种影响科研成果转化的潜在问题，为科研成果转化提供参考性建议。当然，这些参考性建议是否能对实践产生作用，还取决于其是否能够被纳入实践者的视野，能否被实践者所接受。因此，这种作用是间接

性的。[①]

(二)科研人员在监狱科研成果转化中发挥作用的条件性

有人认为，科研成果是否得到采用，具有一定的偶然性。但是，偶然性中蕴含着某种必然性，如果各方面的条件具备，科研成果就有较大可能被实践者采用，反之，如果某项或某些条件不具备，科研成果对实践的影响就会减小、延迟，甚至完全没有影响。科研人员在科研成果转化过程中作用的发挥主要受以下几方面条件的影响：

1. 对研究成果的需求和学术自由的环境。科学研究的发展源自实践过程对学术研究成果的需求。在长期的实践中，实践问题的复杂性得到了越来越充分的认识，实践者对科学研究的重视和依赖程度也越来越高。由于有需求，实践者也会高度重视相关研究，在资金、人力、组织等方面为研究提供支持和帮助，甚至会直接参与到研究中来，从而保证了研究过程的有效开展，也为研究成果向实践部门的传递提供了有利条件。唐纳德·肯尼迪指出，学术责任与学术自由是"互为补充和对应的"。[②] 学术自由是学者能够结成团体、履行责任、发出声音的最基本的保障。科研活动的过程实际上是各种利益、各种观点碰撞交流的过程，如果这个过程中没有多种不同的声音，也就不存在选择和决策。只有科研人员在研究中发了现实存在的问题，并且这些研究成果得到了自由的表达，才有可能对实践产生影响。

2. 坚实的理论和实证研究基础。科学研究对实践的影响力，可能与科研团体整体的影响力有关，也可能与学者们的个人学术地位和影响力有关。但是，从根本上说，学术的影响力来自学术本身。只有科学、严谨、扎实、实事求是的研究，才可能拥有"学术的力量"，才能真正具有说服力，为人所接受。一方面，对理论的研究和运用是学术研究的主要内容，理论因其有较强的普适性和解释力而能为科学研究带来更多的价值；另一方面，大规模的调查研究是研究者最常用的手段。实际上，注重调查研究、注重事实依据、注重规范的研究方法，已经是当代社会科学研究的基本趋势。这种研究尽管费时、费力，却可以提供很多仅凭经验或猜测难以获得的结论和论据，这种以事实为依据的研究也就拥有了内在的力量。在理论

① 闵维方：《学术的力量：教育研究与政策制定》，北京大学出版社2010年版，第68－69页。
② [美]唐纳德·肯尼迪：《学术责任》，阎凤桥等译，新华出版社2002年版，第4－5页。

的基础上，加之以实证的检验，就可以为实践提供更为全面、可靠的指导。

3. 准确的定位和良好的沟通。一方面，在与实践部门的合作中，科研人员应更深刻地认识实践工作的复杂性、艰巨性，不断地体会实践者的实践智慧，也不断地反省自己作为“书生”的弱点。科研人员应深知，实践绝非是简单的数学计算。因而，科研人员应尽量不对实践部门提供“专家指导”，而是将自己定位为“专家建议”。在此过程中，既要使自己成为一个有研究能力、能提供高水平研究成果的“专家”，也不能忘记自己的“建议者”身份。这种身份要求科研人员既不把自己视为决策者，也不成为决策者的附庸。另一方面，作为研究者，科研人员需要通过与实践部门的沟通获得研究问题和研究支持；作为政策建议者，为了使研究成果更好地发挥建议作用，也同样需要与政府部门有良好的沟通。这种沟通可能是建立在学者个人与实践部门的关系基础上，而在更多的场合下，这种沟通是在一种制度化的环境中进行的。学者与实践者之间的沟通也非常需要有“共同语言”。由于知识生产不断专门化、学科分类不断细化，各个学科的学术研究都有自己的一整套规范和表述方式，研究报告注重方法严谨、论据充实、概念准确、表述严密，实践者不可能成为每一个领域的专家，也不会有时间和精力去细读在他们看来冗长的研究成果，简洁、明晰、实用是他们对研究成果的基本要求，真正好的学者应该能够“深入浅出”。①

4. 对问题的敏锐和对机会的把握。科研人员需要有学术的敏锐，这种敏锐可能表现在对问题的觉察上先于他人，也可能表现为从或隐或现的蛛丝马迹中发现现象之间的联系，或者是在他人熟视无睹的现象中发现问题。这种敏锐可能源于长期的理论关怀，也可能源于对实践的密切关注。科研人员的敏锐同样可以表现在对稍纵即逝的实践机会的把握上。一项学术研究，即使研究完美、现实意义重大，也必须能够传达给实践者并被欣赏，而要真正被实践所采纳，则需要等待那扇“实践之窗”在合适的时机打开。研究只有在恰当的时间出现，才能引起实践者的注意并最终得到应用。② 机遇的把握并不总是出于偶然，“机遇总是给有准备的人”，机会也在于自己去创造。实际上，实践部门需要研究支持时往往都是“急

① 郭华：《专家如何能支持教育改革——基于深度访谈的实证研究报告》，载《教育研究与实验》2014 年第 2 期。

② 郭华：《专家如何能支持教育改革——基于深度访谈的实证研究报告》，载《教育研究与实验》2014 年第 2 期。

活”，要求在半个月甚至几天之内交稿，如果没有“提前”的研究准备，即使有“机会”找上门来，也只能眼睁睁地看着机会溜走。所以，科研人员对影响实践机遇的把握能力往往来自学术的预见和长期的积淀。

5. 团队合作及学术界的共同努力。科学研究的实践告诉我们，真正高质量并能对实践产生重大影响的研究，往往都是由研究团队合作来完成的，这与实证研究需要大量的单个人难以完成的调研工作有关，更与这些学者们在长期的研究中所意识到的学科团队优势有关。实践需要解决的问题并不专属于某一个学科，研究团队多样的学科背景可以提供多样的视角、多方面的知识贡献。学术研究对实践的影响通常都是众多研究机构的学者群体共同努力的结果。通过学术研究影响实践是学者的共同职责，如果学术研究促进了实践的改善，那功劳也一定是属于学术界集体。①

二、监狱科研成果本身品质对科研成果转化的影响

一项科研成果能否被转化，能够实现多大的转化，该科研成果本身的品质无疑是最根本的因素。科研成果本身的品质主要包括科研成果的针对性、科研成果的质量、科研成果的成熟度、科研成果的综合配套性、科研成果的可行性等，是导致监狱科研成果转化率偏低的来自成果本身的因素。

（一）科研成果的针对性对科研成果转化的影响

科研成果的针对性是指科研成果必须能够指导或应用于实践，最终被实践证明可以取得经济效益和社会效益。实践部门或实践者是否采纳某项科研成果，首先与这项成果能否满足其需求，帮助其实现对效益的追求，有重要关系。如果某项科研成果能够满足实践部门或实践者需求，能够帮助他们实现经济效益和社会效益，他们就会采纳该项科研成果，该项科研成果就能顺利实现转化；反之，如果某项科研成果不能够满足实践部门或实践者需求，不能够帮助他们实现经济效益和社会效益，②他们就会拒绝采纳该项科研成果，甚至对其视而不见，科研成果转化便无从谈起。

（二）科研成果的质量对科研成果转化的影响

科研成果的质量是指科研成果是否具备科学性、新颖性、先进性、创造性等本

① 闵维方：《学术的力量：教育研究与政策制定》，北京大学出版社 2010 年版，第 262－270 页。

② 叶良均：《农业科技成果转化问题研究》，中国科学技术大学 2008 年博士学位论文，第 31 页。

质属性，这些属性的存在决定科研成果能否对社会或经济产生较为重大的或深远的影响，也决定着科研成果能否实现转化。其中，科研成果的科学性是指科研成果的客观真实和系统严密的程度，它是科研成果成立的前提条件，也是科研成果实现转化的前提条件；科研成果的新颖性是指不能是学习、移植、仿制其他地区、部门的一般性新技术、新工艺、新产品及其他低水平重复科研成果，具有新颖性的科研成果更能引起实践部门和实践者的关注和转化的兴趣；先进性是指科研成果的学术水平和技术水平在当代科技发展中达到的高度，即指该成果与国内外同类研究工作相比所处的学术地位及关键技术性能与主要的技术经济指标必须达到或超过已知的最先进的同类成果的水平，①具有先进性的科研成果，更能引起实践部门和实践者的重视，更容易实现转化并在转化过程中因得到更多的支持而更容易转化成功；创造性是指科研成果的科学首创性，必须有独到之处。创造性是科研成果的灵魂，也是科研成果能否转化的关键。

（三）科研成果的成熟度对科研成果转化的影响

科研成果的成熟度是指科学成果的完整性和成果性能的可靠性，包括技术成熟度和商业成熟度，通过试点后，可大范围推广、应用的科研成果。科研成果成熟度越高，推广、应用就越有条件和保障，反之则越有风险。完全成熟的科研成果应当是可以立即转化为实践的，可以从资源投入的角度来度量科研成果的成熟度。如果监狱科研成果达不到足够的成熟度，就会大大增加使用过程中的风险，这样不仅难以实现大面积转化、推广，甚至就连在小范围内的转化也会惨遭失败。②

（四）科研成果的综合配套性对科研成果转化的影响

科研成果的综合配套性是指科研成果的集成性，即科研成果是一系列技术的综合，是一套完整体系。如果科研人员只能供给用户其中某一种或几种技术，即所提供的科研成果不配套，对用户来说，这些科研成果并不具有利用价值和吸引力。同时，如果用户采纳了这些不配套科研成果，则这些用户往往会面临巨大的风险。一般来说，如果科研成果的集成性好，则有利于对这些科研成果实行捆绑式推广，既节约科研成果转化的成本，又能降低实践部门和实践者的应用风险。实践部门和实践者对捆绑式推广的科研成果也会十分欢迎、信赖，并容易激发应

---

① 刘德刚、牛芳、唐五湘：《“科技成果”一词的起源、演变及重新界定》，载《北京机械工业学院学报》2004 年第 2 期。

② 叶良均：《农业科技成果转化问题研究》，中国科学技术大学 2008 年博士学位论文，第 36 页。

用的热情。①

（五）科研成果效益上的可行性对科研成果转化的影响

科研成果效益上的可行性是指科研成果具有使用价值,一方面,成果使用者可以从科研成果应用中取得效益;另一方面,在市场经济条件下成果拥有者可以通过这种科研成果的转让获得收益与效益。实践部门和实践者采纳一项新的科研成果的动力来自对效益的追求。实践部门和实践者在获取、使用科研成果时,往往要为此付出一定的经济成本和机会成本。因此,科研成果的转化,必须建立在最大限度地为实践部门和实践者降低成本、提高其使用的比较效益的基础上。尽可能地降低科研成果的使用成本、提高比较效益,对科研成果转化来说,意义尤其重要。②

第二节　成果供给侧在监狱科研成果转化中存在的问题

一、监狱科研人员方面存在的问题

（一）思想观念僵化,缺乏成果转化意识

很多监狱科研人员最多只是重视监狱科学及监狱科学研究本身,却仍然轻视对监狱科研成果的转化。他们认为监狱科研人员的本职工作只是搞科研、出成果,结果养成了只管研究,不管转化的观念和习惯。有些监狱科研人员只注意监狱科研有出成果的功能,而缺乏转化监狱科研成果的观念。有的监狱科研人员甚至认为,监狱科研人员及监狱科研的职能主要就是关心如何认识监狱的问题,监狱科研是一种纯学术的基础研究。有些人还存在一种偏见,认为监狱科研人员的本职工作只是搞科研,而搞转化是不务正业,而且是没有科研能力和水平的表现。对这些人来说,其监狱科研与社会实践常常脱节,科研课题有时并不是来自监狱实践,而是关起门来搞科研,以至于长期以来,形成了"一科研,二评奖,三入库"的

① 叶良均:《农业科技成果转化问题研究》,中国科学技术大学2008年博士学位论文,第30－31页。

② 叶良均:《农业科技成果转化问题研究》,中国科学技术大学2008年博士学位论文,第35页。

科研观念。取得成果便完事大吉,再去争取新的课题。成果能否转化以及如何转化,与自己无关。由于不适应监狱的需要,结果,“成果一大套、实践不对号,谁也不爱要”。一些在司法院校工作的监狱科研人员没有处理好教学与科研的关系,认为搞科研会影响教学。

(二)监狱科研与监狱实践脱节,监狱科研及其成果滞后

思想僵化,不能坚持理论联系实际的优良作风表现在监狱科研中,就是监狱科研与监狱实践脱节。这种监狱科研和监狱实践的脱节又表现在两个方面:一方面,一些监狱科研人员为了研究而研究,以成果的获得为整个研究过程的最终目的和终结。他们将所取得的社会科学成果束之高阁,而不是将它们应用于监狱实践、指导监狱实践。很明显,这些监狱科研人员根本就没有成果转化意识,自然不会有推广、应用和转化其成果的现实行为。另一方面,监狱科研脱离监狱不仅表现在没有很好地将监狱科研成果应用到指导监狱实践中去,而且还表现很多监狱科研课题并不是来自于监狱实践,导致“两头”都不“在外”。长期以来我国监狱科研的自我封闭是形成人们轻视监狱科学和影响监狱科研成果推广、应用和转化的重要因素。

监狱科研与监狱实践脱节,必然导致我国的监狱科研及其成果滞后。我国的监狱科研一度在双重意义上落后了:一是落后于我国监狱实践发展的客观需要,二是落后于国外监狱科学的发展。今天,我国的监狱科研,无论是在满足我国监狱社会实践需要方面,还是与国外监狱科学相比,都取得了巨大的成绩,有了重大的发展。但是,我们也应当清醒地看到,在我国的监狱科学水平和实力方面还存在一些问题。应当说,我们监狱科研的力度、深度还不够。特别是很多监狱科研人员不愿意深入实际调查,不愿意坐冷板凳,甚至写文章、出著作只是为了赚钞票、评职称。这种浮躁的心态和急功近利的学风,导致他们把内容空泛、缺少创新、粗制滥造、东拼西凑的东西不负责任地抛向监狱。因此,虽然我们年年都研究很多的监狱科学课题,出版很多的报告、论文和专著,但除一部分学术价值和社会效益较好的成果外,更多的成果质量平平。这种所谓的社会科学成果不仅难以被推广、应用和转化,而且还造成了巨大的浪费,并且破坏了监狱科学及监狱科研人员的形象。所以,监狱科研及其成果滞后,也是导致人们轻视监狱科学和影响监狱科研成果推广、应用和转化的重要因素。

（三）没有正确处理好监狱科学基础研究和应用研究之间的关系

按照研究活动的直接目的或研究内容与监狱实践的关系程度，我们通常可以把监狱科学的各个学科分成基础理论学科与应用学科，把监狱科学研究分为基础研究和应用研究。要加强监狱科学研究并提高我们的监狱科学研究水平与实力，不断地提供足够的高质量的监狱科研成果，就必须处理好监狱科学研究中的基础研究和应用研究之间的关系。

然而，在我们的监狱科研中，在处理监狱科学研究中的基础研究和应用研究之间的关系中存在两种错误倾向：一种倾向是只注重基础研究而忽视应用研究，基础理论由于其一般性、普遍性，需要有一系列中间环节，这需要应用研究来填补，否则基础理论就不能指导实践；另一种倾向是只注重应用研究而忽视基础研究，没有基础研究的指导，应用研究就失去其理论基础，往往是表面的、肤浅的、盲目的，其研究水平就不会很高。[①] 在当今的监狱系统，的确有些人认为监狱科学基础研究是远水不解近渴；搞监狱科学基础研究又太苦、太累、缺经费、难出成果、获奖难、待遇差；现在的一些司法和科研机构也倾向于重视监狱科学中应用型学科的建设；再加上一些监狱科研人员不甘寂寞，急功近利等，从而出现了重实用技术，轻科学理论，重实用研究，轻基础理论研究的倾向，这是目光短浅的表现，是片面的，错误的。没有今天的监狱科学基础研究，就没有明天的监狱科学研究成果应用，也就没有未来的监狱实践水平的提高。

二、监狱科研成果本身品质存在的问题

通过对现有监狱科研成果的分析不难发现，现有监狱科研成果在其本身品质方面，主要存在成果针对性不强、成果质量不高、成果成熟度不够、成果综合配套性差、成果效益可行性差等问题，这是导致监狱科研成果转化率偏低的来自成果本身的因素。

（一）监狱科研成果的针对性不强

监狱是否采纳某项科研成果，首先与这项成果能否满足其需求，帮助其实现对效益的追求有关。由于各种因素，目前我国监狱科研主要是由研究者自主选题或在监狱行政部门计划指导下开展研究。监狱科研人员和监狱行政部门对监狱

---

① 黄清：《课程研究的方法论原则》，载《教育评论》1999 年第 3 期。

需求目标认识上的偏离,导致监狱的科研成果供给与监狱及其人民警察的实际需求之间存在较大的错位,导致了很多研究成果不能适应监狱及其人民警察的现实需求,成为没有用户市场的无效供给。有研究显示,多数监狱科研人员在科研中更倾向于理论研究,政府部门的科研规划更倾向于宏观的科研课题,而这明显与监狱及其人民警察对于应用性、具体的需求不符。因此,脱离监狱及其人民警察现实需求的监狱科研成果供给体制,最终会陷入大量成果无人问津的结局。概括地说,由于监狱科研选题与监狱需求脱节,监狱科研成果针对性不强,致使我国目前监狱科研成果虽然不少,但被监狱及其人民警察转化的成果却很少。我国监狱科研成果针对性不强,有着特定的历史原因。一是在我国监狱发展的历史中,长期以来存在重监狱实践、轻理论指导的现象;二是从事基础理论研究的科研人员多,而从事应用研究的科研人员相对不足。

(二)竞争型成果偏多,成果质量不高

我国监狱科研成果质量不高,主要表现在具有科学性、新颖性、先进性、创造性等方面都不够高质量,在现有的监狱科研成果中,有相当数量的监狱科研成果属于竞争型成果。所谓竞争型成果,是指这类成果在功能上具有相互替代性,这类成果比较效益低。因此,对一个特定时期的监狱科研成果总体来说,如果竞争型成果偏多,则这个时期的监狱科研成果的转化率就不可能很高。监狱科研整体水平还不够高、科研活动中重复研究较多等因素,是导致我国监狱科研成果总体中竞争型成果偏多、成果质量不高的主要原因。① 另外,监狱科研力量也一直十分薄弱。专司监狱的专门研究机构和研究人员只有司法部预防犯罪研究所和中央司法警官学院,以及一些地方的司法院校及其科研人员,无论是数量上还是质量上,明显不足,也增加了我国监狱科研成果的转化难度。

(三)成果自身的成熟度不够

目前,我国一些监狱科研成果不能被转化,与这些成果自身的成熟度不够有关。一项监狱科研成果从形成到被转化,一般需要经过若干个研究周期的反复试验,持续的时间较长,投入的经费较大。由于科研经费有限,科研人员缺乏足够的持续后续研究,导致许多监狱科研成果完全处于不成熟的状态。无法获得持续、

---

① 叶良均:《农业科技成果转化问题研究》,中国科学技术大学2008年博士学位论文,第29-30页。

稳定的支持经费，是导致部分监狱科研成果不能被转化的最重要因素。同时，过去我国监狱科研成果评定片面采用会议评审的方式，重视专家个人意见，忽视成果的实际效益指标，这种片面做法，容易诱使科研人员单纯把追求会议评审专家的认可作为目标，忽视成果转化。这种忽视科研成果现实应用的科研导向，对监狱科研成果转化带来不利影响，①是导致一些监狱科研成果达不到可转化的成熟度的又一因素。

（四）成果综合配套性不足

监狱科研成果单项成果多，成果综合配套性不足，也是影响我国监狱科研成果转化的重要因素之一。我国监狱科研成果综合配套性不足，与我国监狱科研机构的部门分割、难以开展合作研究有关。此外，科研成果奖励制度缺陷等也是造成这一问题的原因。一般来说，对于缺乏综合配套性的监狱科研成果，为了促进其转化，在保证这些成果仍然具有使用价值、没有失效的情况下，只有继续支持和完善相关的综合配套研究。②

（五）缺乏效益上的可行性

造成我国一些监狱科研成果缺乏效益上的可行性的根源，与监狱科研成果公益性强的性质以及目前的科研管理体制有关。由于监狱科研多数具有公益性的特征，科研机构和个人往往难以直接获取利益回报，从而造成科研机构和研究人员均对研究成果的实用性、潜在的推广应用规模漠不关心或缺乏谨慎分析，酿成一些监狱科研成果使用成本偏高而效益却不高的后果。一些研究机构和个人，甚至只以发表学术论文和获奖作为目标，对研究成果能否为监狱带来综合效益的问题关心不够。同时，科研机构在内部分配上一定程度地存在平均主义问题，难以调动科研人员的积极性。③

---

① 叶良均：《农业科技成果转化问题研究》，中国科学技术大学 2008 年博士学位论文，第 36－37 页。

② 叶良均：《农业科技成果转化问题研究》，中国科学技术大学 2008 年博士学位论文，第 30－31 页。

③ 叶良均：《农业科技成果转化问题研究》，中国科学技术大学 2008 年博士学位论文，第 29－37 页。

第三节　导致监狱科研成果供给侧问题的原因分析

一、研究者不同于实践者的文化

如果从文化角度分析导致监狱科研供给侧问题的原因,监狱科研人员不同于监狱实践者的文化,则是导致监狱科研供给侧问题的文化方面的原因,这也是影响监狱科研转化的深层根源。研究者不同于实践者的文化,主要表现在:

一是不平等的地位。在政府授意或委托下从事研究时,研究者的地位就像商人,而实践者好似顾客,研究成果就如商品。可是,他们之间的"买卖"并不公平。由于钱掌握在实践者手中,他有权决定资助哪一项研究,研究者即使对实践者处理研究成果的方式不满意,他也没有把成果"出售"给他人的自由,可见,实践者事实上对研究成果的处理拥有某种垄断权。因此,研究者应把帮助实践者这个顾客了解其实际需要作为自己的一项工作。有时,为了使某些问题得以研究,研究者就不得不帮助实践者重新理解这些问题。

二是看问题的不同角度。实践者与研究者之间的紧张关系往往是由于他们各自所处的不同地位以及看问题的不同角度引起的。首先,实践者认为,研究工作应针对那些在他们议事日程上亟待解决的问题。然而,哪类问题才算是重要的亟待解决的问题呢?每位实践者往往看法不同。实践者通常用自己的利益来衡量研究的价值。其次,实践者一般用实践的眼光来看问题。他们更倾向于具体的、现实的问题。再次,实践者一般对科学研究的工作不熟悉,对研究者使用的专业术语较陌生。因此,这就要求研究者尽量用"大众化"的语言来叙述他们的成果。最后,实践者要求研究者能立刻出成果,以便能及时地为他们的实践问题服务。研究者的立场、观点又是怎样的呢?第一,研究者一般喜欢按常规办事,重视同行的意见,认为同行对其研究成果的评价比政府的评价更重要。第二,研究者从事的是高级的专业化研究。这意味着他们往往孤立地研究问题的某一个方面,而所研究的这个问题,可能比那些更复杂的普遍性问题更易解决。第三,研究者在考虑研究课题和使用批评性措辞方面并没有像实践者那样拘谨。① 在科研时间

① 陈洁:《胡森:一位教育学家的学术生涯及其启示》,苏州大学2004年硕士学位论文,第13页。

的支配上,他们认为不应受到限制。

三是对学术的不同看法。对研究者来说,什么问题都可以研究;对别人如何利用他们的成果,以及这些成果的应用会带来怎样的严重后果,一概不问。他们也不愿对此承担任何责任。实践者往往把研究工作看作实践的工具,对"学术自由"的要求不能予以理解,常把它看作研究者的自负,[①]他们觉得研究工作的重点应放在当前的实践领域。

由此可见,由于研究者的需要与实践者的需要有着本质的不同,他们看问题的角度不同,时间的概念不同,对研究成果的衡量标准也不同。这种种不同所产生的影响,贯穿于实践者与研究者联系的始终——从研究工作的开始到研究成果的解释乃至转化,这就是为什么实践者常感到研究成果不符合实践的议题。

实践者与研究者之间的紧张关系和意见分歧会引起他们的分裂。实践者常由于研究者的实际工作背离他们原来的期望而感到不满。引起分裂的原因,第一,研究工作并不"适合"特殊的形势需要。研究计划中所选的课题并不是实践问题的一部分或与其直接相悖。此外,原来以为研究的是亟待解决的问题,可是待研究结果出来,却发现又与实践脱节了。第二,研究成果一旦出来,研究者和实践者的一方或者双方都觉得这些成果没有说服力。第三,研究成果的转化工作缺乏效率。某些成果并没有能"渗透"到实践者之中。研究成果的转化工作缺乏效率往往是由于科研报道的语言过分专业化所致。事实上,对研究者来说,在不降低专业价值的前提下,用通俗语言报道他们的成果是可能的。第四,研究的结果与实践部门欲要施行的实践相矛盾,这常常导致"分裂"情况的发生。实践者想利用研究成果来巩固自己的地位,但却常常发现这些成果不但是不支持他的,反而为他们的对手提供武器。

说到底,科学研究的作用不仅是为了帮助专家,同时也是为了帮助大众来创造现实社会的模式。这种模式的实现要靠来自多方面的不同信息,而科学研究所提供的仅仅是众多信息中的一部分。[②]

---

① 陈洁:《胡森:一位教育学家的学术生涯及其启示》,苏州大学 2004 年硕士学位论文,第 13 - 14 页。

② 华东师范大学教育科学资料中心编:《当代国外教育研究》,华东师范大学出版社 1986 年版,第 64 - 67 页。

二、监狱科研组织队伍因素

科学的发展,依赖于科学本身的生产能力,即从事科学研究的人员的数量和水平,以及他们所拥有的研究手段和社会对科学研究活动所给予的经费、道义方面的支持。科研人员是科学活动中最活跃的因素,科研成果的数量和水平,首先取决于科研人才的数量和水平。①

要产出更多、更好的监狱科研成果,有效地转化监狱科研成果,一定要有一支高水平的、数量充足的监狱科研队伍,这是生产优质监狱科研成果的关键,也是转化监狱科研成果的前提。没有这样一支队伍,既无法进行监狱科学研究以便产出更多、更好的科研成果,也无法对产出的监狱科研成果进行转化。

在监狱科学研究化的组织队伍方面,存在三个方面的主要问题:一是我们的监狱科研队伍的数量还不足;二是监狱科研队伍的整体质量和水平不高;三是监狱科研队伍的团队建设不充分。

(一)数量不足

与其他科学的研究队伍相比,监狱科研队伍的差距首先表现在数量不足上。一门科学科研人员的数量是该门科学能力的重要指标。不仅科研人员总量,而且它在该科学领域占该领域整个人口中的比例,也是证明该门科学科研水平的重要指标。按着这一指标来衡量,我国监狱科研队伍不仅科研人员总量很少,而且监狱科研人员在整个监狱系统所占的比例也很低。因为我们过去的统计是将教学人员也列入科研人员之列,所以,如果统计中排除各级各类司法院校的教学人员,监狱科研人员的总量则会更少,监狱科研人员在整个监狱系统所占的比例也会更低。

说明科研力量的另一方面是科研活动所获得的社会经费支持。由于我国的监狱科学研究大都依赖于政府的拨款,监狱科学研究显然缺乏强有力的经济支持。因为在仅有的这点经费中,科研人员不仅要用于进行实验研究、购置图书资料,还要用作满足基本需要的工资、住房、医疗保健、安排子女就学等各方面的消费,因此,花在每个科研人员身上的费用不能仅仅是课题经费。目前研究经费缺

---

① 钟贤道:《科技转化论——关于科学技术转化为生产力诸问题的研究》,国防科技出版社 1993 年版,第 80 – 83 页。

乏,不仅使课题研究困难,而且由于待遇低、条件差,许多司法院校、司法科研院所的科研骨干大量流失,造成不容忽视的灾难性影响,有的地方又出现人才断层——一些年事已高的科研人员与刚出校门的辅助人员留下来,大量中青年骨干或因利益的驱动,或因事业的吸引,纷纷离去。如某司法院校的科研人员中主要留下了年事已高的教授、副教授,还有一些刚毕业尚不能独立工作的年轻助教,中青年讲师已纷纷转走。主要是因为科研人员,尤其是中青年科研人员待遇差,许多具体问题,如住房问题、夫妻分居问题、职称评定问题、收入少等问题无法解决,长期形成的巨大差距,加上某些管理、具体制度上的原因,无法将他们稳定在监狱科研的岗位上。经费缺乏,不仅无法使广大监狱科研人员有较为宽裕的生活条件使他们安心于科学研究工作,而且使他们无法获得足够经费以购置先进的、适用的仪器设备,甚至无法获得足够的经费去购买图书情报资料,[①]更不用说无力实现情报手段的科学化、现代化。科研手段和情报手段的现代化是加速科学研究发展,逐步实现现代化必备条件之一。很难设想,用落后陈旧的仪器设备去做实验,靠手工方式去获取有关情报资料,怎样能同快节奏、高水平的当代科学研究活动相适应。

相对于我国监狱实践迅速发展的需要,相对于我国监狱科学的理论研究的需要以及我国监狱科研人员所应当肩负的历史使命和社会责任来说,特别是相对于我国转化监狱科研成果的现状和迫切性来说,我们这支队伍的人数明显不足,特别是还缺少一支专门从事监狱科研成果研究的人员和队伍。而且,对现有的监狱科研队伍也存在一个如何稳定的问题。目前监狱科研面临的一个重要问题就是人才危机、队伍危机。由于待遇不高、社会形象差、社会地位低,很多人特别是很多年轻人不想从事监狱科学研究,原有的一些从事监狱科研工作的人员也走了。如此下去,我们的监狱科学事业恐怕就后继乏人了,我们有理由对监狱科研的现状表示担忧。

监狱科学研究中人才短缺,不仅表现在数量不足上,尤其是表现在高素质人才短缺上。从 20 世纪 80 年代开始,我国一些高等学校(如中国政法大学、西南政法大学)的刑法学硕士点开设监狱学研究方向,90 年代以后北京大学的刑法博士点也设立了监狱学研究方向,这曾为监狱学研究输送一批较高素质的人才,为监

---

① 陈红星:《"第一生产力"的哲学思考》,中共中央党校 1994 年博士学位论文,第 32 页。

狱学的发展作出了一定贡献。但是,后来由于监狱学科的边缘化地位、就业前景不看好等因素,上述高校的监狱学研究方向均出现萎缩迹象,而此前已经培养出的不少监狱学人才也纷纷改行或转向。①

(二)科研水平不高

与其他科学的研究队伍相比,监狱科研队伍不仅存在数量不足的问题,在科研队伍质量和水平上也与其他科学的研究队伍存在很大差距。

20 世纪 80 年代以来,我国监狱科学步入了发展的快车道,研究队伍日益壮大,论文论著大量涌现,分支学科越来越多。然而,繁荣的表象并不能掩盖监狱科学研究面临的危机。如果冷静审视可以发现,多年来我国监狱科学的发展基本上走的是外延式发展的路径,在研究规模、成果数量等直线增长的同时,整体研究水平却原地踏步,鲜有学术创新和理论突破。这主要表现在:

一是研究视野狭窄。由于"监狱问题在中国学界似乎一直是鲜有人问津的边缘性学术课题",从事监狱科学研究的人士大都来源于监狱系统内部,而高校和社会科研机构中也只有法学界的极少数人关注监狱问题,研究人员的知识背景单一,缺乏相关学科的支援,造成监狱科学研究的学术视野狭窄。那些另辟蹊径从社会学、人类学、文化学、经济学等新视角研讨监狱问题的论著则实为罕见,甚至属于研究的真空地带。学术视野狭窄在很大程度上阻碍着我国监狱科学研究向纵深发展。②

二是研究方法单调。就我国监狱科学的研究现状而言,方法论问题尚未得到普遍关注,多数研究者偏重于形式化方法,即强调逻辑推理、定性分析,实验法、调查法等实证性研究方法没有受到足够重视。即使是形式化的方法,一些研究者也不能科学地运用,在一些监狱科学论文中,缺乏缜密的思维和客观的分析,导致说理苍白、逻辑混乱。③

三是研究规范欠缺。在当前我国学术界尤其是人文社会科学领域,学风浮躁、急功近利、学术规范意识淡薄,是普遍存在的问题。这一问题在监狱科学界同样存在,而且相当严重。在一些公开发表的监狱科学论文中,引用了他人观点或数据资料却不注明出处,借鉴了他人成果却未有任何参考文献的列举,甚至有人

① 冯卫国、于淑彦:《监狱科学——谈监狱学研究之进路》,载《河北法学》2005 年第 5 期。

② 冯卫国、于淑彦:《监狱科学——谈监狱学研究之进路》,载《河北法学》2005 年第 5 期。

③ 冯卫国、于淑彦:《监狱科学——谈监狱学研究之进路》,载《河北法学》2005 年第 5 期。

通过移花接木、改头换面等手法，搞变相的抄袭；有的研究者不愿意花时间和精力实地调查，不重视收集第一手的资料，人云亦云或凭空编造；还有的研究者并没有认真阅读有关文献，没有吃透有关的名词术语及论点，却在写作中生搬硬套、断章取义、故作高深，进行所谓的学术包装。这些都是监狱科学研究中学术规范欠缺的典型表现。①

（三）科研团队建设不充分

监狱作为社会的一个特殊窗口，折射着社会现实和人类文明程度，同时，监狱管理和罪犯改造是相当复杂和精致的学问。监狱问题在国际学术界一直处于多学科综合性研究的学术前沿，兼容法学、政治学、社会学、心理学、历史学和哲学等学科背景。②

当代监狱科学学科不断交叉、综合和相互渗透的发展趋势，往往需要多学科、跨学科合作，需要依托科研平台实施团队作战和合作攻关。然而，在当前的监狱科研中，却普遍存在重个体轻团队的现象。长期以来，由于我国科研机构和科研人员分属于不同的系统，又由于历史的原因，系统大多相对独立，自成体系，各有自己的“领地”，科研机构与科研机构之间、科研人员与科研人员之间少有联系。通过改革，在一些地方、一些方面有了改善，但由科研系统结构先天不足遗留的问题还难以从根本上改善，多年形成的“各自为战”情况还没有彻底改变，使监狱科研机构与科研机构之间、科研人员与科研人员之间的联系仍然处于较为松散的状态。

由于多种因素的作用，监狱科研研究课题出现分散化、小型化现象，成果产生的“小生产方式”增多。一方面是国家资助的国家级科研课题的小型化和资金分散化倾向，司法部下达的部级科研课题，中小型占相当比例；另一方面是具有较高水平的司法研究院所与科研人员为了完成“创收”任务，往往优先选择研究难度低、见效快、效益产好的短平快项目，对承担国家的指令性计划任务热情不高，致使监狱系统的有效的科研成果储备受到削弱。一些司法院校所甚至出现“夫妻课题组”“父子搭档”，监狱科研满足于小打小闹，小康即安。

三、司法院校和司法科研机构内部科研管理因素

（一）科研管理观念落后

虽然我国的经济制度朝着社会主义市场经济方向转变，但是司法院校和司法

① 冯卫国、于淑彦：《监狱科学——谈监狱学研究之进路》，载《河北法学》2005年第5期。

② 冯卫国、于淑彦：《监狱科学——谈监狱学研究之进路》，载《河北法学》2005年第5期。

科研机构内部科研管理观念仍然没有完全摆脱传统计划经济观念的影响，在内部科研管理上仍然习惯于固守旧有的观念，面对市场化改革所带来的挑战不能很好地适应。

1. 缺乏服务意识，重“管”轻“理”。科研管理是一项探索性、创造性都比较强的工作，起着计划、组织、协调和控制等作用，需要处理好管理与服务的关系。[①] 然而，在我们传统的科研管理中，却普遍存在重“管”轻“理”，缺乏服务意识，没有处理好管理与服务的关系。

2. 缺乏质量意识，只注重科研量的扩张。纵观近些年司法院校和司法科研机构科研工作发展状况，发现科研成果数量不少且逐渐增加，但高质量的学术论文、高级别的课题立项及成果获奖数却很少，[②]说明司法院校和司法科研机构只注重科研的数量而忽视科研质量，也说明司法院校和司法科研机构科研管理工作急需强化质量意识。

3. 缺乏成果知识产权保护意识和转化意识，只注重科研成果发表与鉴定。长期以来，司法院校和司法科研机构在职称评定中，不关心和重视该成果能否获专利保护并实现成果转化等，在这种政策导向下，科研人员比较注重发表论文、申报科研课题和成果奖励，而忽视科研成果的申请专利与转化工作。目前，司法院校和司法科研机构知识产权的保护状况和科研成果转化令人担忧，科研人员与管理人员的知识产权保护意识和科研成果转化较差，存在“重成果、轻专利”以及“重成果、轻转化”的现象。[③]

4. 缺乏信息意识与策划意识，科研项目与成果奖采用“闭门造车式”的申报方式。在科研信息方面，由于科研人员和科研管理人员过去缺乏信息意识，只是被动接受外界信息，导致科研人员和科研管理人员所获得的信息不全，甚至是信息缺乏；在策划意识方面，目前，科研管理工作策划意识不强主要表现在以下两个方面：一是科研项目申报策划意识不强，策划工作做得不好；二是科研成果报奖和转化的策划意识不强。由于缺乏信息意识与策划意识，导致司法院校和司法科研机构的科研人员在科研项目与科研成果上大多采用“闭门造车式”申报方式。

---

① 罗红敏：《高校科研项目管理若干问题及其对策研究》，载豆丁网 2018 年 12 月 15 日，https://www.docin.com/p-2158904073.html。

② 李新荣：《论地方高校科研管理工作的八大转变》，载《科技管理研究》2005 年第 8 期。

③ 李新荣：《论地方高校科研管理工作的八大转变》，载《科技管理研究》2005 年第 8 期。

（二）科研管理体制僵化

1. 集权的科研管理体制。监狱科研管理体制的本质是权利的分配与运用,它主要有两种模式:一种模式是侧重行政手段、以权利集中为特点的集权管理体制。集权管理体制的优点是能使上中下游科研能互相衔接,减少了扯皮现象,缺点是工作量大,很难做细。另一种模式是侧重经济手段、以权利分散为特点的分权管理体制。分权管理模式的优点是工作能够做得比较深入细致,缺点是上中下游科研界面不清,出现问题往往难以协调。由于受历史原因的影响,我国实行的是集权科研管理体制,基层单位受制于上级部门,没有充分的自主权,从而缺乏积极性和活力。[①] 有的仅仅起到介绍司法院校和司法科研机构内科研专家和监狱认识的作用,无法提供高附加值的服务。

2. "封闭被动式"科研管理模式。司法院校和司法科研机构科研管理大多习惯于自上而下的垂直计划管理模式,其特点是:在管理方法上,采取从外向内、自上而下的方式进行集权管理,且科研的指令多来自外部的计划;在管理目标上,片面地追求科研项目本身的质量,而不将它与市场需求相结合;在管理过程中,局限于立项后至成果鉴定这一阶段,即局限于项目的实施阶段,忽视科研成果的转化等。[②] 这种垂直计划管理模式,是典型的"封闭被动式"科研管理模式。

3. "金字塔形"的科研管理组织结构。在"金字塔形"科研管理体制下,知识和信息逐层从一个部门流向另一个部门,知识和信息只掌握在少数人手中,信息和决策在金字塔的底层与顶层之间来回流动。这种管理体制对外界的变化反应不敏捷,不能适应外界迅速变化的需要。现行的科研管理组织结构做不到知识的共享,不能很好地让科研管理机构和科研机构与外界建立直接联系。[③]

4. 按"职务与职称分配"的科研分配体制。司法院校和司法科研机构传统的采用"职务工资制"或者"职称工资制"的分配体制体现的是人才的职务或其职称,而不是其所拥有的知识。司法院校和司法科研机构的任何平均主义的分配方式,甚至贬低科研人员所从事的创造性劳动,都会极大地挫伤科研人员的积极性。从目前分配制度改革执行情况看,还没有完全摆脱传统分配体制框架的束缚,主

---

① 李建成:《我国高校科技成果转化的现状和对策研究》,湖南大学 2008 年硕士学位论文,第 21 页。

② 李新荣:《论地方高校科研管理工作的八大转变》,载《科技管理研究》2005 年第 8 期。

③ 李新荣:《论地方高校科研管理工作的八大转变》,载《科技管理研究》2005 年第 8 期。

要表现为司法院校和司法科研机构设置专业技术人员的特殊岗位津贴等级的主要依据仍然是专业技术人员的职务与职称,存在特殊岗位津贴等级"上封顶、下保底"现象,没有完全按照分配原则执行,分配制度有待进一步深化与完善。①

（三）科研管理机制不顺

1. 科研管理的评价机制存在的问题。近年来,司法院校和司法科研机构科研管理部门对如何科学合理地开展科研评价作了大量积极有效的探索工作,推动了司法院校和司法科研机构科研工作的发展,但仍存在不少问题:一是不合理的量化科研评价,致使科研评价的科学性受到了质疑;二是不合理的利益导向,引发了学术上的急功近利行为和浮躁心理,司法院校和司法科研机构科研评价的利益导向机制必须有利于司法院校和司法科研机构的科研创新和学术创新,但遗憾的是现在一些司法院校和司法科研机构将这一导向机制简单化了;三是不合理的论文考核指标,导致学术作假案时有发生。当前,一些司法院校和司法科研机构绩效考核硬性规定每年必须发表一定数量的学术论文。在这样的评价体制下,原本对学术研究应该保持的一份敬意在部分科研人员的心中已荡然无存。

2. 科研管理的激励机制存在的问题。近年来,司法院校和司法科研机构在科研管理建立激励机制方面做了不少行之有效的工作,取得了明显的成效,但仍然存在一些问题,一是激励机制的基础与依据——绩效考评体系不尽合理。二是激励机制的手段方法单一,难以达到理想的效果。目前多数司法院校和司法科研机构在科研激励手段方法上,过度使用薪酬等物质激励手段,忽视非薪酬等精神激励,激励手段较为单一。在激励的其他手段方法上,如内激励与外激励、长时激励与短时激励、正向激励与负向激励等,也没有做到协调统一。三是激励机制的制定和实施在某些方面显失公平。激励机制的制定和实施因人而异,因时而异,随意性很大,缺乏科学性和稳定性,起不到应有的激励作用。四是促进科研成果转化的激励机制欠缺。有调查显示,在促进科研成果转化的过程中,面临着这样一个困境——科研人员成果转化工作的成绩与其自身的职称、福利等各项制度是脱节的,如何把它们对接起来,目前还存在一定的难度。这在一定程度上打消了他们对自己研发成果进行转化的积极性。另外,还有一个问题就是科研成果大都是理论成果,离实践应用还有很大的距离,而科研人员从自身的利益出发,往往是

① 李新荣:《高等院校科研管理研究》,中国经济出版社 2008 年版,第 14－17 页。

“掰玉米”，掰一个扔一个，成果数量是增多了，但真正能马上转化的却少了。长期以来，在监狱科研人员的科研成果评审和奖励制度、职称评聘制度、工资级别、福利待遇、科研奖励等方面都采用简单的学术评价“量化”管理，借助于论文、著作发表数量、科研成果获奖数量和等级等量化指标对监狱科研人员进行业绩考核，科研论文发表的数量和所发刊物的级别又成为衡量科研成果的“硬指标”。因此，晋职晋级为导向的科研激励机制，促使监狱科研人员把主要精力放在发表高水平论文、专著和评奖上，从立项环节就甚少考虑科研成果是否满足监狱需要，是否有应用前景，这种科研激励机制，不能有效地激发科研人员的实践意识和成果转化的积极性，导致了监狱科研与监狱实践脱节所形成的“两层皮”现象，严重影响了监狱科研成果向监狱实践的转化。

第四节　树立科研成果转化意识，提供优质监狱科研成果

一、研究者与实践者的矛盾及解决方法

如果用“研究成果”来叙述科学研究的一般关系和实践者与研究者之间的特殊关系，相对来说，这种关系并不被认为存在什么问题，这是因为实践者仅仅是“应用”了“研究”的成果。然而，他们的联系又被看作两种价值体系之间的冲突，是学术活动的实质和对真理不懈追求的东西，同暂时的实践需要和实用主义之间的冲突。如果依此来分析，就会认为上述的一般关系和特殊关系存在问题。研究者经常责怪实践者没有应用其提供的研究成果，而实践者则指责研究者提供了不相关的东西或进行着与其希望相悖的研究。

这种冲突与矛盾的实质是理论研究同应用研究的关系，即基础研究同应用性研究的关系。基础研究在多数情况下虽未特别注意到应用，但它“生产”的“副产品”是极为重要的，会对实践产生重大的影响。在沟通实践者同研究者之间的直接联系方面，只有通过科学研究才能识别并分析当前实践中存在的问题及其原因，因此，研究就成为进行实践改革重要的先决条件。

关于研究工作要直接为实践服务的问题，研究者之间的看法不同。有的研究者感到实践改革迫切需要，他们乐意扮演“传教士”的角色并为实践改革提供知识

武器;另一些研究者感到,上面委交的任务干扰了他们的研究,即干扰了实质上更基础的带有结论性的研究,要进行“独立的学术探究”,就需要建立一个“小天地”。这种观点在研究者中与日俱增。当然,在多数情况下,大学就是这样的小天地。这种情况会使过分强调应用性研究的趋势趋于平衡,但实践部门及其实践者也看到了同研究者和科学顾问在其组织内进行接触的价值。这些研究者和顾问能对长远的问题进行研究并寻得不同的解决方法,对他们服务的实践部门及其实践者所进行的实践他们甚至还会提出直接的批评。

为了更好地解决研究者与实践者之间的矛盾,可以借鉴科尔曼(Coleman)提出了的“机构的分离”和“方法的多元”的观点。科尔曼认为,让执行规划的机构来评价自己的工作是不适宜的,除去自我评价以外至少应该有一种来自外来机构的评价。因此,科尔曼提出了“机构的分离”和“方法的多元”的观点。为了达到这种多元化,他考虑了一些能相互补充的方法。首先,可以委派两个或两个以上的相互独立的机构来进行研究。其次,由不同的机构对研究成果给予各自的评价。为了尽可能公正无私地来评价科研成果,还可以考虑建立“科学法庭”,方法问题和技术问题可以由有能力、有兴趣的派别在“科学法庭”予以处理。最后还应该考虑研究成果的传递的多元化。

在研究者同实践者如何进行联系方面,一些国家的做法,尤其是机构上的安排也值得借鉴。在使科学研究与重要问题联系起来方面,美国的私人基金会,如卡内基财团和福特基金会,起到了重要的促进作用。这些基金会不仅通过对有希望的研究项目和革新提供初期补助金,使研究者有机会解决被人忽视的问题。在多数情况下,英国和瑞典的研究者同实践者之间的联系是由皇家专门调查委员会为媒介的。

信息的交流是建立研究与实践之间良好关系的关键。许多事例证明,“现成”的研究成果对实践过程有巨大影响,这一事实说明了信息传播的重要性。迈克尔·科尔斯特(Michael Colst)及其合作者也相信,信息传播是使研究者和实践者实现互通有无的唯一办法。科尔斯特指出,大多数人对研究的利用有错误的看法,他们倾向于寻找研究在实践中直接的应用,而忽视其中许多影响实践的不同方式。

总之,由于研究者和实践者各自代表了具有不同价值观和不同学术精神的两种不同“文化”,研究者同实践者之间出现紧张关系和交流发生困难是在所难免的,“两种文化”之间必然会存在某种紧张状况。那么,我们就应该采取措施使二者能更好地“对话”或“联系”，通过制度或非制度的安排来促进双方的良好交流。同时，由于研究制度化在很大程度上决定了研究成果的合理性和研究者的可信性，为了提高研究的完整性、合理性和可靠性，我们需要寻找研究制度化的方法和途径。比如，可以对不同的研究机构进行不同的制度安排：对于大学，可以就研究问题同实践部门或研究会签订合同，一旦得到经费补助，它们就有权自己决定如何使用它；对于政府部门的研究单位，可以从事能为实践提供知识基础的研究；对于营利或非营利的私人研究机构，可以让它们与实践部门签订研究合同，这实际上也就是基础研究或结论性研究同应用研究之间适当平衡的问题。另一问题涉及研究者与各种不同的授权机构之间的独立性程度，在达到公正无私和提高研究成果的可靠性方面，“科学法庭”应成为一种可行的工具。①

二、加强监狱科研组织队伍建设

要提高监狱科研成果的品质，促进监狱科研成果的有效转化，就需要健全监狱科学的教学和研究机构，造就一支宏大的、高素质的队伍，培养大量的从事监狱科学研究、教学和监狱科学成果转化方面的人才。

（一）壮大监狱科研队伍

改革开放以来，我国从事监狱科学研究和教学工作的队伍不断发展壮大，为我国监狱的发展作出了重大的贡献，但是，这种发展壮大还满足不了监狱发展的需要，仍不同程度地缺乏人才。

在监狱科研人才队伍组成方面，从事监狱科学研究工作的力量大致可分为“三路大军”：一是专门从事监狱科学研究的机构——司法部预防犯罪研究所专职研究人员；二是各级司法院校从事监狱科学研究的人员；三是其他高校和研究机构的兼职研究人员。很明显，与其他科学与学科相比，无论是研究机构的数量，还是研究人员的数量都明显不足。数量是质量的前提和基础，没有一定的数量，质量问题便无从谈起。因此，监狱科研人才队伍建设，应首先从监狱科研人才的数量抓起，具体做法是：

1. 稳定现有监狱科研队伍。我们的监狱科学研究所要充分用好监狱科学方

---

① 华东师范大学教育科学资料中心编：《当代国外教育研究》，华东师范大学出版社1986年版，第73－79页。

面的人才;各级监狱管理部门和领导要尊重监狱科学方面的人才,并制定相关政策保护好这些人才,为他们在监狱科学研究中开拓进取、施展聪明才智创造条件,并充分发挥他们的作用。要及时改善监狱科研人员的工作、学习和生活条件,对作出突出贡献的监狱科研人员,也要像对作出突出贡献的其他领域科学家一样,给予重奖。

2. 吸引其他领域的科研力量。我们还可以成立科技人才市场,采取优惠政策,大力引进优秀的监狱科学人才,并且开发智力,引进人才,不仅要开发国内的智力,引进国内的监狱科学人才,充分发挥国内监狱科学人才的作用,还要引进国外的智力和国外的监狱科学人才,充分发挥国外监狱科学人才的作用。

3. 加紧监狱科研人才培养。各级司法院校要大力培养监狱科学方面的人才;监狱科学研究中的人才短缺,尤其是高素质人才的短缺,严重影响着这个学科的可持续性发展。从学科长远发展计,必须重视人才培养工作。随着刑法学等传统刑事学科的日益成熟,以及刑事一体化思想的兴起,近年来刑事法学界对监狱问题日趋关注,应该利用这一机会,重振有关高校中的监狱科学研究方向。除了巩固刑法学下面的监狱学研究方向外,也可考虑在社会学等学科下设监狱问题研究方向,以鼓励跨学科、交叉性的研究。在监狱科学方向硕士、博士研究生的招生中,应注意选拔那些具有社会学、心理学等其他相关学科背景的考生,以培养复合性的研究人才。在监狱科学方向研究生的培养中,应注意培养他们健全的知识结构,使其具有一定的刑法学、犯罪学、社会学等学科的知识素养。[①]

(二)提升监狱科研队伍质量和水平

在社会飞速发展的今天,知名度和影响力的形成需要监狱科研人员在强烈的社会责任感和时代感驱使下,研究出大量的、高质量的科研成果,高质量的成果又来自于高质量的人才。

1. 培育监狱科研人员的科研精神与追求

从事科学研究的老一辈优秀学者之所以优秀,之所以能生产出大量的、优质的科研成果,这首先是与他们在科学研究中所体现出的崇高科研精神和追求分不开的。因此,要提升监狱科研队伍质量和水平,首先应该从培育他们的科研精神与追求入手,主要培育以下几个方面的科研精神与追求:

---

① 冯卫国、于淑彦:《监狱科学——谈监狱学研究之进路》,载《河北法学》2005 年第 5 期。

（1）监狱科研人员的社会责任。社会责任往往是学者献身学术事业的内在动力。很多著名学者进行大量坚实的研究不抱任何个人目的和功利思想，这是研究不断取得重大成果的重要原因。有人将当代中国学者的学术责任归结为三点：一是对学生的责任，包括培养的责任、教学的责任和指导的责任；二是对知识的责任；三是对社会的责任。也有人认为学术责任应该包括学者自身的道德责任，对国家、社会和公众的责任，维护学术自由的责任。[①] 无论作何种归纳，学者的责任绝不仅仅是为学术而学术，将学术研究与社会改造、国富民强密切地结合起来，已经成为我国知识分子的重要传统和基本职责。

（2）监狱科研人员的求实精神。没有调查就没有发言权。一篇高质量的论文应该深入研究现场进行调研，用于搜集和整理的时间往往远远超过写作的时间，尤其是监狱研究，更应该强调对事实资料的收集。以扎实的调研为基础的研究，即使经历岁月的冲刷，在多年之后仍不失为优秀的研究，有其独到的参考价值。尊重事实，以事实为依据，这也是应追求的研究风气。

（3）监狱科研人员的严谨学风。只有严谨地进行研究论证，尊重事实，才能做到实事求是。汪永铨先生曾提出五个"不唯"，即不唯上、不唯书、不唯众、不唯我、不唯风。[②] "不唯上"：应该在必要时敢于面对各种"权威"开展有关问题的讨论。"不唯书"：读书既要"进得去"又要"出得来"，不能"唯书是从"，把自己变成书的"奴隶"，而要独立思考，对书的内容有自己的认识、体会与见解。"不唯众"：科学研究不能把少数服从多数作为"游戏规则"，要"知之为知之，不知为不知"，而且敢于在事实和真理面前"力排众议"，切忌"人云亦云"，"随大流"。"不唯我"：在科学研究中，在学术问题上，不可盲目自信自以为是，甚至唯我至尊，搞"六经注我"，贬低以及排斥不同于自己的意见。"不唯风"：科学研究在不同的时期总会有不同的"热点"问题，研究工作者对这些热点必须有高度的敏感性，但"追风"总是科学研究作风上的一种"浮躁"表现，浮躁就不免重复和浅尝动辄止，就会有失严谨、科学，更不可能创新。[③]

---

① 郑伦仁：《大学教师学术责任缺失问题研究》，载《教育探索》2008 年第 9 期。

② 汪永铨：《关于我国高等教育科学研究的几点思考》，载《教育研究》1999 年第 10 期。

③ 《教育部办公厅关于进一步加强高等教育研究机构建设的意见》，载 http://www.moe.gov.cn/jyb_xxgk/gk_gbgg/moe_0/moe_1/moe_42/tnull_3585.html。

2. 提高监狱科研人员的“基本功”

一般而言，监狱科研人员对监狱实践的影响通常有两种方式：一种是监狱及其人民警察主动向监狱科研人员提出咨询，或以设立研究课题的形式，由监狱科研人员提出方案；另一种是监狱科研人员将自己的研究结果直接递交监狱及其人民警察，或者借助传媒平台形成舆论氛围，间接地使之进入监狱及其人民警察的工作议程。为了更好地发挥监狱及其人民警察在监狱实践中的作用，监狱科研人员应该具有以下几方面“基本功”：

（1）监狱科研人员应坚持严谨、务实的学术态度。严格遵守学术规范，在政策研究过程中通过自己专业的分析论证，还原真实的客观世界，对政策实施之后可能造成的影响、出现的各种问题进行充分估计，以帮助决策者选择最合适的政策方案。此外，学者可以就某些争议较大的问题开展学术辩论，深化对政策目的和问题的认识，使政策方案的利弊更加明晰，让决策更加理性，实现政策效果最佳化。

（2）监狱科研人员应具有政策关怀。韦伯（Weber）说，学术是从事学术研究的人经常挂在嘴边的口号，任何学术研究都必须符合逻辑和方法论，这也是我们确定科学的基本方法。但是，全部科学的价值并不仅限于此，进一步的分析应当是：从学术工作中得出结论，有重要的知识价值。① 知识的意义在于其应用性，这种应用性也可以在监狱科研中得以体现，监狱科研人员的研究结论只有经监狱实践检验、确认之后，才能实现价值。因而，监狱科研人员应该加强对监狱问题的关注和了解，增强与监狱实践部门及其实践者之间的沟通，提高研究方法的科学性和研究过程的严谨性，通过高水平的研究成果服务于监狱实践，从而实现社会价值和自身价值。

（3）监狱科研人员应有强烈的现实关怀和问题意识。监狱问题在我国长期受到来自人民大众和社会舆论的关注和评论，但在我国学术界对监狱问题专门的研究却不太长，在已有的成果中，许多有关监狱问题的研究鲜有立足本土的监狱理论积累。因此需要首先培养强烈的针对监狱现象的问题意识，即监狱科研人员内心对监狱事业发展现实的深刻关切。

（4）监狱科研人员应有淡泊功利的“学者情怀”。在喧嚣的尘世中，监狱科研

---

① ［德］马克斯·韦伯：《学术生涯与政治生涯》，国际文化出版公司1988年版，第33页。

人员要能够沉下心来做学问。研究的旨趣本不在于从政府的锅中分一勺羹,因此监狱科研人员就要做好“坐冷板凳”的心理准备,投入更多的时间读书“练内功”,用更多的时间沉淀自己的思想;做研究、做学者,都应该尽可能客观地估计自己,不要自认为自己的话或者自己的研究就是真理,监狱科研人员要把自己放在一个客观的位置上,不要有点成果就自视过高。

(5)监狱科研人员应有扎实的监狱理论基础和主流理论储备。如何选择合适的理论工具也是研究成功的重要因素之一,监狱科研人员需要具有扎实的理论基础,特别是要了解和掌握中外监狱研究的主要理论。在我国监狱研究较为落后的情况下,了解、应用和发展主流监狱理论,是监狱科研融入世界学术体系的一种重要路径。对于理论的积累,既需要大量的个人阅读以“练内功”,也需要通过开设经典导读课、成立读书会等方式搭建集体阅读的话语平台,以避免“独学而无友”带来的“孤陋而寡闻”。

(6)监狱科研人员应有进入监狱科研现场的勇气和智慧。监狱科研过程是一个非常复杂的过程,如何在各种“黑箱”中获得第一手资料是非常困难亦非常关键的。因此,监狱科研人员既要有敢于接近现实的勇气,又要有进入现场、赢得调查对象信任的智慧。前者是一种迎难而上的无畏勇气和“不抛弃、不放弃”的坚韧毅力,后者则需要监狱科研人员掌握和熟练运用社会调查的基本方法,尤其是访谈的原则和技巧,如征求受访者同意之后才可录音或签署访谈知情同意书等。

(7)监狱科研人员应培养用来打通现象与理论的“社会学的想象力”。如何在“苍白”的理论与复杂的监狱现实之间构建起有效的对接和互动,这就要求监狱科研人员具备一种米尔斯所说的“社会学的想象力”,它是指社会学研究者的一种心智的品质,是社会学家的一种视角转换能力,如从自己的视角切换到他人的视角,从政治学转移到心理学……这种想象力能够使监狱科研人员从监狱现象的某些约束条件切换到监狱理论的某种假设,或是从理论的某个假设联想到现实中的监狱现象。这种想象力实际是对现象和理论以及它们之间内在关系的一种敏锐嗅觉和洞察力。这种心智品质需要长期的培养,需要做好“学术档案”以便“在相互分离的条目间找到出乎意料的联系”,使“正在从事的学术研究与同时生产的个人经验协调起来”,从而更有效地建立监狱理论与监狱现实之间的对接和互动。

(8)监狱科研人员应尽可能做到价值中立和研究的客观性。“价值中立”对监狱科研来说是一个相对的概念,监狱科研人员应该尽力避免自身价值取向对监狱科研的干预,并争取研究结论尽可能的客观。但是很难判断一项监狱科研是否完全没有受到价值倾向的影响,因为监狱科研人员在选择研究问题、与受访者互动以及在分析经验资料等过程中,的确会受到个人主观价值的影响。强调力求价值中立,是为了确保研究结论尽可能客观。在监狱科研过程中,努力排除价值干扰,是一个合格的监狱科研人员应该达到的基本要求。

3. 提升监狱科研人员的科研能力与水平

(1)强化主体意识,塑造独立品格。强调监狱科学研究中的主体意识和独立品格,并非要监狱科研人员远离监狱工作实践,而是要求监狱科研人员在贴近监狱实践的同时,又要同监狱实践保持适当的距离,不要让理性的思考被监狱实践的海洋所淹没。德国学者加达默尔曾说过:“一个人需学会超出近在咫尺的东西去视看——不是为了离开它去视看,而是为了在一更大的整体中按照更真实的比例更清楚地看它。”①只有保证监狱科学研究能按照学术研究自身的逻辑运行,使监狱科研人员能以比较客观的、相对超然的立场去探究和评判监狱实践中存在的问题,尽可能摆脱行业性或行政性因素的羁绊,才有助于高水准的监狱科研成果产出。②

(2)夯实理论根基。理论基础薄弱严重制约着监狱科学的深层次发展,也影响了其学术品位的提升。因此,监狱科学界必须投入足够的学术力量开展对基础理论的研究。在深化对监狱科学基本范畴、基本关系的认识基础上,努力构造科学而富有活力的理论体系。③

(3)拓宽研究视野。监狱问题在国际学术界一直处于多学科综合性研究的学术前沿,兼容法学、政治学、社会学、心理学、历史学和哲学等学科背景,监狱管理和罪犯改造是相当复杂和精致的学问。在西方,由于法学以外的其他领域的诸多学者涉足监狱问题,大大拓展了监狱科学的研究领域,促使许多极具开创性的成果产生,这些视角各异的研究成果,都对深化人们对监狱社会和罪犯群体的认识起到了积极作用。我国刑事法学者储槐植教授曾指出,刑法研究的思路应当是多方位立体思维,储槐植教授关于刑法研究思路的论述,对监狱科学研究也具有启迪和借鉴意义。我国监狱科学之所以研究视野狭窄,在很大程度上就是因为局限

---

① 王利荣:《行刑法律机能研究》,法律出版社 2001 年版,第 368 页。
② 冯卫国、于淑彦:《监狱科学——谈监狱学研究之进路》,载《河北法学》2005 年第 5 期。
③ 冯卫国、于淑彦:《监狱科学——谈监狱学研究之进路》,载《河北法学》2005 年第 5 期。

在监狱之中研究监狱的惯性思维中，没有形成开放式、立体化的研究思路。因此，监狱科学研究必须打破画地为牢、故步自封的局面，借鉴一切人文社会科学和自然科学的有益成果，对监狱问题进行多角度、多层次的研究。在监狱之中研究监狱这一传统研究方位今后仍不能丢弃，因为这构成监狱科学研究的本体内容。但从发展的眼光看，监狱科学研究的突破和进展将主要体现在另外两个方位上，即监狱之外研究监狱和监狱之上研究监狱，这两个方面也正是当前监狱科学研究中的薄弱点。①

（4）促进学科交流，突出问题研究。当代社会科学在经历了长期的专业化分化之后，已大踏步地向杂交、综合和整体化的方向发展。监狱科学作为新兴的社会科学，其理论上的突破也寄望于多学科、多视角、综合性、立体式的研究进路，但这种研究仅凭监狱科学界自身的资源是难以担当的，必须寻求相关学科的支援和协作。因此，监狱科学必须有意识地加强同其他学科的交流沟通，以疏通学科藩篱，整合学术资源。同时，当代社会科学的不断交叉、融合，使以往“以学科为中心”的研究方向逐步转移到“以问题为中心”的研究方向。今后的监狱科学研究中，也应倡导“问题研究”，适度淡化专业界限，不断拓展研究范围及研究主题，关注监狱实际问题的解决。例如，对罪犯“监狱化”问题，就可以由监狱科学、社会学、心理学等不同学科的学者共同研究，而不必争执于这个问题究竟是监狱科学问题、社会学问题还是心理学问题，关键在于发现问题的成因并寻找有效的解决对策。②

（5）创新监狱科学研究方法，加强实证研究。一是淡化注释方法，强化思辨方法。在监狱法创制阶段重视注释方法，对宣传监狱法制很有必要。但在当下仍偏重该种方法则会使监狱科学理论只能与监狱实务同步，甚至滞后，理论的指导作用难以充分发挥，从而严重制约监狱科学整体理论的发展，故该研究方法应退居次要地位，作为思辨方法和实证方法的补充。学科研究缺乏思辨色彩是监狱科学不成熟的重要表现之一。提高思辨能力是学界当务之急。二是深入实证研究，加强实证研究。在研究方法上，应突破现有的以经验性描述和政策法规注解为主的陈旧模式，加强监狱科学研究中的哲理思辨和实证分析。尤其是实证分析的方

---

① 冯卫国、于淑彦：《监狱科学——谈监狱学研究之进路》，载《河北法学》2005 年第 5 期。

② 冯卫国、于淑彦：《监狱科学——谈监狱学研究之进路》，载《河北法学》2005 年第 5 期。

法,对于监狱科学这门实践性极强的学科意义重大。①

(三)搞好监狱科研团队建设

当代科学学科不断交叉、综合和相互渗透的发展趋势,往往需要多学科、跨学科合作,需要依托科技平台实施团队作战和合作攻关。科研团队建设能够整合科技与人力资源、提升攻关能力,整合物力资源,提高科研资源的利用率。这不仅有利于提高科研成果的品质,也是出高项目、大项目的保证。②

1. 增强科研团队成员的主观能动性。监狱科研人员作为科研团队的细胞,只有增强科学研究的主观能动性,积极参与到科学研究中,才能发挥和挖掘自身能力,增加监狱科研成果的产出,这是双赢局面,③从而实现项目建设、转化推广、产生效益的良性发展。

2. 提升科研团队成员个体创新能力。司法院校和司法科研机构要加强团队成员的培训力度,提供更多的再提升和深造机会,不断扩大监狱科研人员的知识面,深化学习层次,拓展眼界,充分培养发散思维和创新思维,提高个体科研创新水平,推动整体监狱科研工作出成果。④

3. 吸纳高端人才进入科研团队。通过多种方式吸引国内外高端科研人才加入监狱科研团队中,提升团队整体科研能力,并借助他们的人力资源优势,加强与国内外其他院校和科研机构的交流、互动,从而加快监狱科研成果研发和转化步伐⑤。

4. 允许学术争鸣。一方面,在监狱科学研究中,应该尽可能邀请各领域的学者参与有关科研课题的讨论,就监狱科研课题方方面面的问题进行广泛而深入的交流。在这个过程中,尽管各方观点不同、存在分歧,也有可能在这些分歧上始终未能达成一致,但是,这种学术争鸣无疑有助于提升监狱科学研究的科学性和有效性。另一方面,现代社会已发展成为一个复杂的社会系统,在复杂的现代社会

---

① 冯卫国、于淑彦:《监狱科学——谈监狱学研究之进路》,载《河北法学》2005 年第 5 期。

② 陈涛:《高校科技成果转化的系统分析》,东北大学 2009 年博士学位论文,第 41 页。

③ 王瑜:《高等院校科技成果转化问题及对策探究》,成都理工大学 2016 年硕士学位论文,第 28 页。

④ 王瑜:《高等院校科技成果转化问题及对策探究》,成都理工大学 2016 年硕士学位论文,第 29 页。

⑤ 王瑜:《高等院校科技成果转化问题及对策探究》,成都理工大学 2016 年硕士学位论文,第 28 页。

系统中,任何一项改革措施的出台都可能会影响到社会的诸多方面。一项优秀的改革措施不仅要能够解决当下具体的问题,更期冀能够通过该措施的实施使整个社会各个方面实现帕累托改进。这需要监狱实践者——监狱及其人民警察不局限在当前问题的解决上,而要对监狱实践问题有全局视野和整体把握,并对未来发展有预见性。在这方面,监狱科研人员凭借其专业的学科视角和科学的研究方法,无论对问题界定还是对策选择都更有见地。但同时,监狱科研人员虽然专业却缺乏跨学科的训练和监狱实践经验,因此,在处理监狱问题时容易局限在自己专业的范围内,常常会忽略对监狱问题整体性的关注。学术争鸣恰好可以将专业性与整体性有效结合在一起。在学术争鸣过程中,学者除描述问题和对策外,更重要的是采取符合逻辑的方法论进行历史的、理论的分析,尽可能全面地告诉监狱实践者——监狱及其人民警察最真实的情况。

5. 形成包容和谐的科研团队氛围。科研团队需要一种很强的凝聚力,这种凝聚力正是来自包容和谐的团队氛围。科研团队成员之间之所以有凝聚力,是因为极强的包容能力使任何问题和分歧都可在团队内部解决和消化。在监狱科研团队内,应做到不"唯师"、不"唯上",只"唯真理",能包容不同意见,做到对不同看法、质疑甚至指责的静观和尊重。

6. 创造良好的科研团队学术环境。从监狱科研团队层面来说,要建立科研创新奖励机制,形成鼓励主动创新、大张旗鼓表彰奖励创新的内部制度;注重发挥老专家的帮、传、带作用,通过返聘、技术顾问等形式让老专家参与到监狱科研建设中来,让科研团队不断层、科研成果创造不重复。从监狱团队科研平台层面来说,要注重理论和监狱实际的结合,增加科研成果生产、转化的信心;加强科研团队内部沟通,触发创新灵感,形成良好的合作共进研究环境;鼓励科研团队内部成员主动创新、创新追赶等良好竞争模式的存在。①

三、监狱科研人员应自觉树立成果转化意识,转化研究模式

一般来说,监狱科研人员,至少是大多数监狱科研人员是重视监狱科学的,了解并强调监狱科学的重要性。但是,这不等于说他们都已自觉地树立了监狱科研

---

① 王瑜:《高等院校科技成果转化问题及对策探究》,成都理工大学 2016 年硕士学位论文,第 29 页。

成果转化的意识，都能自觉地从事监狱科研成果转化的实际工作。

监狱科研人员应当从以往形式化、学院化及以构建体系、自我欣赏为导向的封闭式研究模式转向以解决监狱现实问题、满足监狱需要为导向的开放式研究模式。监狱科研人员不仅要做好研究工作，而且要拓展自身的转化科研成果的职能，以便从根本上解决我国当前监狱科研与监狱现实发展“两张皮”的现象和问题。

（一）树立监狱科研成果转化意识

长期以来，监狱科研的自我封闭和相对滞后的学术水平，是形成人们轻视监狱科学和影响监狱科研成果转化的重要的现实因素。因此，监狱科学及监狱科研人员只有走出书斋，与监狱变革和发展紧密结合，坚持理论联系实际，坚持“两头在外”，从现实中发掘和提炼研究课题，并通过转化的途径，以科学的、具备超前意识的理论成果和成熟的对策性研究指导监狱实际工作，解决监狱实际问题，才既能使自身得到发展，又显现其巨大的社会效益，为监狱的变革和发展作出应有的贡献。① 也只有如此，才能转变监狱科学及变革和发展工作者不同程度存在的理论脱离实际的不良学风和作风，改变人们对监狱科学及监狱科研人员的偏见，赢得社会的重视和认同，重新塑造自身良好的形象，同时使监狱科学在这一过程中焕发出活力。

（二）从监狱实践及其需要中选题立项

如前文所述，我们的监狱科研力度和深度还不够，整体水平还不够高，既有很高的学术价值又有很大的实用意义的监狱科研成果还不很多。甚至有一些监狱科研人员不愿意深入实际调查，不愿意坐冷板凳，这种浮躁的心态和急功近利的学风是制约监狱科研成果转化的重要因素。促进监狱科研成果转化的前提是必须先有大量的、优质的监狱科研成果，并且，在深入研究的基础上，不断提供新的、优质的监狱科研成果才会有监狱科研成果向监狱转化的连续性。所以，要促进监狱科研成果的转化，就必须加强监狱科研，树立精品意识，提供大量的、优质的监狱科研成果。

坚持理论联系实际，加强学风建设，努力打造精品，形成优质监狱科研成果，

---

① 于中涛、张玉麟、李学明、康贝贝、王玉秀、刘毅杰：《论哲学社会科学成果推广应用的重要意义》，载《沈阳农业大学学报（社会科学版）》2005 年第 1 期。

从监狱科研过程的角度来看，首先就要注重从监狱实践及其需要中选题立项。监狱科研要与时俱进，就必须把自己的研究与监狱需求联系在一起，为监狱发展和建设服务。监狱科研人员要有强烈的时代感、责任感和使命感。一个合格的监狱科研人员要坚持理论和实践的统一，面向监狱进行研究。当前，随着改革开放的深入，我国监狱对监狱科研成果的需求越来越多，而且难度也越来越大。现实告诉我们，面向监狱实践、面向罪犯改造、面向各级监狱管理及决策部门以及面向未来，是监狱科研的必然目标和归宿。

为此，在科研选题上，就要坚持从监狱实践和监狱需要中选题立项。科研课题产生于研究者对于特定领域的问题的提炼和选择，因此问题就成为整个研究过程的逻辑起点。从根本上说，问题源自现实生活和理论发展所蕴含的种种矛盾。揭示社会实践和现有理论之间的矛盾，这是产生问题，从而产生课题的最基本方式。这种矛盾的一个重要表现形式就是，实践产生了以往理论所没有接触的问题，实践呼唤新的理论。

为了坚持从监狱实践和监狱需要中选题立项，在进行课题选择时，至少应该遵循以下一些一般的方法论原则，第一，需要性原则。在选择研究课题时，必须明确我国监狱的当务之急，着眼于监狱实践的需要，着眼于监狱理论自身发展的需要。需要性原则对于选题是头等重要的，对于形成高质量的监狱科研成果，从而促进监狱科研成果的转化有着重要的意义。第二，创新性原则。监狱科研是探索监狱现象的本质和规律的，它在本质上是认识未知、追求新的知识的过程。为了获得创造性的见解，从选题开始就必须重视创造性。第三，实现选题现代化，到学科发展的前沿选题。监狱科研课题要具有鲜明的时代历史特点。课题的现代化是科研水平、价值和效率的集中表现。第四，避免不必要的重复项目。课题方面的盲目时髦、追逐潮流，浪费人力和物力，会失去科学研究的意义。选择冷门却为监狱急需的领域和问题往往能够获得新的成果。

如果说我国过去的监狱科研取得了一定成就的话，这主要在于把课题和成果直接服务于监狱及监狱实践，提出和解决了监狱急需解决的问题。当前亟待解决的问题在于，要积极引导和鼓励监狱科研人员走出书斋，与日新月异的监狱变革和发展紧密结合，推出一大批对监狱现实具有重要指导意义的科研成果，使监狱科学的巨大功能得以进一步的显现。监狱科研的任务是由监狱实践提出来的，它的发展和创新也是由监狱实践来推动的，尤其是它的生命力和价值取决于它对监狱实践所提出问题的关注与回应。当代监狱实践提出的课题和监狱科学本身要求我们解放思想,实事求是,致力于理论创新,提高科研成果的自身质量,推动实践的发展,这是时代赋予我们社会科学工作者的历史使命。每一个监狱科研人员都要以一种社会责任感和使命感投身于监狱实践之中去,用我们的专业眼光去发现问题、提出问题甚至解决问题,即发现课题、提出选题和研究课题,在此基础上形成自己的研究定位并成为该领域的专家。

(三)正确处理监狱科学基础研究和应用研究之间的关系

为了促进监狱科研成果的转化,在监狱科学基础研究与应用研究间的关系上,一方面,我们必须注意并下大力搞好监狱科学的应用研究,这有利于贯彻监狱科研要面向监狱主战场,满足监狱需要,并会带来明显的效益,直接推动我国监狱的发展,也有利于形成良好的学风,树立监狱科学的形象;另一方面,我们也要重视和加强监狱科学的基础研究,它是监狱科学应用研究的基础、源泉、先导和后盾。监狱科学基础研究在理论上的重大突破可以为扩大应用研究创造必要的前提条件。监狱科学基础研究是监狱科学进步的基础,保障基础研究持续和稳定的发展是增强我国监狱科学和提高我国监狱科学研究水平的重要途径。

实践原则、从监狱实践和监狱需要中选题立项、注重解决监狱现实问题,并不是要求我们只注重应用研究而忽视基础研究。实践原则要求从现实的监狱实践需要出发,但不能把这种需要仅仅理解为当前的、眼下的、具体对策性的需要。实际上,监狱实践的需要是分层次的:既有眼前的需要,也有长远的需要;既有派生层次的需要,也有根本性需要;既有局部性需要,也有整体的全局的需要,如此等等。因此,监狱科学研究就要从监狱实践的各种需要出发,既要有研究其眼下的、局部的、派生性需要的应用性研究,也要有研究其长远的、根本的、整体性需要的基础理论研究,而且必须把这两者合理地统一起来,使其各占一定的比重。

我们要反对两种倾向:一种是只注重基础研究而忽视应用研究的倾向。在监狱改革与发展过程中,很多新的现象亟待解释,很多新的问题亟待解决,监狱科研人员有责任去满足这种需求。[①] 要积极为各类监狱和各级监狱管理部门服务,更要加快监狱科研成果的转化。另一种是只注重应用研究而忽视基础研究的倾向。

---

① 北京师范大学社会科学处:《哲学社会科学与自然科学同样重要》,载《光明日报》2002 年 7 月 16 日。

我们应当制定相关政策，采取有效措施，使人们能够关心并乐于从事监狱科学基础研究，做到稳住监狱科学基础研究“这一头”与放开应用研究为监狱建设服务“这一片”的统一。对从事监狱科学基础研究的研究机构、高等院校及研究人员，各级人民政府和有关职能部门应当在经费等方面给予支持。监狱科研人员要从两个方面的结合上去考察问题、选择课题，选题应处理好目前需要与长远需要的关系，以迫切需要解决的、容易出成果的课题为重点，安排好轻重缓急；同时，不要目光短浅，忽视较长远的、花大功夫的课题，不断提高研究质量和成果的水平。

（四）构建监狱实践的问题

实践问题的构建是科学研究的逻辑起点，“良好的开端是成功的一半”，实践问题的构建直接影响到后续阶段实践目标的制定、实践方案的选择、实践方案的执行和实践的效果。因此，如何利用监狱科研和监狱科研人员在监狱实践问题构建中的独特价值，以期更好地发挥监狱科研和监狱科研人员在监狱实践问题构建中的作用，不仅能提高监狱科研成果的品质，也有利于监狱科研成果的有效转化。

1. 监狱科研人员要以理论认识和学术敏锐提出监狱实践问题

监狱科研人员自身深厚的理论积淀和卓越的研究能力是学术研究对实践产生影响的基础。学术的积淀和理论的准备使监狱科研人员对现实问题有着更敏锐的洞察力，他们能够运用科学的方法、先进的技术手段准确地预见和把握形势，对事物的发展变化趋势作出较为准确的描述。对相关实践问题的长期关注、深入的调查和深刻的理解，赋予了他们在该领域更大的话语空间。

2. 监狱科研人员要通过学术研究准确地界定监狱实践问题

基于调研的学术研究有助于将实践问题从问题情势中准确地界定出来。“问题情势”指的是社会公众广泛关心的具有代表性的问题现象。媒体和公众的主观社会感知并不能作为构建实践问题的充分依据，这就要求监狱科研人员对监狱实践问题进行广泛、深入的调查研究，通过具体的数据、事实对问题情势进行界定，从而帮助监狱实践者——监狱及其人民警察更好地界定监狱实践问题。为了获得充足而准确的研究资料，对监狱实践问题进行客观全面的认定，监狱科研人员们应进行广泛而深入的调查，并对所有信息认真分析。这类深入的调研有助于更全面、真实地反映监狱实践问题，为监狱实践提供坚实的参考依据，减少监狱实践的主观性和盲目性。

3. 监狱科研人员要以学者的责任和谋略参与监狱问题构建

学者作为社会中掌握某个领域高深知识的专门人才,在其专业领域拥有着更多的话语权,而这种话语权是大多数群众所没有的。从承担公众利益责任的角度来看,作为社会公众的一分子,监狱科研人员有责任帮助监狱实践者——监狱及其人民警察发现问题,确定目标。监狱科研人员作为"思想库""智囊团""外脑系统",它的作用是:集中专家们的智慧,运用科学的方法和技术,为实践提供方案和其他方面的咨询服务。其具体内容包括:监狱实践问题的发现和诊断;监狱实践预测研究;监狱实践方案的设计与评估。监狱科研人员综合运用现代科学理论和先进的技术手段,相对独立地进行研究、规划和咨询,并向监狱实践者——监狱及其人民警察提供新思想,综合新认识,诊断新问题,提供选择方案,评估方案实施效果。

(五)不断提高和完善监狱科学研究

尽管学术的力量不容忽视,但研究者们也承认,监狱科学研究真正影响到监狱实践的案例只是少数,而其中重要原因之一就是监狱科学研究本身还需要不断完善。

首先,需要加强调查研究。监狱科学研究的效果如何,在很大程度上依赖于资料是否充分、可靠。一些研究者认为,我们的实证研究基础非常薄弱,往往没有研究真实的监狱实践问题。监狱科学研究要更多地结合实际,要在对监狱实践的深入调查中发现问题。

其次,应该学会提出对策建议。有研究者认为,目前的监狱科学研究常常难以提出有价值的对策建议,许多论文常常八股文式地在文尾提出一些"对策建议",其实很多是不切实际的主观臆想。对于监狱实践者——监狱及其人民警察来说,一项措施的出台,需要考虑很多的相关问题,如措施对象的价值观和需求、措施目标、实现目标的成本、措施执行的各种限制因素等。在完成监狱实践问题的界定和方法的规划设计之后,研究者和研究组织在尝试性提出备选对策方案的过程中,可以注意以下几个原则:第一,紧扣措施目标,做到有的放矢。第二,要为监狱实践者规划多个不同并且彼此独立的备选方案。一个问题的解决可基于不同的假设,因此方案不能只针对某一特定的假设,所设计的方案数量一般不低于两个,但并非越多越好。另外,几个方案之间彼此要相互独立,互不隶属,否则就不能实现方案多重化要求。第三,方案既要创新,也要切实可行。第四,保留充分的可变通性。在我国改革开放和体制转型剧烈的大背景下进行规划,为备选方案保留充分的可变通性尤为重要。当研究者和研究组织完成政策备选方案后,还应当通过一定的程序对备选方案进行规划分析:分析影响方案执行的因素,包括方案利益相关者因素分析和方案执行组织因素分析;对方案执行潜在性后果的预测分析,可以使用德尔菲法、风险分析法等多种技术;政策方案的可行性分析,包括政治可行性、经济可行性、社会文化可行性和技术可行性等方面。由此可见,研究者在提出问题和对策建议时,不仅要增强对监狱实践复杂性的认识,也要充分认识到学术与监狱实践之间的差别。此外,还应该学会对策性的文本表达方式。学术报告与对策性报告具有不同的要求,学术报告一般要求严谨而详细,但对策建议文本多为精练的简报形成,应该非常简练,将研究发现简洁明确地陈述出来就可以了,切忌冗长烦琐。

四、创新司法院校和司法科研机构内部科研管理制度

(一)更新科研管理观念

科研管理观念是管理行为的先导,管理行为受其观念的指导。没有科研管理观念的更新,就不可能有管理行为的创新。因此,首先必须更新科研管理观念。更新科研管理观念可以从以下几个方面入手:

一是强化服务意识。从重“管”轻“理”向管理与服务并重、以服务为主的转变。通过“管”“理”和服务去调动科研人员的工作积极性,从而提高科研人员的科研水平,产出更多更好的科研成果。为此,首先,必须强化服务管理意识,真正体现“以人为本”的科研管理理念;其次,必须强化制度管理意识。[①] 科研管理部门应通过创设激励制度、协作制度、课题管理制度等,为司法院校和司法科研机构的科研人员创造良好的制度环境。

二是强化质量意识。从注重科研量的扩张向质与量并举,以质为主转变。在科研工作方面,既要做“大”,更要做“强”,要从以前注重科研量的扩张向质量并举,以质为主转变。[②] 其一,在科研课题研究方面,司法院校和司法科研机构要力争承担更多高级别的科研课题;其二,在科研成果方面,对一些可能产生高质量成

---

① 李新荣:《论地方高校科研管理工作的八大转变》,载《科技管理研究》2005 年第 8 期。

② 李新荣:《论地方高校科研管理工作的八大转变》,载《科技管理研究》2005 年第 8 期。

果并获得大奖的研究课题,司法院校和司法科研机构要积极创造条件。

三是强化知识产权保护意识和成果转化意识。从注重科研成果“发表与鉴定”向成果“发表、鉴定、申请专利、转化”四位一体转变。司法院校和司法科研机构作为知识密集、人才荟萃的重要场所,拥有大量的知识产权,其中最主要的是著作权和专利权两种。司法院校和司法科研机构的科研管理者与广大科研人员,一方面,应强化知识产权保护意识,尤其要强化专利保护意识,既要保护自己的知识产权,又要尊重他人的知识产权。另一方面,对司法院校和司法科研机构科研成果的转化存在的问题可以通过采用建立科技“孵化器”等方法与手段,提高这些科研成果的成熟程度,完善相关配套技术,解决应用中各种问题,①使科研成果由理论向监狱实践转化。

四是强化信息意识与策划意识。科研项目与成果奖的申报方式从“闭门造车式”向“开放策划式”转变。司法院校和司法科研机构科研人员必须改变从前科研项目与科研成果“闭门造车式”申报方式,代之以“开放策划式”申报方式,就必须强化信息意识与策划意识。首先要强化信息意识。司法院校和司法科研机构科研管理必须强化信息意识,一方面,就科研管理人员而言,要为广大科研人员提供信息服务,它已成为科研管理工作的一项新的内容,要求科研管理人员不仅知道管理,而且还要有敏锐的嗅觉,能够及时、准确地捕捉到有价值的信息,变过去的被动接受外界信息为主动地去寻求各种有价值信息,只有这样才能为广大科研人员提供优质服务。另一方面,就广大科研人员而言,也要强化信息意识,必须转变过去的闭门造车式的不考虑监狱需求的科研工作方式,要及时了解掌握监狱需求等方面的各种信息,通过加工、筛选与提炼使之能为自己开展科研项目申报、科研成果报奖以及成果转化等工作服务,使科研工作能与自身的科研实际、发展状况以及监狱发展需求紧密地结合起来,从而不断增强自身的科研实力。其次要强化策划意识。从科研管理工作的内容看,主要包括强化科研项目申报的策划意识和强化科研成果报奖和转化的策划意识。②

(二)转变科研管理体制

在更新科研管理观念的基础上,应该建立一个面向监狱、开放流动、竞争协

① 李新荣:《论地方高校科研管理工作的八大转变》,载《科技管理研究》2005 年第 8 期。

② 李新荣:《论地方高校科研管理工作的八大转变》,载《科技管理研究》2005 年第 8 期。

作、优势互补、相互融合、充满生机和活力的科研管理体制。

当前,科研管理体制的转变,最根本的是完成科研管理从“集权或分权模式”向“一体化模式”转变。司法院校和司法科研机构的科研管理,应综合集权管理体制和分权管理体制两种模式的优缺点,构建一体化的科研管理体制,即,既能使上中下游科研互相衔接,减少相互扯皮现象,又能将科研管理工作做得比较深入细致,从而使司法院校和司法科研机构的科研及其科研人员最大效率地为监狱发展服务。同时要加强科研管理人员的业务素质和职业道德培训,培养具有较强的科研创新责任感、学术敏感性和科学判断力,勤奋敬业,公正廉洁,有较强组织和协调能力的科研管理人才。在此基础上,进而完成科研管理从“封闭被动式”向“开放主动式”、从“金字塔形”向“扁平化和网络化”、从“按职务与职称分配”向“按劳按知分配”等三个转变。①

(三)创新科研管理机制

第一,完善科研评价机制。

司法院校和司法科研机构科研评价工作的科学化应从完善科研评价机制入手,做好以下几方面的工作:一是在改进科研成果量化评价的同时,积极探索包括定量分析相结合的其他多种形式的评价机制。量化评价在一定程度上体现一种程序的公正性,有一定的优势,但也存在弊端及不合理因素,导致了多种负面效应,因此,在科研评价工作中,在改进科研成果量化评价的同时,要发挥和加强学术机构和学术权威在评价中的作用,通过人的主观评价来弥补量化的不足。二是完善科研评价的利益导向机制,克服学术上的急功近利行为。司法院校和司法科研机构在进行科研评价时,应充分考虑科研人员的切身利益,在科研绩效考评中,以利益为导向,引导科研人员重视科研成果数量的同时,要更加重视科研成果的创新性和质量。三是加强科研人员的科学道德建设,建立学术惩戒处罚制度。在科研工作和物质利益密切相关的今天,更要注重司法院校和司法科研机构科研人员科学道德的建设,对于违反科学道德、学术道德的行为,必须严格问责。②

第二,创新科研管理的激励机制。

有效地实行科研激励机制,能够充分调动广大科研人员从事科研工作的积极

---

① 李新荣:《高等院校科研管理研究》,中国经济出版社2008年版,第14-17页。

② 汪力主编:《高校科研管理论纲》,白山出版社2008年版,第202-203页。

性，激发他们的创造性，[①]使他们生产更多更优质的科研成果，积极主动转化科研成果。鉴于科研激励过程中存在的种种问题，必须加强司法院校和司法科研机构科研管理中激励机制的创新。一是夯实科研管理的激励机制的基础与依据，建立科学、合理的绩效考评体系。二是科研管理的各种激励措施协调统一。首先，应实现经济报酬激励与非经济报酬激励的统一。在经济报酬激励中，司法院校和司法科研机构要根据实际情况，确定工资中固定部分与变化部分二者的比例，遵循按劳取酬、优劳优酬的激励机制原则，营造公平与竞争的气氛，最大限度地调动科研人员的积极性。其次，司法院校和司法科研机构还应利用非经济报酬，如参与决策、赋予较大责任、晋升、提供良好的工作环境等，满足高层精神需求，从而激发他们积极性。最后，也应实现内外激励、长时激励与短时激励、正向激励与负向激励措施协调统一。三是实施分类激励。不同类型的科研人员，其需求也不同，如青年科研人员的主导需求是经济上的需求，中年骨干科研人员的主导需求是职务职称评定的需求，学科带头人的主导需求是学术影响力。因此，应根据他们需求的不同，因人而异地制定激励策略，实施分类激励。[②] 四是建立促进科研成果转化的激励机制。面对当前司法院校和司法科研机构激励政策的某些缺失，从提高科研成果转化率的角度出发，司法院校和司法科研机构应该从以下几个方面进行必要的创新：(1)在科研立项和科研成果鉴定时，充分认识科研成果的可转化性和转化的程度。(2)在科研人员的职称评定和晋升中，加强科研成果转化工作与职称评定和晋升的关联度，将科研成果转化赋予更高的权重，给予更高的地位。

总之，司法院校和司法科研机构科研管理工作不能因循守旧，要与时俱进，必须在管理观念、管理体制、管理机制等方面进行创新，通过司法院校和司法科研机构科研管理制度的创新，推动并引导科研人员生产更多更优质的科研成果，积极主动转化科研成果。

---

① 王仁蓉：《以人为本的高校科研管理理念及其机制创新探索》，载《西华师范大学学报（哲学社会科学版）》2005 年第 6 期。

② 梁河：《浅谈高校科研管理中激励机制的构建》，载《北方经济》2007 年第 10 期。

第五章　监狱科研成果使用侧：激发转化动力，提升转化能力

有了监狱科研的组织机构，有了一支优秀的监狱科研人才队伍，也有了大量的、优质的监狱科研成果，只能说是完成了监狱科研成果转化完整过程的一半。监狱科研成果的转化要有对象和客体，还要有吸收者和接纳者，即监狱及其人民警察。作为科研成果吸收者和接纳者的监狱及其人民警察的状况，直接影响监狱科研成果的转化。因此，要有效地促进监狱科研成果的转化，就必须对监狱及其人民警察进行研究。

第一节　成果使用侧在监狱科研成果转化中的地位与作用

目前大多数现有监狱科研成果未能在监狱中运用而不能实现向现实生产力的转化，一个关键的问题就是我们的监狱及其人民警察未能承担起将科研成果转化为现实生产力的重任。目前首先需要解决的问题是，促使监狱及其人民警察尽快占据科研成果转化中的主体地位，强化监狱及其人民警察在科研成果转化中的主体角色。监狱及其人民警察作为科研成果向现实生产力转化的主体，具体体现在以下几个方面：第一，监狱及其人民警察是监狱科研成果第一位的需求者，是需求主体。第二，监狱及其人民警察是监狱科研成果向现实生产力转化的主要投资者，是投资主体。第三，监狱及其人民警察是监狱科研成果最主要的利用者，是利用主体。不同类型的科研成果或转化为监狱及其人民警察的先进管理理念和方法，或转化为监狱及其人民警察改造罪犯的知识和能力，从此实现科研成果的价

值。一旦监狱及其人民警察不首先应用科研成果,监狱科研成果只能停留在样品、展品阶段。任何监狱科研成果,离开了监狱及其人民警察便难有用武之地。第四,监狱及其人民警察是监狱科研成果的最得力推广者,是推广主体。第五,监狱及其人民警察有应用监狱科研成果的能力、内在动力和外部压力,是受益主体。科学技术的迅猛发展与改革开放,一方面使监狱及其人民警察面临着更大的内外部压力;另一方面,如果监狱及其人民警察应用了科技成果,就站在科学技术的一个制高点,就能享受科学技术所带来的更好的生存和发展条件和环境。① 因此,监狱及其人民警察是科研成果的第一位综合受益者。

第二节　成果使用侧在监狱科研成果转化中的现状

我国监狱科学研究、成果申报、鉴定、奖励及其他管理等方面涉及的部门和层次较多,国家及行业层面的监狱科研成果数据库建设也不完善。因此,有关监狱科研成果转化实际情况,尚没有一个比较权威的数据。在我国科研成果转化率整体偏低的大背景下,监狱科研成果转化的情况也不容乐观。

从对监狱及其人民警察调研的情况看,监狱及其人民警察转化监狱科研成果的状况不容乐观,主要表现在以下几个方面,或者说从以下几个方面可以明显地看出监狱及其人民警察转化监狱科研成果的状况不佳:

一、对监狱科研以及监狱科研成果转化的态度消极

从调研的情况看,监狱及其人民警察对监狱科研及其成果转化的态度普遍消极:认为监狱工作简单易行,从事监狱工作可以只靠经验,不需要监狱科研指导;或者是认为监狱科研是研究机构与研究人员的事,与自己无关;或者认为监狱科研高不可攀,自己没有那种能力,即使搞科研,也搞不出什么名堂,等等。这与笔者在《监狱人民警察科研素养调查研究》一文中的调查研究结果一致(见表5-1)。

---

① 钟高峥:《论企业在科技成果转化中的地位》,载《吉首大学学报(社会科学版)》1995年第4期。

表5-1　监狱领导对科研重视程度①

非常重视	比较重视	有一些重视	不重视	很不重视
2.4%	23.0%	36.7%	27.8%	10.1%

在《监狱人民警察科研素养调查研究》监狱领导对科研重视程度一项的调查研究中，调查结果显示，只有2.4%的受试者认为所在监狱的领导非常重视科研，认为不重视和很不重视的合计达37.9%。从调查数据可以看出，监狱领导科研意识不强，对科研重视不够。

态度，是指人们对一定社会事物较一贯、较固定的综合性心理反应倾向。态度是行为的决定因素，它决定着人们关注什么样的对象，对有关对象反应的先定倾向。监狱及其人民警察这种对监狱科研及其成果转化的消极态度，决定着监狱及其人民警察不会去关注监狱科研成果，也不会重视监狱科研成果的转化。

二、对监狱科研以及监狱科研成果缺乏最基本的了解

在对监狱领导和监狱人民警察的访谈中我们发现，大多数监狱领导和监狱人民警察对监狱科研以及监狱科研成果的情况知之甚少，缺乏最基本的了解。大多数监狱领导和监狱人民警察对目前有关监狱研究方面的图书、报纸、杂志知之甚少，甚至毫无所知。这一点与有关监狱研究方面的图书、报纸、杂志等信息资源的存阅情况相印证。

调研中我们发现，大多数监狱都没有存备有关监狱研究方面的图书、报纸、杂志，少数监狱只有几种用于监狱系统内部交流的内刊，显示出监狱研究方面的图书、报纸、杂志等信息资源存备不足的情况。这与笔者在《监狱人民警察科研素养调查研究》中的调查研究结果一致（见表5-2）。

表5-2　所在监狱图书、报纸、杂志、信息资源供查阅或借阅情况②

完全有	基本有	有少量	严重缺乏	根本没有
2.4%	20.7%	36.1%	35.5%	5.3%

---

① 李为忠：《我国监狱人民警察科研素养调查报告》，载《河南司法警官职业学院学报》2015年第2期。

② 李为忠：《我国监狱人民警察科研素养调查报告》，载《河南司法警官职业学院学报》2015年第2期。

在《监狱人民警察科研素养调查研究》有关监狱研究方面的图书、报纸、杂志等信息资源的存阅情况一项的调查研究中，调查结果显示，在所在监狱科研资料、信息方面，76.9%的受试者认为不充足，只有2.4%受试者认为充足。

对监狱领导和监狱人民警察的阅读有关监狱研究方面的图书、报纸、杂志等的调研结果显示，监狱领导和监狱人民警察很少阅读有关监狱研究方面的图书、报纸、杂志。这与笔者在《监狱人民警察科研素养调查研究》中的调查研究结果一致（见表5－3）。

表5－3　阅览本领域报纸、杂志或专业理论书籍的情况①

经常阅读	有时阅读	偶尔阅读	一般不阅读	从不阅读
7.1%	40.2%	48.5%	0%	4.2%

在《监狱人民警察科研素养调查研究》阅览本领域报纸、杂志或专业理论书籍的情况一项的调查研究中，调查结果显示，在阅览本领域报纸、杂志或专业理论书籍方面，经常阅读的只有7.1%，这显示出监狱领导和监狱人民警察对监狱科研成果的了解不足。

不知，不足以为。监狱领导和监狱人民警察对监狱科研以及监狱科研成果缺乏最基本了解这一状况，决定着监狱科研成果不可能有良好的转化。

三、监狱科研成果转化意识与转化实践均较弱

在对监狱领导和监狱人民警察的调研访谈中，当问及在作出一项决定或决策的依据时，大多数的回答都是依据自己过去的经验；当问及遇到困难会向谁寻求帮助时，大多数的回答都是上级领导；当问及在上述两项有没有想过寻求专业人员帮助时，大多数的回答都是没有想过。

在《监狱人民警察科研素养调查研究》中，调查的结果也显示监狱领导和监狱人民警察科研成果转化意识及实践均较弱（见表5－4）。

---

① 李为忠：《我国监狱人民警察科研素养调查报告》，载《河南司法警官职业学院学报》2015年第2期。

表5-4 监狱人民警察科研意识调查结果①

	非常同意	较同意	无所谓	较不同意	完全不同意
监狱干警应该集中精力改造罪犯,科研自有专门机构进行	13.7%	30.8%	3.5%	26.0%	26.0%

表5-4中显示,44.5%的监狱人民警察赞同"监狱干警应该集中精力改造罪犯,科研自有专门机构进行"这一说法,说明部分监狱领导和监狱人民警察科研意识较弱。

在《监狱人民警察科研素养调查研究》调查研究中,在撰写罪犯改造笔记、反思或论文一项中,经常撰写的仅占3.0%,而从不和一般不撰写的分别为19.5%和27.2%,合计达46.7%;在参与或主持过任何层次的课题研究的调查中,参与或主持课题研究的合计为30.8%,而从不和一般不参与或主持任何层次的课题研究的却有69.2%。调查结果显示出,监狱领导和监狱人民警察参与科研实践的总体状况不容乐观(见表5-5)。

表5-5 科研实践情况②

	经常	有时	偶尔	一般不	从不
您是否撰写过罪犯改造笔记、反思或论文	3.0%	16.0%	34.3%	27.2%	19.5%
您是否参与或主持过任何层次的课题研究	1.2%	7.7%	21.9%	16.5%	52.7%

由此可见,监狱领导和监狱人民警察转化监狱科研成果的意识较弱,积极性不高,转化监狱科研成果的频次与人数不多。

第三节 导致监狱科研成果转化现状的成果使用侧方面的影响因素分析

一、认识因素

一方面,改革开放以来,监狱科学在拨乱反正、改革开放以及发展社会主义市

① 李为忠:《我国监狱人民警察科研素养调查报告》,载《河南司法警官职业学院学报》2015年第2期。
② 李为忠:《我国监狱人民警察科研素养调查报告》,载《河南司法警官职业学院学报》2015年第2期。

场经济和现代化建设的实践中生长和发展,并对我国监狱的发展起到了巨大的推动作用,极大地推动了我国监狱的变革和进步,人们亲身体验到了监狱科学的甜头,监狱科学观念日益增强,吸收和应用监狱科学成果已逐渐成为广大监狱人民警察、各类监狱及各级监狱管理部门的迫切要求和自觉行动;同时,监狱科研工作者的科研成果转化意识也在不断提高,他们越来越自觉地采取各种方法和措施促进监狱科研成果的转化。

但是,另一方面,这还不等于说人们特别是各级监狱领导干部已经普遍地、真正自觉地树立起了监狱科学意识,特别是监狱科学成果转化意识,这是阻碍监狱科学成果转化的重要因素。从这个意义上说,影响监狱科学成果转化的不是物质条件的限制,而是观念上的干扰。一些领导干部的监狱科学意识还很差,他们的思想偏于保守,对监狱科学的作用常常表示怀疑,宁可凭经验办事也不愿意冒风险。一些领导干部和职能部门,虽然嘴上不会说监狱科学不重要,但写在本上,讲在口上,贴在墙上,真正在思想上重视起来,落到实处,下大力气抓,特别是让其增加投入发展监狱科学研究,就不那么容易了。他们往往只有项目意识、资金意识、政策意识,而没有真正树立监狱科学意识。在监狱系统,轻视监狱科学知识、轻视监狱科学教育、轻视监狱科研工作者的现象还一定程度的存在,还没有普遍形成重视监狱科学及监狱科研成果转化的氛围。

监狱及其人民警察对科研成果转化的认识是影响科研成果转化的一个重要因素。在现实情况中,一些监狱人民警察没有意识到监狱科研成果及其转化对于自己的实际工作和自身专业成长的重要性,从而对监狱科研成果的转化也缺乏正确的认识。调研中,我们发现在监狱及其人民警察中,普遍存在以下几个方面的错误认识,这些认识不同程度地影响监狱科研成果的转化:

一种认识是,认为监狱工作简单易行,从事监狱工作可以只靠经验,不必经过系统、正规的科学知识的学习和教育就会无师自通,就会成为合格的监狱工作者。事实上,真正的监狱工作需要多学科、多技术的综合运用,是最复杂、最难搞的活动,从而需要科学文化素质更高的监狱工作者。

另一种认识是,认为科研与自己距离遥远,习惯于因循守旧,凭主观经验办事;或觉得“科研高不可攀”,习惯于加班加点,苦干蛮干;或自居自足和自豪于做一个好“看守”,年复一年、日复一日低水平地重复着监管改造活动。

还有一种认识是,认为搞科研是专门机构与专门人员的事,监狱人民警察只要能运用理论指导监管改造的实践就行了，没有必要去探索发现新规律；认为监狱人民警察的主要任务是看好罪犯，搞科研会分散监狱人民警察的精力，影响监管改造质量；认为监狱人民警察充其量只是看守，即使搞科研，也搞不出什么名堂；有些监狱人民警察认为，搞科研是监狱及其领导的事，与他们无关；况且搞不搞科研成果转化，照样职务晋升、加工资、拥有铁饭碗，等等。

凡此种种认识，均是导致我国监狱科研成果转化率低的认识方面的原因。

二、转化动力因素

利益是人类活动最重要的驱动力量。在人类社会发展的过程中，人类的所有活动都与利益相关，对于社会生活中的人，利益是其所有活动都必须要考虑的问题，[①]监狱科研成果转化也不例外。在监狱科研成果转化活动中，监狱及其人民警察出于自身利益的考量，其行为必然会带有浓厚的利益倾向，而这恰恰成为监狱及其人民警察转化监狱科研成果的动力。

从调研的情况来看，监狱领导和监狱人民警察都不同程度地存在转化监狱科研成果动力不足的情况。

（一）监狱人民警察缺乏转化科研成果的积极性

监狱人民警察是否愿意转化监狱科研成果，有没有足够的转化监狱科研成果的积极性，显然是监狱科研成果转化的基本条件。

如同社会中的其他人群一样，监狱人民警察的科研成果转化活动必然受利益驱动，在监狱科研成果转化活动中，必然会权衡成果转化活动可能带来的利益得失。当成果转化带来的利益很大或者高于不转化的所带来的利益时，监狱人民警察必然愿意去进行科研成果转化，当然会调动转化监狱科研成果的积极性；相反，当成果转化带来的利益不大甚至低于不转化的所带来的利益时，监狱人民警察当然不愿意进行科研成果转化，当然也就缺乏进行监狱科研成果转化的积极性，这显然不利于监狱科研成果转化。

对监狱人民警察的调研显示，在目前的监狱管理体制和机制下，一方面，监狱人民警察整天忙于管理、教育和改造罪犯的日常事务，压力巨大，没有空余时间去

---

① 赵典：《利益主体视角下我国高校科技成果转化研究》，华南理工大学2014年硕士学位论文，第9页。

思考管理、教育和改造罪犯问题,没有时间和精力去了解监狱科研成果,也就无法顾及监狱科研成果转化;另一方面,转化科研成果与监狱人民警察的职务晋升、经济收入、物质或精神奖励等关系不大,转化不转化科研成果,对他们的利益影响不大,这必然导致他们不愿意投入时间和精力去了解监狱科研成果、应用监狱科研成果。

(二)监狱领导缺乏依靠科研创新的积极性

当今世界,新科技革命迅猛发展,科技作为第一生产力的地位和作用越来越突出,提高科技创新能力是我国社会发展的根本动力之一。监狱是国家创新体系的重要组成部分,肩负着依靠科学技术、转化科技成果提高自主创新能力的任务,肩负着创新监狱管理、创新罪犯改造的重要使命。要完成这一重要任务和使命,作为监狱管理者的监狱领导,必须完成由经验管理向科学管理的转变,从"向时间要质量"逐步走上"向科研要质量",真正做到"科研立监""科研兴监",从而完成历史赋予监狱的神圣使命。

然而,对监狱领导的调研显示,在目前的监狱领导体制和机制下,一方面,由于科研成果转化具有成本高、周期长、风险大的特点;另一方面,由于缺乏鼓励监狱领导应用研究成果的激励机制,缺乏鼓励他们的创新意识的物质和精神奖励机制,导致监狱领导缺乏科研创新的主体意识,缺乏转化监狱科研成果的积极性,不愿意去应用研究成果,不愿意去承担科研成果转化的风险,只局限于按部就班、维持现状。

(三)监狱对科研成果的需求不旺盛

在监狱科研成果受让使用环节,最大的问题是监狱对科研成果的需求不旺盛。从正在建立社会主义市场经济体制的大背景来观察分析,监狱接受科研成果方面存在的许多问题与障碍,有些是过渡性的,有些则是基础性、长远性的;既有监狱自身的问题,也有客观环境需要改善的问题。

第一,监狱接受科研成果的现实态度受到社会发展阶段的影响。社会发展模式可分为外延式发展模式和内涵式发展模式两种。所谓外延式发展模式,是指通过增加资金和人力的投入来获得发展的方式。所谓内涵式发展模式,是指依靠科学技术来增进效率与效益的发展方式。外延式发展模式,关注的是资金和劳力的投入,对科学技术以及提高劳动者素质等则漠不关心。内涵式发展模式,必然会将关注点放在科学技术、提高劳动者素质和管理水平上。我国的社会发展,包括监狱的发展,从总体上讲仍然是外延式发展模式,靠资金、人力的投入来获取发展,而以依靠科学技术进步为主的内涵式发展方式在许多监狱发展战略中还没有成为主流。这种外延式发展模式,必然会抑制监狱对科研成果的需求。

第二,一方面,部分监狱科研成果成熟程度比较低,而监狱对其期望值过高。由于我国监狱科研成果转化的历史不长,监狱科研成果受到各种条件的限制,能提供经过熟化的成果不多,造成监狱实践部门对所提供的监狱科研成果水平持不信任态度。另一方面,许多监狱还没有完全从计划经济时期那种无偿地、被动地、靠行政力量推动来接受科研成果的状态转变过来,总希望国家来推广,希望科研成果拿来就用,立竿见影。监狱在吸纳成果时,缺乏某种整合能力,不愿提前介入试验,不愿承担试验的风险,也不愿意第一个尝试"梨子"的滋味,只接受成熟的成果。

第三,现行的监狱管理运行机制降低了监狱接受科研成果的热情。一些监狱受到监狱长任期、监管、罪犯改造质量、监狱生产等硬指标的约束,对吸纳科研成果往往采取"现实""功利"的态度。一些大的项目,往往需要较大的投入,经过较长周期甚至更长一些时间才能见效。许多监狱管理者不愿冒风险投资大一点的项目,不愿"牺牲"职工的福利,不愿因此影响自己的业绩,导致监狱在接受科研成果时,出现短视思想、短期行为,这必然反映到对科研成果需求缺少热情、动力不足上来。

第四,许多监狱的经济状况使其接受科研成果力不从心。许多监狱领导奔忙于生产资金、职工福利等事务,维持日常生产、生活,由于经济状况不好,一些监狱的科研开发经费不落实,用于科研活动的经费与实际需要差距较大。

三、转化能力因素

(一)监狱人民警察科研转化能力不足

1. 科学文化素养还不够高

监狱人民警察的平均受教育水平反映着我国监狱人民警察的科学文化素养,是监狱人民警察理解和接受现代监狱科研成果的必要基础,也影响着监狱人民警察转化监狱科研的主动性程度。尽管监狱科学进步能够提高监狱的管理效率和罪犯改造的效益,但是如果没有一批具备相应科学文化素养的监狱人民警察的及时掌握和运用,将仍然无法提高监狱实践的实际水平。

我们应当清醒地看到，由于历史的原因和各种现实情况的影响，我国监狱人民警察整体受教育水平低且提高缓慢，理论和科学文化素养还不够高，这必然会影响到对监狱科研成果的学习、理解、接受和把握，从而导致我们的监狱及其人民警察在一定程度上还缺乏对监狱科研成果的足够吸纳能力和吸纳力量，将对监狱科研成果转化带来不利影响。因此，即使我们的监狱科研工作者作了极大的努力，取得了大量的、高质量的监狱科研成果，也无法有效地、迅速地被消化和吸收，不能顺利地完成转化。

2. 科研理论知识薄弱，缺乏自觉的方法论意识

目前，监狱人民警察的基础知识比较薄弱，专业知识只是初步内容，至于进行科学研究所需的统计学、测量学、研究方法学、经济学等专门领域的知识几乎是空白。缺乏自觉的方法论意识表现为：一是研究方法单调，绝大部分监狱人民警察在研究中只知道使用归纳法和演绎法，很少使用别的研究方法；二是研究方法欠科学，往往是讲一两个例子，然后得出一个结论，或先讲一两个例子，再讲结论，其结论的科学性、可靠性是大可怀疑的。

表 5－6　罪犯改造的专业理论知识的学习情况①

系统地学过	较系统学过	少量地学过	零星地学过	没有学过
8.9%	24.8%	50.9%	14.8%	0.6%

表 5－7　课题研究要遵循程序的了解情况

完全了解	了解	不太了解	不了解	根本不知道
5.3%	32.5%	37.3%	23.1%	1.8%

表 5－8　科研方法的学习掌握情况②

没学过	粗略学过	认真学过	认真学过并基本掌握	认真学过并完全掌握
50.3%	35.5%	5.3%	8.9%	0%

① 李为忠：《我国监狱人民警察科研素养调查报告》，载《河南司法警官职业学院学报》2015 年第 2 期。

② 李为忠：《我国监狱人民警察科研素养调查报告》，载《河南司法警官职业学院学报》2015 年第 2 期。

表 5－9　科研方法的熟悉情况(可多选)

观察法	经验总结法	实验法	调查法	个案研究法	文献研究法	叙事研究法	都不太清楚
47.3%	70.4%	14.2%	33.7%	43.2%	16.0%	6.5%	12.4%

监狱人民警察科研知识调查结果显示,在罪犯改造专业理论知识方面,66.3%的监狱人民警察没有(或少量或零星)学过罪犯改造的专业理论知识;在课题研究要遵循的程序上,62.2%的监狱人民警察不了解课题研究的程序;在科研方法方面,高达85.8%的监狱人民警察没有(或粗略)学过罪犯改造科研方法,认真学过并基本掌握的只有8.9%。监狱人民警察较为熟悉的科研方法顺序分别是:经验总结法(70.4%)—观察法(47.3%)—个案研究法(43.2%)—调查法(33.7%)—文献研究法(16.0%)—实验法(14.2%)—叙事研究法(6.5%),他们较为熟悉的是经验总结法,而较高层次的研究方法,如文献研究法、实验法和叙事研究法等都少有涉及,而且在此项调查中,尚有12.4%对以上方法都不太清楚。由此可见,监狱人民警察科研基本理论和科研方法知识储备还很不充分(见表5－6、表5－7、表5－8、表5－9)。

3. 科研能力明显不足

监狱人民警察科研能力明显不足主要表现在:一是不知道怎么样去搜集、分析处理和利用资料;二是不知道怎么样概括升华自己在监管改造罪犯方面的实践经验;三是在科研成果的表述方面,存在表述非术语化倾向,表达随意性极大。总体来看,监狱人民警察的研究,经验性的、描述性的占大多数,科研被简单地归结为经验总结,在研究层次、研究深度等方面仍然处于比较低的层次(见表5－10)。

表 5－10　监狱人民警察科研能力的调查结果

	完全能够	能够	部分能够	不能够
能否根据需要性、创新性等原则选题	1.8%	18.3%	51.5%	28.4%
能否对文献资料进行归纳整理、分析鉴别,并客观、严谨地进行评论、阐述主观见解	0.6%	14.2%	48.5%	36.7%
能否从研究任务与对象出发,确定最合适的科研方法	0%	14.8%	57.4%	27.8%
能否运用统计学的原理和方法处理获得的数据	1.1%	17.8%	51.5%	29.6%
能否格式正确地写出一篇科研论文或报告	0%	18.3%	43.2%	38.5%

监狱人民警察科研能力的调查结果显示，在接受调查的监狱人民警察中，完全能够（或能够）正确选题的只有20.1%，完全能够（或能够）科学处理相关文献资料的只有14.8%，完全能够（或能够）根据研究任务与对象确定最合适的科研方法的只有14.8%，完全能够（或能够）格式正确地写出一篇科研论文或报告的只有18.3%，由此可见，监狱人民警察在正确选题、文献处理、选择方法和撰写论文等方面的科研能力存在明显不足。

监狱人民警察科学文化素养偏低、科研理论知识薄弱、方法论意识的缺乏以及科研能力的不足，使他们在转化科研成果的时候有心无力，不知道具体怎样去转化，把握不好科研成果所要转化的方向，也没有好的方法引导自己转化，最终转化的效果往往差强人意。[①]

（二）监狱研究开发力量薄弱，“二次”开发的能力不强

1. 监狱研究开发力量薄弱

监狱科研包含三种不同类型的科学研究，即监狱基础研究、监狱应用研究和监狱开发研究。以上三大类研究反映了人们对监狱认识过程的一般、特殊、个别的紧密联系。三者之间的相互联系、相互作用，构成监狱科学研究系统的逻辑结构，“三大研究”在这个体系中都非常重要，缺一不可。

然而，我国在一个相当长的时期内不大重视开发研究。相当多的科研人员长期拥挤在科研院所，资金投入倾向于基础研究，而开发研究却人才缺乏，资金严重不足，因而科研成果的转化率相当低，大约80%以上的科研成果没有在实践中充分发挥作用。同时，大多数得到应用的科技成果得不到推广，推广面占适应面的比例明显偏小。党的十一届三中全会以后，党和政府十分重视科学技术在社会发展中的作用，并着手调整“三大研究”的比例关系，在不忽视基础研究的同时，加大了应用研究和开发研究的力度，鼓励科研人员献身于应用研究，特别是开发研究，对开发研究的资金投入也明显增多。但是，从总体上看，应用研究和开发研究，尤其是开发研究仍然不能满足形势发展的需要。

在这种大背景下，我国监狱开发研究也与我国整体的开发研究一样，开发研究力量薄弱。监狱开发研究的大部分力量集中在司法院校和司法科研机构，监狱

---

① 李为忠：《我国监狱人民警察科研素养调查报告》，载《河南司法警官职业学院学报》2015年第2期。

科研力量薄弱,开发研究与消化吸收监狱科研成果能力不强。从根本上讲,监狱开发研究力量薄弱的原因,是由于我国监狱对来自外在的压力不够敏感,缺乏自觉地依靠科学技术进步的动力和实力。此外,监狱组织机构和运行机制不甚合理,缺少进行科学技术开发所需要的实力和能力也是原因之一。

监狱开发研究,是以解决监狱中的实际问题为目标,且在较短时期可能取得经济效益或社会效益的研究。其研究过程是把监狱应用研究的成果运用到具体的监狱实践部门,解决监狱实践中提出的问题。监狱开发研究是监狱科学研究的目的、出发点和最终归宿。监狱开发研究力量不强,成为影响监狱科研成果转化的重要因素。

2. “二次”开发的能力不强

监狱科研成果经过基础研究、应用研究和开发研究转变成实用技术,是监狱科研成果转化为生产力的根本,在一定意义上,标志着监狱科研成果源涌动的程度、规模和水平。但是,这还不能说已经转化为现实的生产力,因为转化的最后实现,还需要把这种成果应用到监狱实践中去,形成效率与效益,即把实验性科研成果变成可操作技术。这在整个监狱科研成果转化过程中来说,是十分关键的一环,是监狱科研成果与监狱实践的结合部。结合的状况是衡量监狱科研成果转化为现实生产力的标准,监狱科研成果转化率低的根本原因是没有实现高比例的结合。这种把实验性科研成果转化为监狱实践操作,实现科研成果与实践紧密结合的工作,又称科研成果“二次”开发或“再开发”。监狱科研成果转化率低的原因之一就是没有搞好“二次”开发,如何搞好“二次”开发是我们当前亟待解决的一个大问题。

四、监狱内部环境因素

(一)监狱科研成果转化的制度保障不完善,科研基本条件的无法保障

1. 管理体制不合理,科研时间缺乏保障

制度是实现监狱科研成果顺利转化的保障,尤其是科学合理的管理制度对实现监狱科研成果转化的意义重大。就目前的监狱现状来说,社会施加于监狱的巨大压力致使监狱管理体制刚化,很难探索出科学合理的管理制度来促进“科研立监”的真正落实。

在这种刚性的监狱管理体制下,监狱将社会施加给它的压力又转移到监狱人

民警察身上,致使监狱人民警察工作任务繁重,每天都把自己埋没在了大量的罪犯改造任务中,对监狱人民警察来讲,能顺利完成日常监管改造任务就已经不错了,根本没有时间去思考问题、研究问题,参与科研时间受到很大的阻碍(见表5－11)。

表5－11 科研时间保证情况①

很充足	充足	基本充足	有少量	基本没有
1.8%	3.6%	8.9%	38.4%	47.3%

监狱人民警察科研时间的调查结果显示,认为科研时间不足的比例合计达85.7%,而认为充足的比例合计只有5.4%。

2. 缺乏完善的奖励制度,科研经费无法保障

马斯洛需要层次理论提出了人的五个层次的需要,分别是生理需求、安全需求、社会需求、尊重需求和自我实现需求。其中处于第一层次和第二层次的生理需求与安全需求均属于物质性价值需求,而其他三个层次的需求则是属于精神性价值需求,物质性价值需求是最基本的需求,是实现精神性价值需求的基础,只有满足了生理需求和安全需求,才能实现社会需求和尊重需求等。② 依循此道理,若要提高监狱人民警察转化监狱科研成果的积极性,首先也是最重要的就是满足监狱人民警察的物质性需求(见表5－12)。

表5－12 所在监狱科研经费保障情况③

完全有	基本有	有少量	严重没有	根本没有
1.2%	3.6%	9.5%	38.4%	47.3%

在所在监狱科研经费保障一项调查中,47.3%的受试者回答根本没有,38.4%的受试者回答严重没有,两项合计达85.7%,而回答完全有和基本有的只有1.2%和3.6%,合计不足5%。

① 李为忠:《我国监狱人民警察科研素养调查报告》,载《河南司法警官职业学院学报》2015年第2期。

② 肖玲:《中小学教师的教育科研成果转化研究》,西南大学2015年硕士学位论文,第41页。

③ 李为忠:《我国监狱人民警察科研素养调查报告》,载《河南司法警官职业学院学报》2015年第2期。

众所周知,监狱人民警察的任务繁重,工资待遇却不高,这引发了一些监狱人民警察的不满,他们想获得的是与自己劳动价值相吻合的物质需求,如果不能满足,他们便没有更多的心思投入监狱科研中,更别提去转化监狱科研成果了。[①] 在调查中,很多监狱人民警察没有转化监狱科研成果的主要原因就是缺乏一定的物质保障与奖励,他们为实现科研成果的转化所采取的行动也主要是争取更多的物质资源,可见物质保障与奖励对监狱科研成果转化的重要性。

(二)监狱科研成果转化的机制比较欠缺

众所周知,监狱科研成果转化的前提就是进行推广,监狱科研成果只有经过推广才能被监狱人民警察所熟识,进而转变为自己的理念,外化成具体的罪犯改造实践,从而实现监狱科研成果的顺利转化。因此,监狱科研成果的推广对监狱人民警察而言意义重大,监狱科研成果的顺利推广,是监狱人民警察顺利的转化科研成果前提和保障。就目前的监狱的科研成果推广现状来说,还没有建立一个完善的推广机制,监狱科研成果推广还是远远不够的。根据对监狱人民警察的访谈可知,有监狱人民警察就具体谈到,有时自己很想去转化自己的研究成果,最高效的途径就是先发表自己的研究成果,从而让更多的监狱人民警察了解自己的观点,但是发表很有难度,往往要花费很高的经济成本,这又不是自己所愿意的,因此转化自己的科研成果就被无限期搁置了;同时如果要转化别人的科研成果,查阅很多资料也是要收费的,物质压力很大,监狱人民警察就没那么热情了。因此,如果监狱科研成果的推广机制完善,[②]监狱人民警察的科研成果转化积极性就更高。

(三)监狱科研成果转化的文化氛围不强

文化氛围对监狱科研成果转化的影响主要是通过监狱人民警察的科研意识和态度来施加作用的。当监狱处于科学精神的支配时,相应地,监狱人民警察就会崇尚科学、学习并运用科学,也会自觉远离主观的臆断和猜测。这种科学的文化氛围反映到监狱就是要树立正确的监狱科研意识,争相依靠监狱科研,运用监狱科研成果进行科学决策,科学管理,科学改造罪犯,指导监狱实践活动。[③]

从本书的访谈资料了解到当前监狱的文化氛围现状,现在的监狱缺乏求真、

---

① 肖玲:《中小学教师的教育科研成果转化研究》,西南大学 2015 年硕士学位论文,第 41 页。
② 肖玲:《中小学教师的教育科研成果转化研究》,西南大学 2015 年硕士学位论文,第 39 页。
③ 肖玲:《中小学教师的教育科研成果转化研究》,西南大学 2015 年硕士学位论文,第 42 页。

创新的氛围，在遇到问题的时候，监狱人民警察就是基本上百度，不会自己先去思考，也不会去相互交流，缺乏一种科研氛围。有时，那些真正想要思考，不那么功利化的监狱人民警察反而成了“异类”被其他监狱人民警察讥讽、排斥。这也折射出了目前的监狱文化氛围的现实情况，更多的表现是缺乏了求真、创新的科研氛围，文化氛围表现出异化与功利化的堪忧状态。①

第四节　激发转化动力，提升转化能力

提升监狱科研成果转化水平应该是由监狱人民警察和监狱共同努力完成。因此，监狱则应该创造有利于科研转化的科研氛围，监狱人民警察应该着重于提升对科研成果转化的认识并提升自己科研成果转化的能力。

一、转变认识，走出认识误区

思想是行动的先导。要促进我国监狱科研成果的转化，就要转变思想观念，提高对监狱科学及监狱科研成果转化重要性的认识。有了正确的认识，形成了正确的思想意识，才会有加强监狱科学研究的自觉性，才会有转化监狱科研成果的主动性和积极性。导致目前监狱科研成果转化率偏低的一个重要原因，就是监狱领导及监狱人民警察在认识上存在许多误区。因此，要提高监狱科研成果转化率，就要从转变认识，走出认识误区入手，提高监狱人民警察包括各级监狱领导干部的思想认识，增强他们转化监狱科研成果的自觉性、主动性和积极性。

首先，监狱领导要转变认识。监狱领导要深刻认识科研成果转化对于监狱事业的意义，认识到监狱科研成果转化是推动监狱改革发展、提高罪犯改造质量的重要途径，牢固树立科研立监、科研兴监、科研强警的观念，将监狱科研成果转化工作提升到更高的战略地位。其次，监狱要搞好科研成果及其转化的宣传工作。在监狱中，充分发挥宣传教育工作的效力，加大宣传教育的力度，结合当今时代的发展趋势、社会进步、监狱改革与发展，通过晓之以理、动之以情的宣传教育、普及活动，使广大监狱人民警察充分认识到科研成果及其转化对于监狱及其人民警察

① 肖玲：《中小学教师的教育科研成果转化研究》，西南大学2015年硕士学位论文，第42页。

的重要性、紧迫性。

对于监狱人民警察来说，也应认识到监狱科研成果及其转化对自己的实际工作和自身专业成长的重要性，端正对监狱科研成果及其转化的认识，自觉地变监狱科研及其成果转化的“局外人”为“局内者”，切实做到把监狱科研成果的转化落实到自我的成长和对罪犯改造质量的关注上。实际上，监狱人民警察通过转化监狱科研成果，能够很好地吸收别人好的观点、方法，在与实践的碰撞中不断改善，这样就能反思并完善自己的工作，从而获得成长。同时，监狱科研成果转化的过程也是监狱人民警察与罪犯互动成长的过程，监狱人民警察通过科研成果的转化，不仅能使自己获得提升，也能使罪犯得到更好的改造，从而提高罪犯改造的质量。

二、激发动力

从前文的研究我们知道，影响监狱人民警察转化监狱科研成果积极性的原因主要有两个方面：一是转化科研成果与监狱人民警察的职务晋升、经济收入、物质或精神奖励等关系不大；二是在监狱管理体制和机制下，他们没有没有时间和精力去了解和转化监狱科研成果。因此，激发监狱人民警察转化监狱科研成果的动力，可以从这两个方面入手：一是必须保障监狱人民警察转化科研成果能够获得高于、至少不低于不转化的收益，这就需要监狱要改革现有的监狱人民警察管理制度，将评优评先、职务晋升、警衔晋升等与监狱科研成果转化的成绩挂钩，同时，设立监狱科研成果转化奖励制度，对进行科研成果转化成果的监狱人民警察进行物质和精神奖励，形成监狱科研成果转化的动力激励机制。二是保障监狱人民警察有时间和精力进行科研成果转化。一方面，监狱领导要转变思想，树立向“科研要效益，向科研要质量”的管理理念，合理安排监狱人民警察的作息时间，给负担过重的干警“松绑”，只有这样，他们才能够有机会去思考、去总结、去发现、去创造，实现科研和监管改造两不误；另一方面，通过各种方法扩充干警资源，减轻目前在职干警的工作压力，将其从繁重的监管改造任务中解放出来，只有具备了进行科研成果转化的时间和精力，监狱人民警察才能更好地从事科研成果转化，从而才能真正地提高工作效率。

从前文的研究我们知道，影响监狱领导转化监狱科研成果积极性的原因主要也有两个方面：一是由于缺乏鼓励监狱领导应用研究成果的激励机制；二是科研成果转化本身具有成本高、周期长、风险大特点。因此,激发监狱领导转化监狱科研成果的动力,也需要从这两个方面入手:一是改革现有的监狱领导体制和机制,建立激励监狱领导应用监狱科研成果的制度,促进监狱领导对监狱科研成果的应用。对因应用研究成果而提高了自己政绩的监狱领导给予物质和精神上的奖励。加强监狱领导应用科研成果的培训,实现循证决策,将监狱决策建立在科学的研究成果基础上。二是针对科研成果转化本身的特点,政府相关部门要支持监狱的科技进步,在监狱科研成果转化方面,给予监狱资金、技术等方面的支持和保障。

三、加强科研培训与指导,培养提升转化能力

对监狱人民警察进行一些特定的科学文化素质培训,为监狱人民警察和监狱转化监狱科研成果创造有利的条件,从用户角度形成对监狱科研成果的有效需求,是提高我国监狱科研成果转化率的必要措施。我国监狱正处在由传统监狱向现代监狱的发展过程中,在这一过程中,培养提高监狱人民警察的科学文化素质,是监狱科研成果转化的必然选择。同时,我国绝大多数的监狱目前也还处在由传统监狱向现代监狱的发展阶段,转化科研成果的能力较弱,因此,大力支持监狱转化科研成果,尤其符合我国的特殊国情。

(一)加强监狱科学理论学习,提高监狱领导干部的监狱科学理论水平

今天,面对新的形势和任务,我们的监狱干部特别监狱领导干部的监狱科学素质还不能完全适应。加强监狱理论学习,提高监狱领导干部的科学理论水平,不仅本身就是监狱科学研究成果转化的重要方法、途径和表现,而且由于提高了监狱领导干部的科学理论水平,他们又会进一步具备更强的学习、接受、吸收和掌握监狱理论成果的能力,从而促进监狱科研成果的转化。所以,要普及监狱科学教育,提高监狱领导科学素质和理论水平,促进监狱科学成果的转化,首先就要在监狱领导干部中加强监狱科学理论学习,提高监狱领导干部的监狱科学理论水平。

当然,我们也要清醒地看到,在一些监狱和一部分监狱干部中,仍然存在轻视监狱科学理论,钻研监狱科学理论的自觉性不高,学习氛围不浓的情况。有的虽然学了,但监狱理论与监狱实际结合得不好,在运用监狱科学理论解决监狱实际问题上下的功夫不够。有的甚至采取实用主义的态度对待监狱科学理论学习,断章取义。这些问题的存在影响监狱科学理论学习的深入,也影响监狱干部队伍首

先是监狱领导干部监狱科学理论素质的提高。因此,在监狱领导干部中加强监狱理论学习,提高监狱领导干部的监狱科学理论水平,就必须形成一整套的行之有效的方式、方法和制度。这些方式、方法和制度包括:一是要完善监狱干部脱产进修制度;二是坚持监狱领导干部在职自学制度;三是建立监狱领导干部监狱科学理论学习考核制度。

(二)加强对监狱人民警察的科研培训

监狱人民警察素养的提高是一个长期的过程,从科研知识的学习到科研技能的掌握,再到科研意识和精神的形成,都是一个不断累积的过程。在这个发展过程中,需要监狱和科研部门进行培训与指导,形成对监狱人民警察科研有力的支持,从而培养和提高他们的科研素养(见表5－13)。

表5－13　科研知识或能力培训情况①

经常组织	有时组织	偶尔组织	基本不组织	从没组织
3.6%	23.7%	33.7%	23.0%	16.0%

调查结果显示,在科研知识或能力培训的方面,只有3.6%的受试者回答所在监狱或上级经常组织,而回答基本不组织和从没组织的则分别高达23.0%和16.0%;从调查数据可以看出,监狱组织科研培训不足,监狱人民警察接受科研培训的机会过少,科研的外部支持缺乏力度。

在科研培训方面,监狱应多组织培训,同时加强科研培训的针对性。从前面的调查结果来看,监狱组织的科研培训太少,从而影响了监狱人民警察科研素养的发展;而在"若您现在有进行科研培训的机会,你会"的调查中,71.6%的受试者表示愿意参加,反映出绝大多数监狱人民警察希望监狱能组织更多的科研培训、有更多接受科研培训的机会。加强科研培训针对性的一个层面是选择恰当的培训方式。在"您觉得以什么方式进行培训效果会更好"的调查中,受试干警的选择依序是:系统授课(脱产学习)(76.9%)—在实践中接受指导(42.0%)—听讲座(27.8%)—系统授课(函授)(11.8%)。加强科研培训的另一个层面是选择合适的培训内容。在"您希望进行哪些方面科研内容的培训"的调查中,选择的情况

---

① 李为忠:《我国监狱人民警察科研素养调查报告》,载《河南司法警官职业学院学报》2015年第2期。

是:科研选题(12.4%)、科研设计(14.2%)、科研方法(32.5%)、论文撰写(13.6%)、以上都需要(45.6%)。

在监狱人民警察的教育与再教育中,加强对其科研素质的培养。实施监狱人民警察教育与再教育的机构,必须想方设法在教育过程中营造一种浓厚的监狱科研气氛和学术氛围,加强学术交流,邀请国内外知名学者、专家做不同领域的学术报告,使监狱人民警察不断了解学科发展的新动向,开阔监狱人民警察的思路,培养其科研的兴趣,激发其创造性;实施监狱人民警察教育的机构,在课程设置与要求方面,应在强化其基础知识,深化其专业知识的同时,拓宽其进行监狱科研所需的统计学、测量学、科研方法等专门领域的知识,使其具备监狱科研完备的知识结构与方法。

(三)加强对监狱人民警察的科研指导

表 5-14　司法院校或司法科研机构指导情况①

完全能够	能够	基本能够	基本不能够	根本不能够
1.2%	11.8%	20.7%	42.0%	24.3%

在司法院校或司法科研机构指导方面,回答完全能够得到指导的只有1.2%,而回答基本不能够和根本不能够的比例合计达66.3%,从调查数据可以看出,法院校或司法科研机构的科研指导不足,监狱人民警察接受指导的机会过少,科研的外部支持缺乏力度(见表5-14)。

在科研指导方面,应加强科研指导力度。对准备或正在进行科研的监狱人民警察,监狱应聘请或者邀请法院校或司法科研机构来监狱进行现场指导,从科研选题、科研设计、科研方法选择、资料处理到论文撰写方面对他们进行全程的指导与引导,从而形成以监狱人民警察为主,以司法院校或司法科研机构指导为辅的科研模式。②

充分发挥司法院校或司法科研机构及其科研人员在监狱人民警察科研素质培养中的作用。司法院校或司法科研机构要成为监狱培养科研骨干力量,以各种

① 李为忠:《我国监狱人民警察科研素养调查报告》,载《河南司法警官职业学院学报》2015年第2期。

② 李为忠:《我国监狱人民警察科研素养调查报告》,载《河南司法警官职业学院学报》2015年第2期。

培训班、实验班、讲座等形式大力培养监狱的科研人员，为提升监狱的科研水平做点实实在在的工作；鼓励各级各类司法科研所、司法院校专门机构里的专门人员下到监狱去挂职，直接指导监狱人民警察开展监狱科研实验；密切监狱科研机构与监狱、专业研究人员与监狱人民警察的正式或非正式的联系，加强交流、合作等。

四、让监狱人民警察参与监狱科研及其成果转化全过程，在科研实践中培养监狱人民警察的科研素养

让监狱人民警察参与监狱科研及其成果转化全过程，能够为监狱科研创新提供创新思想，集聚监狱科研创新的智慧资源。同时，也会激发起监狱人民警察进行科学研究和转化科研成果的热情，促进监狱成果的快速转化。

第一，推动监狱人民警察参与科研及其成果转化的组织的建设和发展。我国目前虽然已经建立起一定数量的监狱人民警察组织，但存在范围小、参与人数少和功能发挥不足等问题。要改变这一现状，首先要支持富有监狱科研经验和一定科研成果的监狱人民警察组建科研组织，以组织的形式，带动广大监狱人民警察积极投身于监狱科研及其成果转化中。其次，重视发挥现有的监狱组织在带动监狱人民警察参与科研及其成果转化中的作用。发挥监狱工作协会及其各个分会在连接监狱实践部门与司法院校和司法科研机构中的桥梁作用，通过监狱工作协会及其各个分会及时将最新的司法院校和司法科研机构的科研成果推向监狱，及时将监狱实践部门遇到的问题传达给司法院校和司法科研机构的科研人员。

第二，构建监狱实践导向的科研支持体系。构建监狱实践导向的科研支持体系，首先，从选题时就要考虑到科研成果的应用前景，并及时在如何应用转化上开展研究。其次，促进监狱科研服务方式的转变。监狱科研人员不能仅仅只向监狱人民警察传授一般的科研技能，还要引导监狱人民警察进入科研现场，让他们参与科研及其成果转化的全过程，并在这一过程中，给予他们耐心细致的指导和帮助。

第三，支持和保护不同主体的利益。在科学研究中，不同主体之所以能够进行协作、完成科研及其成果的转化，都是基于自身的利益出发。[①] 监狱科研工作者与监狱人民警察之间，有着各自的利益需求。有研究显示，科研合作的主要风险

---

① 叶良均：《农业科技成果转化问题研究》，中国科学技术大学 2008 年博士学位论文，第 116 页。

是合作中的利益风险,合作双方常常因为利益分配问题而导致合作无法建立或走向解体,从而影响了双方合作进行科学研究以及转化成果的积极性,也大大降低实践者参与科研及其成果转化的机会。因此,协调各方的利益,特别是支持和保护参与监狱科学研究和成果转化的监狱人民警察的利益,才能激发监狱人民警察参与科研及其成果转化的积极性。

第四,在监狱科研实践中培养监狱人民警察的科研素质。如同在游泳池中学会游泳一样,监狱人民警察的科研素质也必须在监狱科研的实践中不断培养提高。实践已经证明,监狱人民警察直接参与科研实践,可以显著地提高监狱人民警察的科研素质。监狱人民警察参与科研,是培养提高监狱人民警察科研素质的一条重要途径。因此,我们要鼓励监狱人民警察参与科研实践,积极为他们创造参与科研的环境和条件。只要广大监狱人民警察积极参与科研,他们的科研素质就一定会在实践中不断得到培养和提高。

五、监狱人民警察自身要增强科研主动性,努力提高自己的科研素养

监狱人民警察科研素养的提高是一种自我完善的过程,外在的环境和条件只是科研素养提高的外因,监狱人民警察自身的科研主动性才是其科研素养提高的内在动因。因此,增强监狱人民警察自身的科研内部力场,是提升监狱人民警察科研素养的根本途径。

监狱人民警察科研素养是由科研意识、科研知识、科研能力和科研精神构成的一个综合系统,它是监狱人民警察进行科研所必须具备的各种素养的集合体,主要包括科研意识、科研知识、科研能力与科研精神。监狱人民警察要提高自身的科研素养,就需要从科研素养的各个组成部分上着手。

(一)端正科研态度,突出问题意识和反思意识的培养,持续磨砺科研精神

科研意识决定一个人"想不想做研究",科研精神决定一个人"适不适合做研究",前者是科研素养的前提,后者是科研素养的灵魂。科研意识与科研精神对科研素养极其重要,因此,监狱人民警察要提高自身的科研素养,首先应加强对科研意识与科研精神的培养。

尽管调查结果显示,监狱人民警察科研意识和科研精神两个维度的均值高于科研素养整体均值,已经初步具备了科学研究活动所应具备的科研意识和科研精神。但是,调查结果也显示,无论在科研意识还是在科研精神方面,都还存在不少

问题,尚待改进与提高。针对其中存在的问题,监狱人民警察的科研意识和科研精神的自我养成,要突出以下几个方面。

一是端正科研态度。调查显示,只有不到四成(36.7%)的监狱人民警察进行科研是为了解决实际工作中的问题,而不少监狱人民警察进行科研只是为了完成上级安排的任务(71.0%)、考核评优(18.3%)、与大多数同事保持一致(5.3%)等,科研的动机目的不端正,这势必影响他们参与科研的主动性,进而影响他们科研素养的提高。

二是突出问题意识和反思意识的培养。科学研究是从问题出发,"问题即课题",缺乏问题意识,就无所谓科研。而在"您是否会主动将罪犯改造实践中的问题上升到理论层面来认识和思考"一项调查中,只有42.6%的监狱干警回答会,高达57.4%的回答不会。因此,监狱人民警察要树立问题意识,善于在实践中寻找问题、从理论学习和研究中发现问题、从他人的研究成果中提出问题,并把这些问题直接转化为研究问题。美国学者波斯纳认为,"没有反思的经验是狭隘的经验,至多只能成为肤浅的知识"。在"您对自己的改造罪犯活动反思情况"的调查中,近四成(36.7%)的监狱干警从未反思过自己的改造罪犯活动。如果监狱人民警察仅满足于获得的经验而不对经验进行深入的思考,那么他的素养水平的发展将大受限制。因此,监狱人民警察应加强对自我实践的反思,通过反思,积极参与问题解决的自主研究,使自己一步一步地成为"行动研究者",这是监狱人民警察提高自身科研素养的重要举措。

三是不惧困难、积极进取的科研精神。在"您选课题做研究,会选择"一项调查中,23.7%的监狱干警选择"具有研究价值,且有一定挑战性的",63.9%的选择"容易的,且有一定研究价值的",12.4%的选择"容易的,不考虑它是否具有研究价值"。高达76.3%的监狱干警选择容易的课题进行研究说明其畏惧困难,缺乏积极进取的科研精神。

(二)不断加强科研知识学习,做好科研知识储备,做到厚积薄发

科研知识决定一个人"会不会做研究",它是科研素养的基础。科研知识是进行科研的基础,没有理论的指导,很难做到有效的研究。一般来说,掌握正确的科研方法,不仅会提高监狱人民警察科研的兴趣,强化科研意识,而且也会提升他们的科研精神与科研能力。因此,监狱人民警察要不断加强科研知识学习,做好科研知识储备,做到厚积薄发。学习内容包括各种研究方法、统计方法、资料查阅方

法、数据处理方法等科研知识和学科前沿性知识以及优秀干警的先进经验;学习方法一是要联系实际并应用于实际,二是要注意围绕专题进行比较学习。

(三)立足现实条件,从开展“草根式”小课题研究开始,在科研实践中逐步提升科研能力

科研能力决定了一个人“能不能做研究”,它是科研素养的核心。因此,科研能力是培养监狱人民警察科研素养的关键。

科研素养的养成是一个“在研究中学会研究”的过程。科研能力的提高不是仅仅通过科研学习就能够实现的,它需要监狱干警通过具体的研究活动来锻炼自己,提高自己的实际能力。因此,监狱人民警察应在学习科研知识的同时,主动进行科研实践活动,通过参与或主持课题研究,通过进行科研选题、调查或实验再到撰写论文等实践,提升自己的科研能力。

基于监狱与自身的现实条件的限制,对于监狱人民警察而言,进行大课题研究和系统研究可能不现实,这就要求监狱人民警察采用适合自己的小课题,从开展“草根式”小课题研究开始,逐步提高自己的科研能力。“草根式”小课题研究具有研究范围微观、内容具体、切口小、周期短、容易操作等特点,它不以理论研究为主,是一种微观的应用性质的研究。[①] 对于监狱干警而言,一系列发生在身边的问题、难点都可以成为研究的对象;研究内容可以是罪犯改造中存在的现象、案例、问题等;研究成果可以是改造笔记、总结报告、论文等;研究方式可以是一人或多人的研究,不刻意要求完整运用某种研究方法。这些真实的、贴近监狱与干警实际的研究,不仅可以消除干警的畏难情绪,增强干警的科研信心,而且切合监狱和干警的实际需要,能提高干警研究问题的兴趣,从而不断提高在罪犯改造实践中发现问题、研究问题和解决问题的能力。[②]

六、提升监狱研究开发能力和“二次”开发的能力

(一)鼓励和支持建立监狱研发机构,提高监狱研究开发能力,使监狱成为研究开发主体,是促进监狱科研成果转化的重要途径

建立监狱研究与开发机构的目的,归根结底是要促进监狱科研成果转化,从

---

① 徐洁:《如何开展“草根式”小课题研究》,载《基础教育》2008 年第 1 期。

② 李为忠:《我国监狱人民警察科研素养调查报告》,载《河南司法警官职业学院学报》2015 年第 2 期。

而提高监狱的自我发展能力。监狱研究与开发机构的主要工作目标是科研成果储备,增强监狱发展后劲,追求监狱的整体综合效益。

监狱研究与开发机构的组织原则是:监狱研究与开发机构的建设起点要高,即人员要精干、素质要高、知识结构要合理、研究与开发条件要好、研究课题水平要高;监狱研究与开发机构要与监狱内的其他部门形成信息、人才、技术、成果相互流动的良性机制;监狱研究与开发机构应采取各种措施加强对外的合作,吸引专业对口的独立科研院所和高等学校的科研力量以各种形式进入监狱研究与开发机构,真正起到"筑巢引凤"的作用。

为鼓励和支持建立监狱研发机构,提高监狱研究开发能力,促进监狱科研成果转化,可采取以下措施:一是建立监狱技术进步机制。要继续深化监狱体制改革,依靠科学技术进步的压力和动力,使监狱由于利益驱动在发展中产生对科学技术进步的强劲需求。要强化监狱的监督管理,防止和克服监狱发展中的短期行为,强化监狱科研开发投入制度,并作为对监狱负责人业绩的主要考核内容。二是加大对监狱科研的投入,增强监狱进行科研开发的经济实力。政府相关部门的科研拨款应向监狱倾斜,大幅度提高监狱使用政府研究与开发投入的比重;政府相关部门下达科研计划或科研项目时,应优先由监狱来牵头,然后由监狱择优选择科研院所和高等学校进行合作开发;制定有关鼓励增加监狱科研投入的政策和法规,等等,通过加大科研资金投入,使监狱有实力进行科研开发。三是制定有关鼓励和支持监狱培养和吸收高水平科研人才的政策和措施,为培养一批高水平的科研人才,为在国内外有较高知名度的跨世纪的科研开发创造良好的环境与条件。四是积极研究我国监狱科研合作的特点和机制,鼓励监狱与高等学校、科研院所合建研究开发机构,联合开发项目,鼓励科研院所以各种形式进入监狱。五是将监狱科研开发体系的建立作为现代监狱制度建设的重要内容,将建立和完善监狱的科研开发机构,提高监狱的技术开发能力作为今后一个时期促进监狱改革与发展的一项重点工作来抓,将监狱科学技术进步和科研开发工作的成效作为政府对监狱进行择优支持的依据。①

---

① 中共中央政策研究室文化组编著:《科技成果转化成功之路》,辽宁大学出版社 1995 年版,第 79 - 86页。

(二)进行“二次”开发,完善配套措施

1. 进行科研成果选择

在科学技术迅猛发展的今天,科研成果让人眼花缭乱,监狱应根据自己的实际情况选择有利于自己的发展,获得较好效益的科研成果,显得尤其重要。在科研成果选择上,必须掌握科研成果选择的思路和标准。

在选择的思路上,必须思路清晰,选择既着手解决一些近期的具体问题,又立足于长远综合发展的科研成果,防止在科研成果选择上出现“头痛医头、脚痛医脚”的现象。

清晰的选择思路还要靠选择标准去实现。选择标准多种多样,很难统一,一些基本的标准可归纳如下:其一,先进性与适应性相结合的科研成果。选择科研成果时首先要考虑科研成果的先进性。所谓科研成果的先进性,是指那些最适合时代要求,对社会、监狱发展起促进作用的科研成果,即当代科学技术的前沿。同时,先进性的科研成果必须满足适用性的要求,即从监狱自身的需求、条件等出发考虑,决不能脱离实际盲目地追求先进的科研成果,在选择科研成果时必须考虑自我对科研成果消化的能力,即能否配套应用,能否熟练地掌握,也必须考虑新科研成果的投资承受能力,考虑综合效益等。当前,有些监狱引进科研成果后却不能发挥作用,其原因就在于缺乏对成果的适用性考虑,以致造成了很大的浪费。监狱科研成果难以转化为直接生产力,其主要原因之一是科研成果本身的适用性差和监狱适应的能力差。其二,对监狱系统发展具有关键意义的科研成果。一项科研成果对监狱系统的影响要从局部与全局两个范围考虑,即从一个监狱、整个监狱系统来考虑。作为整个监狱系统,要选择那些有普通意义,能带动监狱系统整体发展的科研成果,如对监狱发展“瓶颈”问题的突破,就能带动监狱系统整体的全面发展。对于一个监狱来说,则主要选择那些提高罪犯改造质量、监管效率、提高监狱生产经济效益等的关键科研成果。因此,在科研成果选择时,这几个方面都必须综合考虑,绝不可偏废。

2. 选择试点试验

通过科研成果选择,想把它用到监狱实践中去,还必须进行试点试验。如果不进行试点试验,直接运用到监狱实践中去,其结果是轻则部分失败,重则彻底失败。所以,必须对已选择的科研成果进行试点试验,让科研成果适用于监狱条件,以保证科研成果应用的成功。

试点试验是科研成果转化为生产力必要的关键环节。试点试验的作用就在于找到科研成果向监狱实践转化的条件、方式,并在小范围试验中发现科研成果不适用于监狱实践的某些方面和环节,以便对科研成果不足进行修补,或创造条件以适应科研成果应用的需要,以免因不经过试点试验直接大面积推广造成重大的损失。另外,试点试验还可以起到对科研成果进行示范、宣传普及的作用,以展示某种科研成果转化的现实可能性。

在实施试点试验时,要建立利益共享、风险共担的利益机制。要发挥科研和监狱两个方面进行试点试验的积极性,必须建立利益机制,建立科研示范点,选派专家和科研人员到示范点蹲点,边做试验研究,边示范推广,使科研成果迅速地转化为现实的监狱生产力。

3. 完善配套措施

一项新的科研成果投入监狱实践部门,存在一个新科研成果与旧监狱系统配套的问题,也就是监狱系统与新科研成果的融合问题,同时还有创造一些新的环节与所应用的新科研成果配套的问题。这在使用新科研成果的过程中是一个比较复杂的系列工作。过去,新科研成果难以应用,在很大程度上是由于缺少配套的系列措施。因此,为了使新科研成果得以应用,必须在试点示范中把配套措施的完善作为一项重要的工作。①

七、创设有利于科研及成果转化良好的监狱内部环境

(一)在监狱增设专门的科研管理机构,为监狱科研成果转化提供组织保障

可在监狱增设专门的科研管理机构——科研科(或科研室),专门负责监狱的科研及成果转化工作。

长期以来,我国监狱把监狱科研工作混杂于主管罪犯教育业务管理的教育改造科,这非常不利于监狱科研及其成果转化的统一管理,不利于监狱科研及其成果转化的开展。因此,要真正把监狱科研及其成果转化工作落到实处,必须改变现在监狱的机构设置,在监狱增设专门的科研管理机构,形成科研科(科研室)、教育改造科、狱政管理科三大科为主的机构设置。同时,要做到:选配有较强科研组织能力的监狱人民警察充当科研科或科研室主任,组织由老、中、青三结合的监狱

---

① 钟贤道:《科技转化论——关于科学技术转化为生产力诸问题的研究》,国防科技大学出版社1993年版,第43-49页。

科研骨干力量，实行科研科或科研室办公制度，加强计划与管理；实行专门的监狱科研经费预算，加大对监狱科研的投入，购置监狱科研所必需的各种仪器设备、图书资料，加强监狱科研的软件建设；司法行政部门要配备分管监狱科研的领导。

（二）完善三大科研保障，为监狱科研及其成果转化提供优越的条件

第一，科研资讯保障。图书、资料、报纸、杂志和数据信息是科研的基础，是进行科研成果转化的前提条件。为此，监狱应加强科研信息资源建设，为监狱人民警察科研提供充分的科研资讯保障。一方面，要加大投入创造良好的硬件条件，搞好监狱的图书室建设和计算机网络化建设，优化配置图书资料和科研设备；另一方面，加强监狱人民警察进行计算机网络信息技术的培训，建立信息管理制度，使监狱与外部有一个畅通的信息交流通道，为监狱人民警察提供大量、及时、精确、丰富、新颖的国内外科研成果信息。

第二，科研时间保障。科研能力的培养和提高需要通过科研实践来实现。然而，根据调查发现，多数监狱人民警察基本没有参与科研的时间。繁重的监管改造工作剥夺了他们参与科研时间和精力，减少了他们了解科研、参与科研、转化科研成果的机会，从而导致科研素养不高。要解决这一问题，一是监狱领导要转变思想，树立向“科研要效益，向科研要质量”的管理理念，合理安排他们的作息时间，给负担过重的干警“松绑”，只有这样，他们才能够有机会去思考、去总结、去发现、去创造，实现科研和监管改造两不误；二是通过各种方法扩充干警资源，减轻目前在职干警的工作压力，将其从繁重的监管改造任务中解放出来，只有具备了参与科研的时间，他们才能更好地从事科研，应用科研成果，从而才能真正地提高工作效率。

第三，科研经费保障。经费是进行科研及成果转化的必要保证条件。购买订阅科研报纸和杂志、仪器设备、培训、差旅费、课题研究等，都需要经费投入。然而，调查的结果显示，高达85.7%的监狱干警反映所在监狱没有科研经费，严重挫伤了他们愿意从事科研的积极性。因此，监狱领导者应该树立“科研投资是最大效益投资”的观念，把科研经费投入作为一种成本纳入监狱成本预算，加大科研经费的投入，以此来鼓励干警参与科研、转化科研成果。

（三）营造氛围，为监狱科研及其成果转化创设良好的内部环境

实现监狱科研成果的顺利转化，监狱内部文化环境是强有力的内部引导与保障，因此，监狱应积极营造浓厚的科研氛围，鼓励并加强监狱人民警察之间的合作研究，创造宽松、自由的内部文化环境，可以通过以下举措为监狱科研成果转化创

造有力的内部环境保障。

1. 营造浓厚的科研氛围

监狱人民警察科研素养的提高是一种外在价值引导下的自我完善过程，良好的科研氛围是推动监狱人民警察参与科研的外部动力。因此，监狱应创设良好的环境氛围，最大限度地挖掘监狱人民警察的本质潜能，全面提升广大监狱人民警察的科研素养。首先，监狱领导要增强科研意识，正确认识科研。深刻认识科研素养对于监狱人民警察和监狱事业的意义，认识到科研素养是监狱人民警察素养的重要组成部分，是促进监狱改革发展、提高罪犯改造质量的重要途径，牢固树立科研兴监、科研强警的观念，将科研和监狱人民警察科研素养工作提升到更高的战略地位。其次，监狱要搞好科研宣传工作。监狱要加大在监狱人民警察中的宣传力度，使他们牢固树立科研兴监、科研强警的观念，认识到科研是监狱人民警察超越自我、自主发展的重要途径，激发他们对科研的热情。一是监狱领导要树立好榜样，积极消化反思先进的监狱管理理念和罪犯改造思想，把科研成果的转化落实到自己的行动之中，为其他监狱人民警察做好榜样；二是监狱要形成尊重研究者的氛围，要尊重致力于罪犯研究的监狱人民警察，鼓励、支持本监狱的监狱人民警察积极进行监狱科学研究和成果的转化，从而真正地营造浓厚的科研氛围。

2. 鼓励并加强监狱人民警察之间的合作研究

由监狱调研得知，大部分监狱人民警察为实现对监狱科研成果的转化，更愿意争取同行干警的帮助，因此需要加强同行干警之间的合作。首先，监狱可以设立专门的科研部门，通过职能部门推动监狱人民警察合作研究；其次，成立监区、分监区、跨监区或跨监狱研究组，积极鼓励同监区、分监区、跨监区或跨监狱的监狱人民警察进行合作研究活动。

3. 创造宽松、自由的内部文化环境

相对宽松、自由的文化环境总是能让人愉悦地享受工作的过程，更容易激发积极性，为监狱人民警察创造一个宽松、自由的内部文化环境显得尤为重要。监狱人民警察在工作中承受着来自社会、罪犯改造和来自领导等多重压力，要缓解这些压力，就需要给监狱人民警察创设一个相对宽松、自由的内部文化环境，让他们能够身心愉悦地投入工作，①他们也才有可能去了解监狱科研成果、应用科研成果。

① 肖玲：《中小学教师的教育科研成果转化研究》，西南大学 2015 年硕士学位论文，第 48－49 页。

第六章　监狱科研成果转化中介系统的构建

科研成果中介系统是连接监狱科研成果供给方与使用方的桥梁，是提供监狱科研成果需求信息，进行监狱科研成果交流、交易、传递、扩散的媒介。科研成果转化中介系统具有加速科研成果转化、优化科研成果转化环境、提高科研成果转化主体的转化能力、整合优化各种资源、促进科研成果转化合作、规范科研成果转化过程，使科研成果转化合法有序地进行等功能。正因如此，科研成果转化中介也就成为监狱科研成果转化必不可少的桥梁和纽带。因此，在监狱科研成果转化中，构建良好的监狱科研成果转化中介系统，将会大大促进监狱科研成果的转化。

本章首先对科研成果转化中介的内涵进行了界定，对科研成果转化中介的特征与类型进行了系统分析；接着对科研成果转化中介系统的运行与功能进行了系统阐释；在本章的第三部分，对我国科研成果转化中介发展的现状及存在的问题进行了系统研究。在前面三个部分的基础上，本章的最后一部分提出了促进科研成果转化中介建设的措施建议。

第一节　监狱科研成果转化中介的内涵、特征与类型

一、监狱科研成果转化中介的内涵

中介是一种“中间环节”“中间阶段”，是客观事物之间联系的环节，居于事物运动、变化、发展的中间环节和过渡阶段，起着沟通、联系、桥梁、纽带、服务等作用，其本质就在于它是事物相互作用的连接纽带和传递者。

科研成果转化中介是科研成果转化参与者之间相互作用的“媒介”或“桥

梁”。科研成果转化中介，有狭义和广义之分。狭义科研成果转化中介，是指面向社会开展科研成果转化服务、科技评估、优化生产要素配置、提供创新决策和管理咨询等服务、以提供科研成果转化服务为主业为各类主体提供社会化专业化服务，促进科研成果转化的机构或组织。广义科研成果转化中介，指在科研成果向现实生产力转化过程中为科研成果转化服务起到沟通、联系等“桥梁”作用及提供专业服务的一切组织及其活动。①

科研成果转化中介是各类转化主体的粘接剂和活动的催化剂。科研成果转化中介活跃于科研成果供给者与使用者之间，促进科研成果转化体系内各参与主体间互动，并通过进行技术搜寻、评估和传播，实现科研成果转化体系内在各个主体的有效联系。②

基于上述科研成果转化中介认识，监狱科研成果转化中介是指，在各种参与监狱科研成果转化的主体之间，利用自身拥有的知识、人才、资金、信息等资源，为监狱科研成果转化的成功实现起到沟通、联系、组织、协调等作用的组织及其活动以及为参与监狱科研成果转化的各种主体、各个具体实体过程提供专业服务的组织及其活动。③

二、监狱科研成果转化中介的特征

与一般中介相比，科研成果转化中介（包括监狱科研成果转化）主要有以下几个方面的特征：

1. 服务的指向性。科研成果转化中介服务的指向性是指科研成果转化中介专门为科研成果转化服务。也就是说，为了实现科研成果的转化，在参与科研成果转化的各个主体之间，通过沟通、联系、组织、协调等活动，为科研成果的转化提供专业服务。

2. 服务的专业性。科研成果转化中介服务的专业性是指科研成果转化中介提供专业化的服务。科研成果转化也具有“技术性”特性，这就要求为其服务的科研成果转化中介要具备专业性。④ 不同的科研成果转化，要求科研成果转化中介

---

① 陈涛：《高校科技成果转化的系统分析》，东北大学 2009 年博士学位论文，第 44 页。
② 陈涛：《高校科技成果转化的系统分析》，东北大学 2009 年博士学位论文，第 44 页。
③ 陈涛：《高校科技成果转化的系统分析》，东北大学 2009 年博士学位论文，第 44 页。
④ 陈涛：《高校科技成果转化的系统分析》，东北大学 2009 年博士学位论文，第 45 页。

提供不同的专业性服务。

3. 服务的系统性。科研成果转化中介服务是在科研成果转化过程中起到桥梁和纽带作用的,这就决定了其提供的服务必须是全程性的、系统化的服务,贯穿洽谈、签约、履约的全过程。因此,科研成果转化中介服务机构提供的服务是一种全方位、多角度、以知识为基础的系统化服务。①

三、监狱科研成果转化中介的类型

科研成果转化中介组织(包括监狱科研成果转化)类型多样,分类方法也不尽相同,按照不同的标准可以划分为不同的类别。

1. 根据服务内容和对象,科研成果转化中介机构大体分为三类:一是创新服务类科研成果转化中介机构;二是科技咨询服务类科研成果转化中介机构;三是市场服务类科研成果转化中介机构。

2. 根据科研成果转化中介服务业的社会功能及其在市场经济中所发挥的作用,可以作以下五种分类:第一类是科技产业的行业组织;第二类是为实现科研成果转化,促进科技产业发展的中介服务机构;第三类是为实现科技产业生产要素优化配置,进行要素整合的中介服务的机构;第四类是市场行为的监督机构;第五类是为科研机构和企业提供特殊专业服务的中介机构。②。

从目前我国科研成果转化中介组织的发展现状来看,无论是哪一类科研成果转化中介,都不同程度地与了科研成果的转化,各类科研成果转化中介都为科研成果转化提供各种服务③。

第二节　监狱科研成果转化中介系统的运行与功能

一、监狱科研成果转化中介系统的运行

科研成果转化系统是一种高度社会化的活动,科研成果转化行为主体间协同

---

① 陈涛:《高校科技成果转化的系统分析》,东北大学 2009 年博士学位论文,第 46 页。
② 苏南科技开发编辑部:《科技中介的含义与分类》,载《苏南科技开发》2005 年第 11 期。
③ 陈涛:《高校科技成果转化的系统分析》,东北大学 2009 年博士学位论文,第 45 页。

关系形成之前，相互之间有一个搜寻、选择及被选择过程。无论作为科技源的科研成果供给者——司法院校和科研机构，还是作为吸收科研成果主体的科研成果使用者——监狱及其人民警察，都需要首先搜寻、识别，再根据各自的效用函数和收益预期，历经博弈，走上协同。然而，任何一方单靠自己去完成这项工作，不仅工作量和成本非常大而且风险也大。科研成果转化中介机构，作为社会高度分工而产生的专业机构，是连接知识创新与技术创新之间的桥梁，也就是连接科研成果供给侧——司法院校和科研机构与使用侧——监狱及其人民警察之间的纽带。通过科研成果转化中介机构，能够极大降低科研成果转化的成本与风险，促使司法院校和科研机构与监狱及其人民警察合作，协同转化。①

二、监狱科研成果转化中介系统的运作程序

一个正常运行的科研成果转化中介机构可以看作一个独立的系统，系统内部各种要素之间相互联系、相互制约、协调发展，具有自身运作的规律性。科研成果转化中介系统促进科研成果转化按照运作程序可分为三个阶段：第一，科研成果的储备阶段。第二，科研成果转化阶段。即科研成果经过的应用开发，从原始的知识形态转变为现实的直接的生产力的过程。第三，科研转化成果的实施阶段。科研转化成果实施阶段包括成果评价与市场预测、实现成果转让和提供咨询服务。②

三、监狱科研成果转化中介的功能

科研成果从原始的知识形态转变为现实的直接的生产力，必须有一个物化过程。科研成果转化中介既是各类资源与监狱之间的中介，同时也是政府、监狱、司法院校与科研机构和社会的中介。因此，科研成果转化中介也就成为监狱科研成果转化必不可少的桥梁和纽带。在监狱科研成果转化中，科研成果转化中介具有以下几种功能：一是建立中间转化渠道，加速科研成果转化；二是优化科研成果转化环境，提高科研成果转化主体的转化能力；三是整合优化各种资源，促进科研成

---

① 陈涛：《高校科技成果转化的系统分析》，东北大学 2009 年博士学位论文，第 49－50 页。

② 陈涛：《高校科技成果转化的系统分析》，东北大学 2009 年博士学位论文，第 46－48 页。

果转化合作;四是规范科研成果转化过程,使科研成果转化合法有序地进行。①

第三节 我国监狱科研成果转化中介存在的问题

20世纪七八十年代,我国科研成果转化中介机构开始出现,经过多年的发展,我国的科研成果转化中介服务机构已经取得长足的进步,科研成果转化中介机构迅速发展壮大、功能日趋多样化,社会力量正在成为发展科研成果转化中介机构的生力军。目前我国科研成果转化中介机构呈现快速发展的大好局面,但是从总体上看,我国的科研成果转化中介服务机构的发展仍处在起步阶段,在发展中存在不少问题,仍是国家创新体系中亟待加强的薄弱环节。目前我国科研成果转化中介服务工作(包括监狱科研成果转化中介服务)中存在的主要问题具体体现在以下几个方面:

(一)对科研成果转化中介服务工作不够重视

我国监狱科研成果转化中介存在的问题首先表现在政府科研管理部门对科研成果转化中介服务工作不够重视:一是政府科研管理部门在对科研成果进行验收评价时,忽视科研成果转化,没有把科研成果转化及科研成果转化对社会的贡献纳入验收评价指标;二是在政府科研管理部门这种验收评价制度下,科研人员也自然不会重视科研成果的转化,把成果转化排除在科研工作之外,习惯于以成果鉴定验收为终点。

(二)缺乏促进和规范科研成果转化中介发展的政策法规体系,现有的科研成果转化中介普遍羸弱

在我国现有的科研成果转化中介的过程中,一直缺乏专门、系统的促进和规范科研成果转化中介机构发展的政策法规体系,有关科技中介服务的政策法规只是零星地散见于其他的政策法规之中。这种状况导致了我国现有的科研成果转化中介普遍羸弱。这主要表现在:一是科研成果转化中介条件差,专业化程度不高,不能满足科研成果转化对科研中介专业服务的要求;二是支持科研成果转化

---

① 杨美成、宋卫红:《技术创新机制转变与科技中介组织功能研究》,载《江苏科技大学学报(社会科学版)》2007年第3期。

中介发展的公共信息基础设施薄弱,公共信息流通不畅,导致科研信息供应严重不足,难以实现共享;三是由于当前从事科研成果推广转化工作的大多数管理人员知识背景单一,不具备跨学科、复合型知识储备,导致科研成果转化中介服务工作不够规范,进而导致科研成果转化工作成效不显著。

(三)科研成果转化中介机构官办色彩明显,市场化程度不高

截至目前,我国有8万多个科研成果转化中介服务机构,但大部分科研成果转化中介服务机构都是各级政府有关部门开办的,与政府部门有着千丝万缕的联系,容易出现官办中介机构的"外部性问题"。民办科研成果转化中介机构难以和官办的科研成果转化中介机构竞争,影响了民间力量进入科研成果转化中介服务行列的积极性。这种政府职能的错位和越位,在一定程度上限制和制约了科研中介机构的发展,导致我国科研成果转化中介市场化程度不高。

(四)科研成果转化中介机构缺乏高素质的、结构合理的专业人才队伍

科研成果转化中介机构的人才队伍素质是决定其服务质量和发展前景的重要因素。科研成果转化中介服务属于知识密集型的服务业,服务效果取决于专业人才的素质,所以科研成果转化中介服务业的发展对从业人员要求较高。目前,科研成果转化中从业人员虽然有一定科学技术方面的背景和知识,但是缺乏市场营销、法律、经营管理等方面的知识和经验。甚至有些科研成果转化中介从业人员缺乏职业道德,不顾行业信誉,在中介服务中弄虚作假,败坏科研成果转化中介的社会名誉,导致社会上存在"轻视中介、怀疑中介、嫌弃中介"的倾向,造成科研成果转化中介服务的市场需求不足。

(五)科研成果转化中介机构自身建设不力,国际化程度低

在机构自身建设上,目前我国的科研成果转化中介机构由于其背后依靠的机构不同,因此各自的利益主体也不同,导致很难摆脱自身利益的局限性,

科研成果转化中介机构力量分散,协同作用难以发挥;在国际化程度上,目前国内科研成果转化中介服务机构大都停留在国内开展业务,在业务、信息、管理模式等方面还远未达到国际化的程度。因此,无论是中介服务机构的发展目标、发展规划还是机构内的专业人员素质,均远未能与国际接轨,国际化程度低,与国际接轨有很大的差距,很难成为具有国际竞争力的科研成果转化中介服务机构。

第四节 促进我国监狱科研成果转化中介建设的措施建议

一、借鉴典型国家建设科研成果转化中介的发展模式

与我国相比,发达国家已经形成了一整套相对完善的科研成果转化中介机构运行模式、管理机制、促进措施等。“他山之石,可以攻玉”,发达国家在促进科研成果转化中介机构发展已形成的较成熟的做法,对于进一步改革和规范我国科研成果转化中介机构的发展(包括监狱科研成果转化中介机构的发展)具有十分重要的借鉴意义。

世界各国的科研成果转化中介服务机构可谓多种多样,发展模式不尽一致,所发挥的作用也各不相同,但是大体上我们可以将它们分为两类:一类是营利性的科研成果转化中介服务机构;另一类是非营利性的科研成果转化中介服务机构。

(一)非营利科研成果转化中介服务机构

非营利科研成果转化中介服务机构在整个科研成果转化中介服务机构中占据相当重要的地位,发挥着不可替代的作用。根据设立者的不同,非营利科研成果转化中介机构又可以分为国家设立的中介机构和民间设立的中介机构。

1. 国家设立的非营利科研成果转化中介机构

国家设立的非营利科研成果转化中介机构,例如,美国设立的国家技术转让中心(NTTC)和联邦实验室技术转让联合体(FLC)等,英国设立的小企业服务局等,日本设立的日本科学技术振兴事业团(JST)和中小企业综合事业团(JAS-MEC)等,都是国家设立的非营利科研成果转化中介机构的典型例子。

从这几个科研成果转化中介服务业较为发达的国家来看,鉴于科研成果转化中介服务业总体上还是相对新兴的行业,而且行业本身具有较强的正外部性,肩负着加强国家技术创新和经济竞争力的战略使命,所以各国政府都从国家层面扶持了一些非营利性的科研成果转化中介机构。它们的预算经费大多来自国家政府部门的行政拨款。这些中介机构的数量较少,但它们发挥的作用较大。它们提供的服务大多是公益性的或者是半公益性的,收取少量服务费,有的甚至是免费的。

2. 民间设立的非营利科研成果转化中介机构

例如，美国的北弗吉尼亚高技术企业协会，就是典型的由民间设立的非营利科研成果转化中介机构。该协会成立于 1991 年，由数十家董事企业出资发起。企业会员缴纳会费按机构大小不同，分别为每年 400 - 5000 美元不等。机构会员会费每年 500 美元。如按平均 1000 美元估算，其年会费收入约可达到 180 万美元。该协会提供的服务包括：政策服务；管理咨询服务；人才招聘。协会每年都举办大型人才招聘会，同时也建立了人才交流网站，会员可免费刊登人才需求信息。协会对会员企业提供内部的管理风险保险业务，可在会员企业发生意外管理风险时提供奖金援助。帮助企业特别是小企业建立联合的员工社会保障账户，这样可减轻企业的社保负担。

又如，英国民间设立的非营利科研成果转化中介机构一般以慈善机构、专业学会、协会与联合会等形式存在。这些非营利科研成果转化中介机构享受低税甚至几乎免税的优惠政策。英国典型的这类中介机构有专业协会型中介机构，以建筑工程行业的英国咨询工程师协会为例。以英国民间设立的非营利科研成果转化中介机构咨询工程师协会（ACE）为例，其国内收入中有 40% 来自为政府部门提供的咨询服务，60% 来自为其他公司和部门提供的专业咨询。

从这些国家典型的非营利科研成果转化中介机构的运营中我们可以看出，这类科研成果转化中介机构的服务对象大部分是该类中介机构的会员，它们很少有来自政府的直接经费补贴，但享受政府的税收优惠等政策，它们需要自负盈亏，营利虽然不是这类中介机构的首要目的，但也并不是意味着它们不营利，它们的营利被限定在法律允许的范围内。会员费是它们生存的主要经济基础。

（二）营利性科研成果转化中介机构

科研成果转化中介机构从本质上来说是市场经济发展的产物，因此科研成果转化中介机构的企业化或者公司化发展是一种主流的趋势，而营利性是企业追求的主要目标，所以说营利性科研成果转化中介机构将成为科研成果转化中介机构发展中的生力军。营利性中介机构和非营利机构相反，它们绝大多数为专业性机构。作为公司，其法律地位、权利和义务和普通公司完全一样。[①]

---

① 张正义：《科技成果推广中介服务体系研究》，载豆丁网 2014 年 8 月 11 日，https://www.docin.com/p-888058449.html。

例如,英国技术集团(BTG)就是典型的营利性科研成果转化中介机构。它的主要业务是从世界各地寻找具有市场前景的技术,帮助技术发明人申请专利,进行技术转让评估和实施专利授权。BTG 整个业务工作程序为:(1)对从世界各地搜寻来的技术和专利进行评估和筛选,对其中较大市场价值的技术项目,帮助实现专利申请或实施专利授权;(2)为科研成果的供方和需方牵线搭桥,实现科技成果的市场化;(3)监督,合同签订后,监督合同双方对合同的执行情况,对违反合同者诉诸法律;(4)分享利润。

从上述营利性科研成果转化中介机构的发展模式来看,发达国家较典型的营利性科研成果转化中介机构一般以企业化或是公司化的方式运作,它们很少像非营利中介机构一样享受国家提供的一些优惠政策(如税收减免等政策),所以追求营利是它们的主要目标。一般情况下,大部分较正规的该类中介机构由于深谙追求营利的过程并非一次博弈过程,而是无数次的博弈过程,所以它们提供的服务一般来说专业化程度较高,而且服务质量较好。当然在其中也不乏一些为追求营利而不择手段的中介机构,其诚信度较低,服务质量较差,这种一次性博弈的中介机构注定会在法制化、规范化的市场中失去竞争力。①

二、遵循科研成果转化中介的发展走向

综观国际科研成果转化中介的发展趋势,科研成果转化中介的走向呈现以下特点:一是科研成果转化中介机构走向活动多元化、功能整体化;二是在科研成果转化中引进知识管理机制;三是科研成果转化中介行业的专业分工与网络化相结合;四是科研成果转化中介服务的体系化、制度化。在监狱科研成果转化中,只有遵循、顺应科研成果转化这些发展趋势和走向,才能更有效地促进监狱科研成果转化中介机构的发展,进而实现监狱科研成果的完美转化。

三、监狱科研成果转化中介的建设与完善

国外科研成果转化中介机构的成功运行模式以及国外政府在促进科研成果转化中介机构发展中的做法,对我国科研成果转化中介机构的发展具有十分重要的借鉴意义。吸取国外的成功经验,并结合我国在科研成果转化中介机构发展中

---

① 唐五湘、黄伟主编:《科技成果转化的理论与实践》,方志出版社 2006 年版,第 332 - 337 页。

存在的问题，提出以下几条建议：

（一）切实提高对建设和完善监狱科研成果转化中介重要性的认识

中共十六大报告明确提出，必须完善科研服务体系，加速科研成果向现实生产力转化，推进国家创新体系建设。监狱管理和罪犯改造工作，是国家创新体系的重要组成部分。因此，应提高对建设和完善监狱科研成果转化中介工作重要性的认识，发挥监狱科研成果转化中介在促进监狱科研成果转化方面的纽带作用，努力营造促进监狱科研成果转化的良好氛围，从而实现监狱管理和罪犯改造工作的创新，为国家创新体系的建设作出自己的贡献。

（二）积极扶持监狱科研中介发展

我国监狱科研中介机构不仅数量少，而且服务能力也较低，因此，需要政府在多个层面加以扶持。一是制定科研中介机构发展的法规体系，积极为科研成果转化中介的发展创造良好的法律法规环境。如日本政府为了促进科研中介机构发展，先后颁布了《中小企业诊断实施纲要》《中小企业法》《综合研究开发机构法》等法律，为科研成果转化中介的发展创造了良好的法律法规环境。二是制定相应的政策，鼓励科研成果转化中介机构的发展。一些国家设立的非营利科研成果转化中介机构，大多是由国家直接投入设立。如上文提到的美国的国家技术转让中心（NTTC）和英国的小企业服务局等，它们由政府扶持。三是推进有利于科研中介机构加快发展的信息环境建设。科技服务的生命力在于知识和信息。因此，各国政府资助建立的公共科技信息平台，支持科研成果转化中介机构的信息收集和实现科技信息资源的共享，为科研成果转化中介机构的发展创造了良好的信息环境条件。

（三）依托司法院校和科研机构，新建一批监狱急需的科研中介机构，同时鼓励科研中介机构的市场化发展

在加强现有监狱科研成果转化中介机构能力建设的同时，应根据监狱科研成果转化需要，立足司法院校和科研机构优势，新建一批依托司法院校和科研机构、监狱急需的科研成果转化中介机构，与我国监狱的改革与发展相协调。司法院校和科研机构应鼓励监狱科研工作者创办诸如科研成果评估，科研成果咨询，包括科研成果信息获取、处理和分析、科研成果查新以及面向监狱决策的战略研究等专业科研中介机构，满足司法行政和监狱管理部门和监狱对科研中介机构多样

化、系统化、高层次的需求，完善我国监狱科研中介服务体系。①

在扶持和新建监狱科研成果转化公共中介机构的同时，按照国家和地方事业单位改革的部署，将部分业务能力突出的部门向科研中介机构转变，将其中一部分改制为“自主经营、自担风险、自我约束、自我发展”的具有独立法人资格的监狱科研成果转化中介服务机构，奠定中介行业发展的组织基础。进一步改革政府对科研中介机构的现行管理体制，改变行政干预和利益不清的状态。通过科研中介机构制度化创新与改造，明确其市场法人地位，确立科研中介机构在社会中的强势地位。② 积极营造各类监狱科研成果转化中介机构平等竞争的市场环境。监狱科研成果转化中介机构的运作也尽量以市场化为导向，交易主体要用市场经济的思想来经营市场，政府管理部门要引导监狱科研成果转化中介机构面向市场化发展。③

（四）加强监狱科研成果转化中介服务队伍建设

在我国，科研成果转化中介机构的从业人员普遍存在素质不高的问题，极大地制约了科研成果转化中介服务的专业化程度。④

面对当前我国科研成果转化中介服务的从业人员素质急需提高的现状，应采取以下措施：一是应鼓励司法院校相关专业的师生和科研院所及各类监狱有实践经验的科研人员从事中介服务，同时大力引进既熟悉法规政策又懂得监狱科研成果转化的科研成果转化中介服务人员，鼓励更多的高素质人才参与到监狱科研成果转化中介服务中去。⑤ 要鼓励高层次的海外留学人员回国从事科研成果转化中介服务工作或创办科研成果转化中介机构。二是在人才管理方面，全面推进职业资格证书制度，建立科研成果转化中介服务业职业资格标准体系。加快推进科技咨询师、项目管理师、质量认证师、技术经纪人等职业培训和资格认定工作，提高从业人员的整体素质。不妨尝试某些较为严格的规定，通过抬高进入门槛，迫使这些机构重视人才问题，比如规定新成立或进行年审的机构，其职业资格持证人

① 陈涛：《高校科技成果转化的系统分析》，东北大学 2009 年博士学位论文，第 53 - 54 页。

② 张健华：《高校科技成果转化中的政府职能研究》，南开大学 2010 年博士学位论文，第 123 - 125 页。

③ 王贯中：《发展石油成果转化的中介机构的研究》，载《时代经贸（下旬刊）》2008 年第 8 期。

④ 王贯中：《发展石油成果转化的中介机构的研究》，载《时代经贸（下旬刊）》2008 年第 8 期。

⑤ 陈涛：《高校科技成果转化的系统分析》，东北大学 2009 年博士学位论文，第 53 页。

员所占比例要达到一定标准，否则不予注册或年审。[①] 三是要加强对现有监狱科研成果转化中介服务机构从业人员的教育、培训，改变从业人员知识背景单一、专业能力不强、开拓经验不足的局面，提高其整体素质。加大对科研成果转化中介从业人员的岗位培训力度，资助此类机构选派优秀的从业人员出国培训，努力提高其业务能力和服务水平[②]。四是积极探索科研成果转化中介人才的激励机制，要把科研成果转化中介人才，真正纳入紧缺人才工程，尽快制定向科研成果转化中介专业人才倾斜的政策措施，增强行业吸引力，并切实实施好。例如：放宽其人力资本入股的限制，让人力资本、智力成果以生产要素的形式共同参与分配等。

（五）强化监狱科研成果转化中介机构自身建设

一是推动监狱科研成果转化中介行业协会的建立。科研管理部门应依据司法行业背景，积极推动建立专业科研成果转化中介机构协会，鼓励科技中介机构成立行业协会，鼓励司法院校、科研机构、监狱积极加入科研成果转化中介机构，通过协会加强对监狱科研中介机构的引导和管理。[③] 监狱科研成果转化中介行业协会应积极开展科研成果转化中介业务，在政府、司法院校、科研机构、监狱之间发挥桥梁和纽带作用。[④]

二是加强监狱科研成果转化中介的对外交流与合作。加强监狱科研成果转化中介的对外交流与合作包括两个方面：一方面是加强监狱科研成果转化中介与社会科研成果转化中介机构的交流与合作。监狱科研成果转化中介机构要积极融入社会中介机构体系建设之中，按照科研成果转化中介规范与标准，切实提高服务质量和核心竞争力，促进监狱科研成果转化。另一方面是加强国际合作与交流，提高监狱科研成果转化中介机构社会化服务水平。通过请进来、走出去的方式，通过国际合作与交流，学习发达国家科研成果转化中介机构长期积累的科研成果转化的有益经验，提升我国监狱科研成果转化中介机构的社会化服务水平，

---

① 顾建光：《发挥科技中介在科技创新中的作用》，载《中国行政管理学会 2004 年年会暨“政府社会管理与公共服务”论文集》。

② 顾建光：《发挥科技中介在科技创新中的作用》，载《中国行政管理学会 2004 年年会暨“政府社会管理与公共服务”论文集》。

③ 顾建光：《发挥科技中介在科技创新中的作用》，载《中国行政管理学会 2004 年年会暨“政府社会管理与公共服务”论文集》。

④ 陈涛：《高校科技成果转化的系统分析》，东北大学 2009 年博士学位论文，第 55 页。

进一步推进我国监狱科研成果转化工作。①

（六）充分发挥监狱工作协会在科研成果转化中的作用

学会是专门进行群众性学术交流、开展学术活动的社会团体。我国的学会按照“百花齐放、百家争鸣”的方针开展国内和国际学术交流、人才开发活动，取得了显著的成绩，产生了广泛的社会影响并受到人们的重视。我国现有全国性学会近40个，拥有会员180万，成为知识密集、人才荟萃之地。② 学会在促进科学技术进步和科研成果转化中有着特殊的作用。

中国监狱工作协会（China Prison Association，CPA）是司法部直属单位，也是隶属于中华人民共和国司法部的一个行业协会。根据《中国监狱工作协会章程》规定，中国监狱工作协会是全国监狱实际工作者、监狱理论工作者和社会各界有志于监狱学科理论研究的人士以及有关社会组织自愿结成的行业性、全国性、非营利性社会组织。③

中国监狱工作协会拥有研究和综合指导处、地方和基层指导处、行业和部门指导处、法制报刊出版文艺管理处、网络和对外法制宣传处等组成机构，拥有监狱法学专业委员会、狱政管理学专业委员会、教育改造学专业委员会、监狱建设与保障专业委员会、未成年犯改造专业委员会、回归社会学专业委员、刑罚执行专业委员会、监狱文化专业委员会④、法学专业委员会、狱政管理专业委员会、生活卫生专业委员会、监狱史学专业委员会等数十个专业委员会。会员包括各省、自治区、直辖市和新疆生产建设兵团监狱协会或其他有关的专业性社会组织，监狱实际工作者、监狱理论工作者以及社会各界有志于监狱学科理论研究的人士。中国监狱工作协会完善的组织机构、精细的专业分工、广泛的内部网络联系、数量众多的会员等，非常有利于监狱科研成果的转化。

根据中国监狱工作协会章程规定，中国监狱工作协会的宗旨为：坚持“百花齐放、百家争鸣”的方针和理论联系实际的原则，开展监狱理论研究和国内外学术交流，推动监狱人民警察业务素质与职业道德的提高，为监狱工作服务，等等。中国

---

① 陈涛：《高校科技成果转化的系统分析》，东北大学2009年博士学位论文，第54－56页。

② 国防科技成果办公室编：《科技成果管理的理论与实践》，国防工业出版社1989年版，第84－86页。

③ 杨木高：《监狱协会（学会）的前世今生》，载《犯罪与改造研究》2019年第8期。

④ 杨木高：《监狱协会（学会）的前世今生》，载《犯罪与改造研究》2019年第8期。

监狱工作协会的主要职能是:制定理论研究课题规划,组织、协调、推动各地监狱协会开展监狱理论研究活动,召开全国性或地区性的监狱理论、学术研讨会,交流和推广科研成果;承担司法部和有关部门委托开展的监狱业务培训、调研和科研等工作,提高监狱人民警察的执法能力和执法水平,为监狱工作提供建议和咨询意见;参与有关监狱立法工作的调研、咨询、论证等活动;加强本会与有关单位、团体和组织的联系,积极开展交流与合作;开展同各国、各地区之间的学术交流、业务合作和友好交往活动;在会员中发现、培养监狱学科理论研究人才,对科研成果显著的给予表彰、奖励;主办本会会刊,编辑出版监狱学理论专著、资料,收集、储存、通报科研信息,等等。从中国监狱工作协会的宗旨和职能可以看出,中国监狱工作协会的宗旨和职能恰恰是监狱科研成果转化的条件,如果能使中国监狱工作协会履行宗旨和职能充分发挥,将极大促进监狱科研成果的转化。

1. 充分发挥监狱工作协会在监狱科研成果信息交流中的作用

监狱工作协会跨越行政管理部门、科研院所和监狱实践部门,横向联系起各个专业和部门的科研工作者,他们中有负责决策的领导,有监狱研究人员,有监狱实际工作者,还有各个专业的研究人员。每年学会及其分会都有大量的学术交流活动,这些活动形式多样,有个人的、小型的、大型的,进行各种科研成果信息的交流。这些成果信息交流速度快、针对性强、简便灵活、启发性大,有着其他信息交流方式不具备的特殊优点。这种交流不是个人知识的"算术和",而是"核聚变",所有这些都将对监狱科研成果转化起到极大的促进作用。

2. 充分发挥监狱工作协会在监狱科研成果转化中的作用

监狱工作协会凝聚了大批各个专业、各个方面的专家,信息交流和反馈都十分直接和快速,这对监狱决策、控制有很大影响。如一项新的科研成果,监狱需求如何,推广应用前景如何,开发费用多少,监狱吸收该成果投资多少,所需监狱人民警察的素质、文化程度、培训等一系列问题要有较准确的评估分析,才能决定是否转化,如何转化等,并据此采取相应的控制措施。这个"较准确的评估分析"是靠知识、经验及科学分析得到的,它是一种依赖专家头脑的复杂劳动。当决策正确,控制适时、有力时,科研成果转化的成功率才会更高,转化速度才会更快,转化效益才会更大。协会交流集思广益,使科学技术研究项目立题时就吸收了各个方面专家的见解和意见,为研究成果转化创造了先天的优越条件。另外,在研究过程中的联合和交流,能逐步使成果成熟、完备,使监狱易于吸收,达到转化成本低,转化程序简便、先进,转化质量和可靠性满足监狱使用要求,效益最佳等效果。在科研成果应用于监狱实践后,又有反馈信息促进新的监狱科学技术研究。所以,协会在群众性、广泛性、多学科性、学术研究的自由等优良环境条件下开展的学术交流、信息传递是有其强大生命力的,其促进监狱科研成功转化的作用不容忽视。

第七章　政府相关部门:切实履行职能职责,创设监狱科研成果转化的良好环境

监狱科研成果在转化过程中,面临着法律、政策、科研管理与评价制度等诸多障碍,且这些障碍是司法院校、司法科研机构和监狱自身无法克服的。为克服这些障碍,政府必须发挥应有的作用。政府对监狱科研成果转化的影响,主要体现在为监狱科研成果转化创造良好环境上。

监狱科研成果转化是一项复杂的系统工程,法律、政策、政府科研管理制度、政府科研评价制度、政府公共信息服务等因素在成果转化中共同发挥作用。监狱科研成果转化既与监狱与司法院校、司法科研机构的内部环境密切相关,又与政府的法律、政策、政府科研管理制度、政府科研评价制度、政府公共信息服务等外部环境因素相关。

当前,一些国家的政府在科研成果转化中的成功实践,不仅证明了政府介入科研成果转化的必要性,而且也为研究我国政府在科研成果转化过程中的职责提供了有益的经验启示。[①] 跳出司法院校、司法科研机构和监狱自身来看待监狱科研成果转化,政府在监狱科研成果转化中的职责和功能,其核心是通过资源配置方式的调整,理顺司法院校、司法科研机构和监狱之间的关系,为监狱科研成果转化创造良好的环境。

---

① 张健华:《高校科技成果转化中的政府职能研究》,南开大学 2010 年博士学位论文,第 2 页。

第一节　监狱科研成果转化环境的构成与功能

一、监狱科研成果转化环境的构成

监狱科研成果转化作为一项系统工程,需要相应的环境支持。监狱科研成果转化环境主要是法律、政策、政府科研管理制度、政府科研评价制度、政府公共信息服务等构成的一个完整的系统。各个构成要素相互渗透,相互作用,为监狱科研成果的转化提供了强有力的支撑。

(一)法律要素

法律是科研成果转化环境支撑系统的一重要要素,没有法律的保障,科研就不能够顺利进行,科研成果转化也无从谈起。就制度的作用而言,监狱科研成果转化率的提升,与相关法律的完善度有明显的关系,监狱科研成果转化需要相关的法律制度完善。从法律层面来看,要保证监狱科研成果转化的顺利实施,相关的法律是不能缺失的。在整个环境支撑体系中,政府是法律的制定者,政府的法律制度安排十分重要,应该着眼于鼓励科研创新法规、科技成果转化法规的配套和完善。在监狱科研成果转化过程中,从科研立项、项目研究,到科研成果转化,这一系列过程都强烈地受到法律因素的影响。法律能够规范科研成果转化的过程,保护成果转化中各方的利益,激发研究者的积极性,为科研成果转化提供良好的氛围。①

(二)政策要素

相关研究表明,在支撑科研成果转化的因素中,"政策"是一个必备的要素。政策是指政府制定的科研及其成果转化的相关政策。监狱科研成果转化需要政府政策的强有力支持。在监狱科研成果转化的整个过程中,政府通过制定科研成果转化的政策,使科研成果转化各个环节能够有序推进,从而为监狱科研成果转化创造良好的政策环境。

(三)政府科研管理体制要素

政府科研管理体制是由制度、主体、机制等相关要素有机结合组成的一个整

---

① 陈涛:《高校科技成果转化的系统分析》,东北大学 2009 年博士学位论文,第 58 - 59 页。

体。政府的科研管理体制作为监狱科研成果转化过程中最为重要的外部环境，从多个层面和方面影响监狱科研的研发和成果转化，是科研成果转化为生产力效率的决定性因素，良好的科研管理体制才能对监狱科研成果的转化起推动或促进作用。①

（四）政府科研评价制度要素

依据科技部2003年3月1日开始施行的《国家科技计划项目评估评审行为准则与督查办法》，政府科研评价是指政府对包含科研项目评价和科研项目评审在内的一切科研评价活动。政府科研评价制度是政府科研管理部门结合国家和政府在科学研究方面中长期发展规划而进行的，代表着国家和政府一定时期的科研发展目标和要求，也是政府科研管理部门进行科研资源分配的必要手段和目标。这种评价因其较强的权威性，对监狱科研及其成果转化起着重要的导向作用。

（五）科研成果转化公共服务平台要素

科研成果转化是一项复杂的社会系统工程，需要社会各方面共同配合构建一个完善的科研成果转化平台。通过建成统一规范的覆盖全国的科研成果信息服务体系，建立若干重点公益技术与行业共性科研成果转化服务平台，建立技术标准支撑体系，加速科研成果向现实生产力转化，为经济、社会发展提供坚实支撑。科研成果转化公共服务平台对于加强科研成果转化资源的整合和共享，降低科研成果转化的成本，加速科研成果向现实生产力转化具有非常重要的意义。②

二、监狱科研成果转化环境的功能

（一）激励功能

良好的监狱科研成果转化环境具有激励司法院校和司法科研机构进一步推进科研创新和监狱加速科研成果吸收转化的功能。政府可以通过提供相关的激励政策来刺激励司法院校和司法科研机构进一步开展科研创新和促进监狱加大科研成果转化力度，可以通过提供政策性优惠、利益驱动促使司法院校和司法科研机构的科研人员与监狱人民警察以积极态度进行科研成果转化工作。

（二）协调功能

监狱科研成果转化，需要司法院校和司法科研机构与监狱的协同与合作才能

① 张健华：《高校科技成果转化中的政府职能研究》，南开大学2010年博士学位论文，第118页。

② 唐五湘、黄伟主编：《科技成果转化的理论与实践》，方志出版社2006年版，第300－302页。

实现。然而,司法院校和司法科研机构与监狱作为独立的主体,没有动力去进行协同与合作,如果没有政府的参与,没有与促进监狱科研成果及时转化相适应的协调制度和机制,司法院校和司法科研机构与监狱就不可能进行合作,监狱科研成果的转化就不可能实现。因此,在监狱科研成果转化过程中,需要政府来协调各个方面的关系,其实,这是体现监狱科研成果转化环境中政府职能的重要方面。

(三)保障功能

发达国家科研成果转化的实践证明,科研成果转化,需要政府提供基本的宏观环境和保障。监狱科研成果转化环境的保障功能主要是指政府制定相关的法律法规来保障科研成果转化的顺利实施。① 具体来讲,就是政府通过制定必要的法律和相关政策,激发和充分调动科研成果的主动性、积极性,规范科研成果转化秩序和行为,从而为科研成果的转化提供基本的良好的环境。

第二节　政府在创造监狱科研成果转化环境中的职能与职责

科研成果转化中存在的市场缺陷以及发达国家的政府在科研成果转化中的成功实践不仅证明了政府介入科研成果转化的必要性,而且也为政府在成果转化中活动范围的确定提供了一条有益的线索。② 所以,认识监狱科研成果转化的客观规律,结合我国具体国情,明确我国政府在监狱科研成果转化中扮演的角色,更好地促进我国监狱科研成果转化,显得非常重要。

一、政府介入监狱科研成果转化的理论依据与作用

(一)政府介入监狱科研成果转化的理论依据

1. 监狱科研成果转化中存在信息的不完全性

在经济学中,完全的信息是指市场的交易双方对于所交换的商品掌握充分的信息。完全信息的假定保证了帕累托最优状态的实现。在现实中,完全信息的假

① 陈涛:《高校科技成果转化的系统分析》,东北大学 2009 年博士学位论文,第 60 页。

② 刘志辉、唐五湘:《新时期政府在科技成果转化中的作用》,载《科学学与科学技术管理》2006 年第 3 期。

定是不存在的。在很多情况下，市场机制并不能够解决或者至少不能有效地解决信息不完全的问题，需要政府“有形的手”的作用。①

科研成果转化中的信息不完全是由两方面造成的：一方面是由于科研成果的不确定性，而且运用该成果的前景也具有很大的不确定性，由于科研成果的不确定性，造成受让方的信息不完全；另一方面，科研成果的转让方与受让方之间存在信息的不对称。由于科研成果具有复杂性和垄断性，使科研成果的受让方对于有些科研成果的识别能力非常有限，故而，转让方与受让方存在科研成果的信息不对称。②

在监狱科研成果转化方面，也存在信息的不完全性，这就需要政府在监狱科研成果转化的信息方面进行调控，增加市场的“透明度”，保证监狱科研成果的转让方与受让方都能够得到充分和正确的市场信息，以便他们作出正确的选择。

2. 监狱科研成果，特别是一些基础监狱科研成果和公共性科研成果的应用具有正外部性

在监狱科研成果中，基础科研成果和公共性科研成果由于着眼于长远和整个社会的根本利益，它们的主要功能是应用于不同领域的共同技术平台，属于科研成果转化的技术基础，因此，这些科研成果产生的社会效益要远远大于给个体带来的效益，具有明显的正外部性效应。③ 这也为政府介入科研成果转化提供了理论依据。

（二）政府在监狱科研成果转化中的作用

政府在监狱科研成果转化中的主要作用是制定适当的国家宏观政策和创造一种大力促进监狱科研成果转化的环境。④ 而且，它可利用法令、规章、规范、政策帮助监狱科研成果的转化。这种作用主要表现在以下三个方面：一是主导作用。因为政府是监狱科研的投资者以及监狱科研成果的所有者和管理者，所以政府应在监狱科研成果转化中扮演主角，主导监狱科研成果实践化的过程，始终主导监

① 刘志辉、唐五湘：《新时期政府在科技成果转化中的作用》，载《科学学与科学技术管理》2006年第3期。

② 刘志辉、唐五湘：《新时期政府在科技成果转化中的作用》，载《科学学与科学技术管理》2006年第3期。

③ 刘志辉、唐五湘：《新时期政府在科技成果转化中的作用》，载《科学学与科学技术管理》2006年第3期。

④ 刘颖：《国防科技成果转化中政府的作用》，载《经济师》2003年第5期。

狱科研成果的转化。二是政府的保障作用。政府对科研成果转化的保障作用主要体现在为科研成果转化营造良好的宏观环境和建设相关的法律规则环境上,通过营造良好的宏观环境和建设相关的法律规则环境,刺激监狱科研成果的转化。[①]三是营建有利于监狱科研成果转化的市场环境。

二、政府在创造监狱科研成果转化环境中的职能与职责

(一)政府在创造监狱科研成果转化环境中的职能

监狱科研成果转化中的政府职能,就是指在监狱科研成果转化中,政府与司法院校和司法研究机构、政府与监狱、司法院校和司法研究机构与监狱之间互动关系的调控活动,属于政府职能的宏观层面,并表现在优化、激励、监管、协调等方面。[②] 政府在监狱科研成果转化中的总体职能主要表现为以下三个方面:

一是法规驱动职能。所谓法规驱动职能,就是指政府通过政策与法律法规的建设,使监狱科研成果转化有法可依、有章可循,为监狱科研成果转化建立一种各方必须而且乐意推动的良好局面。[③] 二是利益协调职能。利益协调职能就是协调司法院校、司法研究机构与监狱的利益,明确监狱科研成果转化中各自的权益、责任和义务,实现政府、司法院校和司法研究机构、监狱的"三满意",使监狱科研成果转化工作不断深入。三是激励导向职能。激励导向的目的在于引导监狱科研成果转化进入良性循环状态,巩固和发展监狱科研成果。激励的内容包括权力激励、权益激励、酬劳激励和荣誉激励等四个方面。通过这些激励措施,推动监狱科研成果转化向纵深和健康的方向发展。[④]

(二)政府在创造监狱科研成果转化环境中的职责

如前文所述,监狱科研成果转化不单纯是一种科技行为和经济行为,它不但涉及司法院校和司法科研机构、监狱,还涉及政府的有关职能部门。科研成果转化率的提高,需要各方及政府部门的协调配合、统筹规划、联合运作。政府应减少

---

① 刘颖:《国防科技成果转化中政府的作用》,载《经济师》2003 年第 5 期。

② 张健华:《高校科技成果转化中的政府职能研究》,南开大学 2010 年博士学位论文,第 65 - 67 页。

③ 李玉香等:《政府在促进我国高校、科研院所科技成果转化中存在的问题及对策探讨》,载道客巴巴网 2016 年 1 月 27 日,http://www.doc88.com/p-9935263148326.html。

④ 李玉香等:《政府在促进我国高校、科研院所科技成果转化中存在的问题及对策探讨》,载道客巴巴网 2016 年 1 月 27 日,http://www.doc88.com/p-9935263148326.html。

对监狱科研成果转化的直接干预，充分发挥市场在监狱科研成果转化过程中的基础性作用，但是政府又不能完全退出市场，从角色角度分析政府职责，政府应充当监狱科研成果转化制度的供给者、市场秩序的维护者和公共服务的提供者①。

第三节　我国监狱科研成果转化环境存在的问题

一、相关科研成果转化的法律不健全

与我国其他领域的科研成果转化法律环境一样，我国监狱科研成果转化的法律环境也不够健全。存在的主要问题有：一是知识产权保护法律不健全，虽然这些年我国在知识产权保护法律建设上取得了很大进步，但在现实中，科研成果被无偿使用、成果权益受到侵害的情况仍然屡见不鲜；二是有关科研合作的相关法律法规及其实施细则相对滞后。相关法律法规虽然对科研合作作出了一些规定，但由于其属于行政规章范畴，导致其权威性不够，而且，对细节也缺乏明确的说明。

二、科研成果转化的政策和支持力度不够

在相关的政策安排上，政府在政策导向和支持力度方面，监狱科研成果转化的政策目前还存在很大的缺陷，不合理现象还是比较常见，制约了监狱科研成果的转化。主要存在的问题是科研成果转化政策落实力度不够，政府财政投入不足。虽然我们在国家财政投入、税收优惠、信贷支持、风险基金、成果价值评价等方面出台了一系列的政策，但由于大多是原则性的规定，缺乏可操作性，导致这些政策一直很难落实。

三、政府科研管理体制不顺畅

目前我国监狱科研成果转化率低、转化难的根本原因是政府科研管理体制存在严重的不足。其主要表现在：一是监狱科研成果转化涉及司法院校和司法科研机构、政府与监狱三方，三方分属于三种系统和三种体制，导致三种系统和三种体制之间条块分割，进而导致科研管理体制不顺畅，极大阻碍了政府在监狱科研成

---

① 王洛忠：《高校科技成果转化中的政府作用分析》，载《中国行政管理》2004 年第 3 期。

果转化中的职能发挥;二是科研成果转化需要各个环节的协调配合,有一个环节出现了问题就会导致转化的失败,我国在科研成果转化链上存在缺乏有效总体布局和规划的问题,导致科研成果转化脱节;①三是多级机构管理、科研组织行政化,导致科研成果创新与转化环境的恶化,对科研创新和科研成果转化带来消极影响。②

四、政府科研评价制度不合理

传统的政府科研评价制度,对监狱科研成果的评价不是面向监狱实践的需求,而是侧重于把科研活动当成纯学术活动,过于注重理论研究,形成了重学术、轻监狱实践的评价制度,导致了监狱科研工作者“重科研、轻应用研究”“重成果、轻转化”的不良倾向,表面成果多多,但实际上能提供给监狱采用的却很少。③

五、科研成果转化公共服务平台羸弱

(一)我国科研成果转化公共服务平台的发展现状

我国从2001年1月开始贯彻执行《科技成果登记办法》,采用相关的计算机软件和网络等新技术进行科研成果登记管理,使我国科研成果管理工作跃上了一个新的台阶。从2002年起,科研部发展计划司将成果推广信息平台建设列入国家科研成果重点推广计划项目。成果推广信息平台以国家科研成果网为基础,制定项目的总体工作方案与技术框架,建设“国家、省、县/市”三级开放式的网络平台。成果推广信息平台建设,兼顾地方、部门,形成数据的共建共享,充分发挥各个层面的作用,实现“国家科研成果网”向地方、部门延伸,向全国性的成果推广信息平台方向发展。

经过多年的建设,科研成果信息已成为我国科研信息资源的重要组成部分,已形成由国务院各部门和地方各级科研管理部门、行业协会、学会、企业、科研机构、大学、科研中介等为主体的科研成果信息源头,信息资源建设已具备相当的规模。科研成果信息服务,已从传统的科研成果档案资料管理和利用,向收集、加工、整理、传播、研究和利用知识的知识服务发展。据统计,全国已有2.5万余个

---

① 张健华:《高校科技成果转化中的政府职能研究》,南开大学2010年博士学位论文,第91页。

② 陈智慧:《科技管理体制改革的对策研究》,武汉科技大学2013年硕士学位论文,第31页。

③ 李建成:《高校科技成果转化的现状和对策研究》,湖南大学2008年硕士学位论文,第102页。

网站拥有在线科研信息数据库,其中绝大部分均有科研成果、技术供求、技术服务、科研创业等信息。根据国家科研基础条件平台建设对科研信息资源需求状况调查和大型科研信息资源系统用户访问量分布情况显示,公众对各类科研成果信息的需求位居网络科研信息前列。科研成果信息以其特有的价值在科研管理、创新交流、技术转移、科研创业等多个领域发挥着重要作用。

经过几十年的努力,我国已初步建立了以《中华人民共和国标准化法》为主体的法律法规体系,基本形成了以体现该法思想的统一管理、分工负责的管理体制和以国家标准为主体,行业标准、地方标准和企业标准相配套的技术标准体系。具体成就体现在以下两个方面:一是完成了一批重要技术标准的研究工作,为形成标准奠定了基础。平台工作支持的“基于工业以太网的先进控制系统标准体系研究”产生的“我国自主开发的基于工业以太网的现场总线技术标准 EPA”被采纳为 IEC 的 PAS 公众认可文件,并成为目前正在制定的国际标准 IEC61784 - 2(基于现场总线的工业以太网附加行规)的九种子集之一,我国自主知识产权的现场总线技术标准 EPA 被列入正在制定的国际标准中。二是通过持续的支持,使技术标准前期研究能力有所增强,也稳定了研究队伍。随着技术标准研究投入的增加,技术标准的前期研究力度明显增强。一批骨干科研人员投入各领域技术标准的研究工作当中,增强了技术标准体系研究的科研力量;购置了一批检阅设备,采用了先进的检测技术,在一定程度上增强了我国标准化工作的试验、验证、符合性检测能力。同时,培养了一批以青年为骨干、结构合理的标准研究队伍。

(二)目前我国科研成果转化公共服务平台建设存在的问题

1. 我国科研成果转化公共服务平台建设投入不足且不合理

获得成果后实现成果转化并非一个简单过程,它还需要大量资金的投入。我国在科研和成果转化方面的投入方面一直存在“重科研、轻转化”的现象,主要表现在以下方面:一是转化资金总量不足,多年来我国研究开发经费占国内生产总值的比例一直停留在 0.7% 左右,而且大多数投向研究项目,投入成果转化的资金还不到科研投入总量的 20%;二是科研投入资金比例失调,应用开发资金投入不够,在实验室成果、应用实验、产业化三个阶段,我国资金投入比例仅为 1:0.7:100,用于应用实验的资金明显不足,而这一点又恰恰是促成科研成果转化的关键。①

2. 科研成果登记制度和信息发布制度不够完善

我国科研成果登记制度不够完善。一是多数科研计划对于计划成果在成果报告、成果发行、论文专著发表以及实验数据和档案管理等环节缺少必要的规范和要求,使许多我们必须掌握的情况难于掌握。② 二是在科研成果登记汇聚方式上,由于存在部门、行业、省(自治区或直辖市)和副省级城市等多个渠道,各渠道尚未做到及时、准确、完整地将成果数据汇集到国家科研成果库,不仅不能完整地反映全国科研成果产出情况,还导致国家行业管理部门不能基本完整地掌握全国本行业的科研成果信息资源,地方科研管理部门也不能基本完整地掌握本地区的科研成果资源,极大地降低了资源使用效率。缺乏基本完整的成果信息库,也阻碍了研发成果的信息交流,易导致重复研发,分散了有限的科研资源,并造成人力、财力、物力的浪费。信息"瓶颈"也使实业界难以及时了解和采用已有成果,导致大量成果沉淀在研发单位,成果积压与有效供给不足的现象并存。

信息发布不够规范。其主要表现在:一是成果信息发布缺少必要的规范,数据不能建立有效的对应关系。多数地方网站对科研成果信息分类单一,只是简单罗列而没有进行分类;国家科研成果库目前采用了中图分类和行业分源的加工方式过于单一,未对信息资源加以有效组织和深层的挖掘,不能为用户提供全方位的服务;分类标引基本采用人工方式,加工速度慢、周期长;数据信息的检索缺乏总体设计,检索功能单一,绝大部分数据库和网站只限于提供成果文摘信息,没有提供全文信息服务。二是往往有些项目承担单位不与科技部沟通,未经批准就擅自进行重大成果信息发布,损害国家安全和利益。尽管科技部出台了《关于加强国家科研计划成果管理的暂行规定》,规定实行国家科研计划重大成果报告制度、国家科研计划重大成果发布制度和规范国家科研计划项目学术报告和论文专著的发表等,但这一制度彻底贯彻执行尚待时日。

3. 科研成果信息服务能力不高

目前,我国在科研成果信息资源建设和服务能力上,还存在技术手段和信息资源增量滞后、信息服务能力薄弱等多方面的不足,资源分割、重复建设与大量资

① 唐仁华、朱晓:《加强平台建设促进成果转化》,载《科技进步与对策》2003 年第 17 期。

② 王黎明、曹怡春:《交通科技管理工作探析》,载《科技创新与应用》2013 年第 17 期。

源利用效率低下并存的现象尚未得到根本性扭转。科研成果信息资源建设和信息共享服务体系尚不能满足科研成果转化的需求。

科研成果信息服务能力不高主要表现在:一是通过网络检索调查显示,尽管全国各级科研信息网站都将科研成果信息作为其重要的服务内容,但成果信息缺乏统一的规范标准,数据库格式不尽相同,成果信息质量总体上存在加工深度与高度低、更新量小、更新周期长、信息滞后等问题。二是我国科研成果数据资源时效性差。从各个网站数据资源的时间跨度上可以看出,多数网站的科研成果信息过于陈旧,有些网站的科研成果信息源近的也是两三年前的。三是在信息服务与用户使用量方面存在反差现象,即专门的科研成果信息网站在提供成果信息的数量、质量、权威性以及检索功能等方面,总体上要比综合性网站好,但一般综合性的网站浏览量虽大,而专门的科研成果网站浏览量相对小。四是科研成果信息集成化程度和信息化建设不足,科研成果信息的收集汇总、加工与服务能力薄弱,"八五"以来的科研成果登记资料尚有2/3左右未实现数字化和网络化。

科研成果信息的这种服务模式已远远不能满足服务于促进科研成果转化和企业技术创新的新要求。成果信息资源数字化和网络化程度低、信息使用率低、共享程度低,已成为制约大量成果不能及时转化的"瓶颈"之一。因此,须加强科研成果信息的收集、加工整理,实现科研成果信息资源的广泛共享,为促进科研成果转化提供信息保障。

4. 科研成果技术交易信息服务不能满足需要

我国到目前为止还没有一套全国统一的技术交易信息与服务指标体系,没有统一的运行规则,没有建立功能齐全、采用全程化服务模式、覆盖全国的技术市场信息和服务网络平台系统,远远跟不上形势发展的需要,制约了技术市场的快速发展。① 这一局限造成信息的不完整透明,也增加了技术交易的成本和风险。信息"瓶颈"导致跨部门、跨地区技术交易活动和相关服务难以展开,信息"瓶颈"也导致科研机构和人员难以把握市场需求,实践部门获取技术和服务渠道不畅。

5. 科研成果技术标准体系建设亟待完善

与发达国家相比,我国技术标准体系主要存在以下问题:一是技术标准失效,

---

① 《建设专利技术交易信息服务平台可行性策划书》,载百度文库2018年11月30日,https://wenku.baidu.com/view/357d7f959f314332396801lca300a6c30c22f121.html。

市场适用性差；二是支撑体系薄弱，服务能力弱；三是实质性参与国际标准化活动的能力不强；①四是高级复合型标准化技术人才短缺。我国既熟悉技术又精通外语的复合型标准化技术人才短缺。标准化经费的严重不足使标准化工作举步维艰，造成多年来从事标准化工作的人才没有参与国际标准化活动、国际实验测试活动的实践条件。这种环境，既不利于现有从事标准化研究队伍的培养，又无力吸引高层次人才参与标准化工作。

6. 科研成果转化知识的科普服务有待进一步发展和完善，科研成果转化知识的人才培训服务有待加强

目前，我国科研成果转化知识的人才培训服务存在以下问题：一是对科研成果转化知识人才培训服务重视不够、投入过少，造成培训服务的基础设施不足，而且有些基础设施的利用率不高；二是服务各类国家科研计划的科研成果转化知识的人才培训服务体系之间缺乏协调性；三是科研成果转化知识的人才培训服务发展不够均衡。

第四节　政府相关部门介入：监狱科研成果转化良好环境的建设与完善

一、政府在科研成果转化中的作用定位

在当代社会中，政府在科研成果转化中起着极为重要的作用。具体来说，政府利用其独有的地位和能力，通过行政的、法律的、经济的手段，创立一种能促进科研成果转化的条件和环境。

从典型国家科研成果转化的经验中，我们可以看出，典型国家科研成果转化的成功，首先是与其对政府在科研成果转化中作用的明确定位并积极发挥这种作用密切相关。

概言之，政府在科研成果转化中的主要作用是制定适当的宏观政策和创造一种可以大力促进成果转化的环境。而且，它可利用法令、规章、规范、政策，帮助科

---

① 长人：《中国标准如何面向世界，面向未来——访中国标准化研究院副院长郑卫华》，载《中国质量与品牌》2005 年第 9 期。

技成果的转化。具体而言，针对我国政府在科研成果转化中存在的政府的职能不明确、领导不够有力、工作重点不突出、政策法规不完善，服务工作做得少等问题，我国政府在科研成果转化中的作用定位应包括以下几个方面：

一是明确政府在促进科研成果转化中的职能。政府在科研成果转化方面有领导、协调、参与、支持、引导、规范、管理、服务等多种职能。适应于市场体制的建立，在不同领域发挥这些职能的方式方法可以变化，但是绝不能削弱甚至放弃这些职能。要划分领域，区别对待。在一般的领域，主要通过发挥市场竞争机制的作用来推动科研成果转化，政府的主要作用是政策引导、宏观调控和提供服务。① 在公共领域和特殊领域，科研成果的转化更多的是靠政府的领导和参与。要把科研成果转化工作作为政府领导干部政绩的一个重要指标，列入政府目标管理，严格进行考核。

二是加强对科研成果转化工作的领导。从政府部门来讲，目前我国科研成果转化工作主要由国家科委、国防科工委、国家经贸委、国家计委和其他有关部委分管。这种领导体制比较分散，与科研成果转化工作的高度综合性、系统性和广泛性不太适应。为改变这种状况，当前要着重加强政府有关部门的协议，厘清关系，明确职能，合理分工，加强配合，统一制定有关科研成果转化的政策措施，统筹部署有关科研成果转化的活动。有条件的话，要对现有的科研成果转化管理体制进行重大改革。

三是制定和实行有利于科研成果转化的政策法规。我国的监狱和科研机构进行科研成果转化的实力一般都比较弱，有活力的新的转化机制尚未形成，转化的障碍因素很多，在这种情况下，就需要政府采取有激励和约束作用的政策法规，创造有利于科研成果转化的外部环境和条件，引导扶植、支持监狱和科研机构进行科研成果转化。政府应组织有关部门认真进行调查研究，尽快制定或完善促进科研成果转化政策法规。

四是政府在促进科研成果转化中提高服务。其内容主要是采取一系列措施为科研成果转化提供支撑条件，例如：在监狱与科研机构之间牵线搭桥，帮助协调它们的关系；想办法尽力量帮助监狱和科研机构解决人才、资金等困难；在科研成果的转化中提供鉴定、评价、法律等有关服务，等等。

---

① 田东良、郝桂琴：《提高科技成果转化率的措施分析》，载《农业科技管理》2008 年第 4 期。

二、完善有关监狱科研成果转化的法律法规

首先，要制定一部规范和支持监狱发展的法律，增加科研成果转化的需求，使监狱科研成果转化拥有一个巨大的市场空间。

其次，应通过立法，进一步加强对监狱科研中介机构的支持和规范，特别是对监狱科研评价机构、监狱科研咨询机构等的法律规范。通过立法规范监狱科研中介机构的管理，形成有利于监狱科研成果的开发、应用、转让和扩散的外部环境。

再次，进一步完善知识产权法，通过知识产权制度有效保护监狱科研工作者的智力劳动成果。应通过法律法规的健全和完善，使监狱科研成果转化有法可依，形成浓郁的法律氛围和政策环境。

最后，应当进一步修改、完善相关法律法规。由于监狱科研成果转化涉及面非常广，关联的法律法规和政策比较多，需要进一步加强科研成果转化的税收政策的梳理，及时进行修改和调整，以充分调动各转化主体的积极性，为监狱科研成果转化提供组织保证和法律保障。①

三、制定有利于监狱科研成果转化的扶持与激励政策

在监狱科研成果转化方面，政府的作用更多地表现为政策扶持上。具体来讲包括以下政策：

第一，财税政策上，加大财政对监狱科研投入的力度。政府要对监狱科研成果转化提供税收优惠，它对引导监狱加强科研投入，具有事前扶持与事后鼓励的双重功能。

第二，监狱科研成果转化促进政策上，要注重激发监狱管理决策人对监狱长期利益的追求，建立监狱科研成果转化的激励机制，将管理决策人的利益与监狱的长期利益挂钩。② 进一步加强科研中介机构的政策支持力度，促进科研机构和监狱信息交流。

第三，监狱科研成果转化激励政策上，政府要努力完善科研成果转化的配套政策，鼓励科研人员积极投身监狱科研成果转化的实践活动中。对科研人员知识

---

① 张健华：《高校科技成果转化中的政府职能研究》，南开大学 2010 年博士学位论文，第 119 页。

② 陈涛：《高校科技成果转化的系统分析》，东北大学 2009 年博士学位论文，第 64 页。

产权、成果转化费、成果专利、科研经费都要给予尊重、保护、支持。通过制定政策,完善监狱科研成果转化的激励机制,创造条件,最大限度地调动监狱科研人员的积极性和创造性。①

四、改革政府的科研管理体制

科研成果的创新和科研成果的转化,都需要由科学的、健全的科研管理体制来支持。改革政府科研管理体制的目的就是推动更多、更优质的科研成果生产,推动科研成果的转化,解决科研与社会发展"两张皮"问题。

深化政府科研管理体制改革的方向是建立与市场经济体制相适应的科研管理体制。政府科研管理体制改革可从以下两个大方向入手:

首先,对我国政府科研管理体制中政府、监狱、司法院校、司法研究机构等行为主体之间的关系重新进行设定,对科研活动分层次管理,明确各主体在科学技术发展和科研成果转化中发挥的作用,建立层次分明、分工合作、联系紧密、结构合理的科研管理体系。

其次,遵循市场经济的原则,区分政府与市场在科学技术发展和科研成果转化中的职能作用,整合各种社会资源进行有效的配置。具体来讲:一是要重建政府与司法院校和司法科研机构、监狱之间的"三螺旋"关系。二是搞好科研成果转化链上的总体布局和规划,加强基础研究和基础应用研究与科研开发和科研成果转化之间的联系。科技发达国家的经验证明,加强合作研究是降低成本、促进科研成果快速转化的最佳途径。为此,要从制度入手,在科研成果转化链上的总体布局和规划上,改变目前司法院校、司法研究机构、监狱之间相对分割、相对封闭的状态。三是政府应当鼓励和支持司法院校和司法科研机构改革内部的微观科研和人才的管理体制,②造就一批科技研发和成果转化的领军人才。四是完善政府监管机制,营造科研成果创新与转化的良好环境。第一,建立公开申请、科学评议、公众监督的政府监管机制,对于需要申请项目支持,尤其是经费支持的项目,精简经费发放过程,直接由政府拨发到项目者手中,杜绝中间机构层层瓜分的可能。第二,定期跟进科研近况,不管最终科研成果成败与否,最终结果都存档备

---

① 陈涛:《高校科技成果转化的系统分析》,东北大学2009年博士学位论文,第65页。

② 张健华:《高校科技成果转化中的政府职能研究》,南开大学2010年博士学位论文,第118页。

案、接受公众监督。第三，针对一些重点领域的体制机制改革，需要政府出面制定相关配套制度，消除原有的机构重叠、条块分割的部门以及垄断性行业带来的不利于科研成果创新与转化的因素，让科研人员积极地、有序地从事科研成果创新与转化活动。第四，科研成果创新与转化，作为一项带有风险的科学技术活动，本身有很多的不确定性因素，宽容失败是对科研人员极大的激励。政府应鼓励科学技术人员自由探索、勇于承担风险。原始记录能够证明承担探索性强、风险高的科学技术研究开发项目的科学技术人员已经履行了勤勉尽责义务仍不能完成该项目的，应给予宽容。营造宽松、积极的学术环境，让科研人员毫无后顾之忧地从事科研成果创新研究与转化活动，只有经过长期的研究积累，原始性的顶尖科研成果才会产生。

五、建立公正合理的科研评价制度

建立公正合理的评价制度关键是科研成果的评价和政府在评价中的地位，这是科学界定政府职责的重要前提。

第一，创新监狱科研成果评价的有关观念，剔除现有评价体系弊端。一是要弱化成果的事实评价，强化成果的价值评价；二是改变单一的同行评议方式，积极引入外部系统的评价，特别是要有监狱的有关人员参与。同时也应净化同行评议的不良风气，制定同行评议的责任追究制度。①

第二，改革政府现行评价体制。在科研评价体系方面，为确保科技成果得以顺利转化，政府应当改变传统的政府给钱，科研单位完成项目，再由政府组织评审的单一模式。在市场经济条件下，可以参照国际惯例，采取第三方评价，这就需要政府结合国情，大力建设“第三方评价队伍和相应组织网络”。通过大力建设第三方科技评价机构，替代政府部分职能。②

第三，建立与监狱发展相匹配的评价制度。一是明确监狱科研成果评价制度应涵盖的内容为监狱科研成果本身的创造价值和监狱实践的需求；二是建立科学的成果评价制度；三是建立全面的评价指标。③

---

① 梁立新：《试论我国高校科技成果转化的观念创新》，广西大学 2005 年硕士学位论文，第 37 页。

② 张健华：《高校科技成果转化中的政府职能研究》，南开大学 2010 年博士学位论文，第 122 页。

③ 王瑜：《高等院校科技成果转化问题及对策探究》，成都理工大学 2016 年硕士学位论文，第 31 页。

第四，在目前监狱科研工作者的业绩评价中，将科研成果与监狱实际工作结合的广度和深度作为考核监狱科研工作者业绩的主要内容之一，让监狱科研成果转化的工作与监狱科研成果的基础研究占有同样的分量，从而提高监狱科研工作者进行科研成果转化的积极性。①

六、促进科研成果转化公共服务平台建设

2004 年国务院办公厅转发了科技部、国家发改委、教育部、财政部联合制定的《2004—2010 年国家科技基础条件平台建设纲要》（国办发〔2004〕55 号），该纲要确定了“成果转化公共服务平台”是国家科技基础条件平台建设的重点内容之一。监狱系统一方面要利用政府成果转化公共服务平台积极促进监狱科研成果的转化；另一方面，借助政府成果转化公共服务平台建设的大好时机，促进监狱科研成果转化公共服务平台的建设。

（一）加强科研成果转化公共服务平台建设的组织领导

国务院有关综合部门成立国家科技基础条件平台建设领导小组，负责平台建设整体规划和相关政策法规的制定工作，保障科研成果转化公共服务平台建设规范、有序地开展。各部门、各地要根据自身特点和需求，成立本部门、各地方平台建设领导小组，采取有效的组织保障措施，加强科研成果转化公共服务平台建设。② 司法部应根据自身特点和需求，建立司法系统的科研成果转化公共服务平台。

（二）完善科研成果信息服务体系

健全科研成果信息汇交制度。强化对全国科技成果信息的采集、深加工和成果信息产品开发，实现科研成果信息的广泛共享，为促进科技成果转化提供信息保障。

建立一个覆盖全国的科研成果交易信息服务平台。整合科研成果交易供需与服务资源，建立健全跨行业、跨部门、跨地域的科研成果交易全过程服务体系，形成全国共享的科研成果交易服务信息系统和交易行业人才培育基地，营造全国科研成果交易的法规政策、服务与标准规范环境，为科研成果交易的供需双方提

① 陶建华：《浅议高校科研成果转化存在的问题及对策》，载《中外企业家》2013 年第 3 期。

② 《“十一五”国家科技基础条件平台建设实施意见》，载百度文库 2021 年 7 月 7 日，https://wenku.baidu.com/view/a1f7ada0747f5acfa1c7aa00b52acfc788eb9f81.html。

供集信息扩散和服务的共享平台，降低交易成本和提高交易效率，促进科研成果转化。

（三）加大对科研成果转化公共服务平台建设投入力度

原有用于支持文献、数据等资源采集、仪器设备购置和基本建设等科技基础条件资源建设的经费渠道保持不变，并根据需要进一步加大投入力度。各地方财政负责地方平台建设的投入，各部门负责落实本部门平台建设的经费，中央财政平台建设专项经费主要支持跨部门、跨行业、跨地区的平台建设。政府资金要发挥引导、调控作用，调动有关企业、社会组织的积极性为平台建设投融资提供便利条件。①

（四）强化科研成果转化公共服务平台监督管理

制定相关的管理办法和制度，实行对平台建设项目和运行全过程的规范管理，建立以绩效考评为基础的奖优罚劣制度。运行经费要与绩效考评挂钩，对执行良好的项目、运行服务效果好的科研成果转化公共服务平台和在平台建设中有特殊贡献的科技工作者给予表彰，及时调整或中止执行不力的项目，充分体现“谁先共享，谁先受益”。提高平台建设工作要公开透明。充分利用现代信息技术，建立科研成果转化公共服务平台建设项目和平台运行情况数据库，及时将平台建设项目和平台运行情况向社会公示，发挥社会监督作用。加强资金的监督管理。财政部门、科技等相关主管部门负责平台建设专项资金的监督管理，提高资金的使用效益。②

（五）实行科研成果转化公共服务平台新型管理模式和运行机制

具体来讲，一是强化牵头部门（地方）的权利和责任。明确各方任务和责任，负责协调各方面关系，保障科研成果转化公共服务平台项目顺利实施和完成。二是实行资源整合、制度规范以及队伍建设三结合的项目管理模式。三是建立有效的科研成果转化公共服务运行管理机制。③ 四是建立科学的科研成果转化公共服务平台人才评价标准和培养方式。建立符合科研成果转化公共服务平台条件

① 《十一五国家科技基础条件》，载豆丁网 2011 年 12 月 20 日，https://www.docin.com/p-310735752.html。

② 《自治区创新基地建设工程实施方案》，载百度文库 2021 年 6 月 6 日，https://wenku.baidu.com/view/6f2f4c576bdc5022aaea998fcc22bcd127ff42ed.html。

③ 《“十一五”国家科技基础条件平台建设实施意见》，载百度文库 2021 年 7 月 7 日，https://wenku.baidu.com/view/a1f7ada0747f5acfa1c7aa00b52acfc788eb9f81.html。

工作特点的人才评价标准，设置相应的岗位，在有条件的领域推行上岗资格认证工作；设置与科研成果转化公共服务平台条件资源相关的学科专业，培养高层次的人才，开展从事科研成果转化公共服务平台条件资源有关工作的专业科技人员技能培训和在岗继续教育工作；形成一支高素质、专业化的科研成果转化公共服务平台管理与技术支撑的人才队伍。

（六）大力加强技术标准研究，完善技术标准体系

大力加强对我国公益性、基础性与综合性、高新技术领域重要技术标准和拥有自主知识产权的技术标准研究，逐步与国际标准接轨；完善技术标准信息共享平台建设，建立一批与重要技术标准研制配套的试验、验证和符合性测试基地，培养一支技术标准研究的人才队伍，逐步形成适应市场经济、功能齐全的新型技术标准体系。①

（七）营造科研成果资源共享的社会环境

建立健全相关政策法规体系，形成公共资源共享的文化，宣传和弘扬科技基础条件资源共建共享的理念，提高社会公共资源的共享意识。通过平台的开放共享，创造社会成员享有使用科研资源和参与科研创新的公平机会，与科普活动相结合，为提高全民科学文化素质提供支撑。②

（八）加强科研成果转化知识的人才培训服务

随着世界范围内的新的科学技术普及速度加快，科研对社会发展贡献率越来越高，科研转化人才的短缺现象日益严重。因此，迅速将科研成果转化为现实生产力，成果转化知识的人才培训变得十分重要。

为了解决科研成果转化人才队伍中的问题，建议采取以下政策措施：(1)将科研成果转化知识的人才培训纳入法律化轨道；(2)利用实施国家科技计划，加快科研成果转化知识的人才培训；(3)充分发挥科协系统的作用，提供科研成果转化知识的人才培训服务；(4)大专院校、科研机构按照相关专业门类，直接招收和培养熟悉科研成果转化知识的人才。③

---

① 长人：《中国标准如何面向世界，面向未来——访中国标准化研究院副院长郑卫华》，载《中国质量与品牌》2005 年第 9 期。

② 《“十一五”国家科技基础条件平台建设实施意见》，载百度文库 2021 年 7 月 7 日，https://wenku.baidu.com/view/a1f7ada0747f5acfa1c7aa00b52acfc788eb9f81.html。

③ 唐五湘、黄伟主编：《科技成果转化的理论与实践》，方志出版社 2006 年版，第 321－327 页。

第八章　监狱科研成果转化的系统协同

第一节　系统论与监狱科研成果转化

一、系统论及其基本原理

系统论的主要创立者是美籍奥地利生物学家贝塔朗菲（L. V. Bertalanffy）。经过几十年的发展和完善，系统论已经蜚声世界，在现代科学群中独树一帜。系统论不仅在技术科学、自然科学和社会科学等领域结出了累累硕果，而且给人类带来了新的思想观念，并引起了思维方式的巨大变化。

系统论的创立者贝塔朗菲把系统确定为："处于一定的相互关系中并与环境发生联系的各组成部分（要素）的总体（集合）。"[①]从系统的定义可以看出，一个具体的系统，必须具备三个条件：一是系统必须由两个以上的要素（元素、部分或环节）所组成；二是要素和要素、要素与整体、整体与环境之间，存在相互作用和相互联系；三是系统整体具有确定的功能。这三个条件缺一不可，否则就不能构成一个具体的系统。[②]

系统论的基本原理，是有关系统的基本属性、共同特征和一般规律的理论概括，是一般系统论的基本观点和原则。系统论的基本原理主要有：

（一）系统整体性原理

系统的整体性是指系统诸要素集合起来的整体性能。简言之，就是系统诸要素相互联系的统一性。要素一旦构成系统，系统作为有机联系的整体，就获得了

---

① ［美］贝塔朗菲：《一般系统论的历史和现状》，载《科学学译文集》，科学出版社1981年版，第315页。

② 张文焕、刘光霞、苏连义编著：《控制论·信息论·系统论与现代管理》，北京出版社1990年版，第160－161页。

各个组成要素所没有的新的特性。这种新的特性,是要素、系统整体和外部环境相互作用的结果,因而只有在三者之间的关系中才能认识和把握系统整体性。系统整体性原理的实质,就是揭示一定环境下系统整体与要素之间的关系,是对整体与部分关系的深化。①

(二)动态相关性原理

系统的动态性是指系统的时间的函数。动态相关性原理的实质,是揭示要素、系统和环境三者之间的关系及其对系统状态的影响。动态相关性原理的内容包括,系统内部要素和要素之间的相互作用,具体表现为相互制约和相互协同;系统内部诸要素之间相互作用、相互联系形成一定的结构,每一个要素通过结构这个中介,和系统整体发生联系。系统与环境的相关性。系统和环境的相关性,要求人们必须把系统视为开放系统,在环境和系统的相互作用中,研究环境和系统功能的关系,条件和系统目标的关系。②

(三)系统有序性原理

系统的有序性是指构成系统的诸要素通过相互作用,在时间和空间上按一定秩序组合和排列,由此而形成一定的结构,决定系统的特定功能。系统有序性原理的实质,是揭示系统结构和功能的关系。系统有序性原理的内容包括:从系统都有结构的意义上说,任何系统都是有序的,只是有序程度不同;系统可以从由高到低或由低向高两个方向转变,趋向无序或有序,无序或有序是可以相互转化的;任何系统必须保持开放性,才能使系统产生并且维持有序结构。③ 保持系统的开放性,是使系统从无序向有序演化的基本前提。④

二、系统论在监狱科研成果转化中的应用

(一)监狱科研成果转化是一个系统

系统是物质存在的方式。从基本粒子到银河系,从细胞到人体,从天然自然物到人工自然物,无一不是系统的存在方式。世界上没有离开系统的物质,也没

---

① 高永洋:《我国肉制品质量安全保障体系研究》,山东大学 2011 年硕士学位论文,第 10－11 页。

② 高永洋:《我国肉制品质量安全保障体系研究》,山东大学 2011 年硕士学位论文,第 12 页。

③ 高永洋:《我国肉制品质量安全保障体系研究》,山东大学 2011 年硕士学位论文,第 11 页。

④ 张文焕、刘光霞、苏连义编著:《控制论·信息论·系统论与现代管理》,北京出版社 1990 年版,第 179－196 页。

有离开物质的系统。有物质就一定有系统,有系统就一定是物质的。观念系统不过是物质系统的派生物。① 既然事物是作为系统而存在,监狱科研成果转化这一事物也是作为系统而存在。

从前文的研究我们知道,一个具体的系统必须具备三个条件才能构成一个具体的系统。从一个具体的系统必须具备三个条件来看,监狱科研成果转化是作为系统而存在的:一是监狱科研成果转化涉及政府调控部门、成果的转让方、成果的受让方和中介机构等多个主体要素,受成果的品质、成果受让方的需求与转化能力、中介以及环境等诸多因素的影响;二是在监狱科研成果转化中,各主体要素之间、各个影响因素之间、各主体和各个影响因素与监狱科研成果转化之间,以及监狱科研成果转化与环境之间,都存在相互作用和相互联系;三是监狱科研成果转化作为一个系统整体,其功能是将理论、知识形态的监狱科研成果通过转化,实现提高监狱管理和罪犯改造质量的功能。

因此,既然监狱科研成果转化是作为系统而存在的,我们就必须把它作为一个系统整体并且用系统的观点对它进行观察和研究。

(二)系统论在监狱科研成果转化中的应用

1. 系统整体性原理在监狱科研成果转化中的应用。一是根据监狱科研成果转化的目标,把监狱科研成果转化各个要素协调起来,组成为一个有机的系统,形成一个具有整体优化的监狱科研成果转化系统,从总体上放大监狱科研成果转化的效率与效益;二是从提高监狱科研成果转化组成要素的功能入手,按照监狱科研成果转化系统整体目标的要求,不断提高监狱科研成果转化各个要素的功能,② 并强调局部服从整体,从而改善系统整体功能,保证监狱科研成果转化整体以保持该系统最佳的整体功能;三是不仅要注重发挥每个要素的功能,更重要的是调整监狱科研成果转化要素的组织形式,建立合理的结构,保持监狱科研成果转化系统要素的合理组合,从而使监狱科研成果转化系统整体功能优化。

2. 动态相关性原理在监狱科研成果转化中的应用。一是在监狱科研成果转化中,当我们想要改变某些不合要求的监狱科研成果转化要素时,必须注意考察与之相关要素的影响,考虑监狱科研成果转化系统中各要素发展变化的同步性,

---

① 顾明远:《系统论》,百家出版社 1984 年版,第 24 页。

② 高永洋:《我国肉制品质量安全保障体系研究》,山东大学 2011 年硕士学位论文,第 11 页。

从而增强协同效应以提高监狱科研成果转化系统的整体功能；二是系统内部诸要素之间的相关作用是随时间变化的，由此决定了系统整体的性质和状态也是不断发展变化的，因此，必须把监狱科研成果转化系统视为动态系统，在动态中认识和把握监狱科研成果转化系统的整体性，在动态中协调部分与部分，部分与整体的关系；三是考虑任何系统的整体功能都存在于系统与环境的相关性之中，如果系统与环境的输入和输出关系遭到破坏，系统整体的性质和整体效应就会受到影响以致丧失。因此，一定要在监狱科研成果转化系统和环境的相互联系和相互作用中认识和改善监狱科研成果转化系统。①

3. 系统有序性原理在监狱科研成果转化中的应用。首先，系统的存在和发展，必须具备两个条件：一是对外开放；二是内部要有活力。因此，一是要对外保持监狱科研成果转化系统的开放性，从外部环境中吸收负熵流，以抵消内部的增熵，使熵系统处于非平衡态或远离平衡态。二是对内要有活力，就是要保持监狱科研成果转化系统内部的非平衡态。② 因此，我们应设法增大监狱科研成果转化系统内部的势能差，形成非平衡态。"非平衡是有序之源。"只有这样，才能使监狱科研成果转化系统充满活力，才能提高监狱科研成果转化系统的有序度，使监狱科研成果转化系统从低功能向高功能演化。监狱科研成果转化系统的总目标和要素的分目标之间、各要素分目标之间必须构成合理的目标体系使之具有系统的特性。如果不能做到目标有序，目标之间便不能有机结合，甚至相互冲突，势必会使监狱科研成果转化系统诸因素相互干扰，监狱科研成果转化将成为各自为政和各行其是的分散活动，从而影响监狱科研成果转化系统的整体功能和总目标的实现。其次，要保证监狱科研成果转化系统目标之间与目标实施过程两个方面的有序运行。目标的实施过程必须以有序的目标体系为基础，每个要素必须在总目标的统领下实现自己的分目标。各要素活动之间要相互协调并与总目标的要求相一致，一切不利于总目标的行为都不是系统所需要的行为。这样，监狱科研成果转化系统各要素的分目标实现了，监狱科研成果转化系统的总目标也就自然达到了。

---

① 周洋：《略论图书馆的系统管理》，载《中国科教创新导刊》2010 年第 11 期。

② 周洋：《略论图书馆的系统管理》，载《中国科教创新导刊》2010 年第 11 期。

第二节　监狱科研成果转化主体间的协同

监狱科研成果转化系统是一个动态的、开放系统，系统的有序运行是系统内各转化主体协同作用的结果。本节以协同理论为基础，分析研究监狱科研成果转化主体间的系统协同，以便从整体上提高监狱科研成果转化的整体效益和转化的成功率。

一、协同论

协同论也称协同学，其创始人是联邦德国著名物理学家赫尔曼·哈肯(Hermann Haken)教授。协同论是一门横断科学和边缘科学，它横跨自然科学和社会科学，涉及多门学科。由于它适用性较强，应用范围较广，所以自产生以来，得以广泛传播和迅速发展，日益显示出它普遍的意义。

根据这一理论，所谓协同，就是指系统的各个部分协同工作；协同的结果是产生系统协同效应，协同效应是指由于协同作用而产生的结果，是复杂开放系统中大量子系统相互作用而产生的整体效应或集体效应。这一理论指出，一个由大量子系统构成的复杂系统，各子系统之间既存在相互作用和影响，又存在相互制约和协作，通过子系统之间的这种相互作用，整个系统将形成一种整体效应或者一种新型的结构。这种整体效应具有某种全新的性质，而这种性质可能在微观子系统层次是不具备的。① 协同理论的主要内容有：

1. 协同效应原理。协同效应是指在复杂大系统内各子系统的协同行为产生出的超越各主体自身的单独作用，从而形成整个系统的统一作用和联合作用。这一原理指出，系统的有序性是由诸主体的协同作用形成的，协同作用是任何复杂系统本身所固有的自组织能力，是形成系统有序结构的内部作用力。“协同导致有序”是这一基本原理的高度概括。“协同导致有序”是自然界和人类社会各类系统普遍存在的共同规律。系统中大量子系统的协同作用，使系统整体出现各子系

① 陈涛：《高校科技成果转化的系统分析》，东北大学2009年博士学位论文，第69页。

统所没有的系统属性和功能部分在整体中的协同作用有着特别重要的意义。①

2. 支配原理。这一原理指出,大量物理系统和非物理系统通过不稳定性可以自发形成空间结构、时间结构和时空结构。当这些系统接近不稳定点时,系统的动力学和突现结构通常由少数几个集体变量即所谓序参量决定,而系统其他变量的行为则由这些序参量(和随机力)规定。支配原理的推广和运用,不仅为寻求和确定序参量提供了普遍有效的方法,而且为建立序参量方程及其求解提供了科学简便的途径,②为高等协同学用统一的数学语言来解决系统的演化序列奠定了理论基础,使其广泛应用于自然科学和社会科学的各个不同领域。③

协同理论告诉我们,作为一个系统存在的监狱科研成果转化,在其系统内部各子系统之间以及系统与环境之间,也可能会相互离散、冲突或摩擦,从而造成整个系统内耗增加,系统内各子系统难以发挥其应有的功能,致使整个的监狱科研成果转化系统陷入一种混乱无序的状态。因此,监狱科研成果转化系统内部各子系统之间、内部以及它们与环境之间就需要相互协调配合,共同围绕目标齐心协力地运作,这样才能产生整体协同效应。

二、监狱科研成果转化主体间协同的意义

从基于协同理论可以看出,监狱科研成果转化各主体间协同发展才能有效促进监狱科研成果的转化。

1. 协同是监狱科研成果转化的必然要求。监狱科研成果转化是一个由各个主体构成的系统统一体,只有各个主体互相合作、相互协同,才能保证系统存在并保持有序运转。没有系统构成主体之间的合作,就没有系统,就没有系统统一体。如果系统构成主体各自为政、相互竞争,必然导致系统的解体。因此,只有监狱科研成果转化系统构成各主体之间互相合作、相互协同,才能维系转化系统的存在并保持其有序运转,进而才能促进监狱科研成果转化。

2. 协同是提升监狱科研创新能力的有效措施。协同有利于司法院校与司法科研机构充分发挥它们在知识、人才和技术方面的优势,坚持“课题来源于监狱,

① 殷青伟:《员工绩效评价的理论与系统研究》,天津大学 2011 年博士学位论文,第 22 - 23 页。

② 徐元善:《略论现代领导系统的协同观》,载《地方政府管理》2000 年第 7 期。

③ 张文焕、刘光霞、苏连义编著:《控制论 · 信息论 · 系统论与现代管理》,北京出版社 1990 年版,第 251 - 264 页。

成果服务于监狱”的方针，将自己的科研与监狱的需要和发展紧密结合起来，并坚持“边研究、边示范推广”的策略，缩短科研成果的应用周期，加快科研成果的熟化程度，增强科研成果的适用性和先进性，①从而提升科研创新能力。

3. 协同是监狱改革与发展的必然要求。监狱是自主创新的主体，也是实现科研成果转化的主体。监狱面临着一个复杂多变、不可预测的环境，在这样的背景下，监狱要生存发展，除了协同内部各子系统之间的关系之外，还须协同一切可以协同的力量来弥补自身的不足，提高自身适应环境的能力。监狱要实现从创新源头上的科研成果与自己的需求对接，就应该与司法院校和司法科研机构合作，增强研发选题立项的应用性和针对性，并有效组合科研资源，从而节约成果转化所需的大量开支，缩短成果转化的周期，降低转化成本，分散转化风险，弥补创新资源的不足，获得改革与发展效益。

4. 协同有利于提高监狱科研成果转化的整体效益和转化的成功率。监狱科研成果转化实际上是一项综合性的组织工作，成果转化各主体间密切配合、协同工作，可以使资源配置更有效率，信息沟通相对容易，社会交易成本较小，从而实现利益共享、风险共担，从整体上降低风险，增加监狱科研成果转化整体效益和转化的成功率。

三、监狱科研成果转化主体目标的冲突与协同

（一）不同主体在监狱科研成果转化中的行为目标

1. 司法院校和司法科研机构及其科研人员在监狱科研成果转化中的行为目标

司法院校和司法科研机构及其科研人员在监狱科研创新和成果开发研究中具有决定性的导航作用，其研制的科研成果实质是研究开发人员智慧、知识的结晶，是科研成果的持有者和成果转化的行为主体。他们的行为目标即是要通过监狱科研成果的转化，从而实现其研究开发的科研成果的价值，也就是司法院校和司法科研机构及其科研人员的劳动价值，②继而获得相应的利益。一般情况下，只要监狱科研成果转化中符合司法院校和司法科研机构及其科研人员的利益和监

① 陈涛：《高校科技成果转化的系统分析》，东北大学2009年博士学位论文，第72页。

② 银纯泉：《高新技术成果转化理论与实证研究》，西南农业大学2003年博士学位论文，第84页。

狱科研成果相应的价值,司法院校和司法科研机构及其科研人员在成果的转化中就会有较高的积极性,反之,则不配合,有的甚至将科研成果窒息在自己的手中,而不让它及时走向监狱。

2. 监狱及其人民警察在监狱科研成果转化中的行为目标

在日趋复杂的内外环境和巨大的内外压力下,监狱及其人民警察在监狱科研成果转让中的目的是以更少的投入获得更大的利益,增强自身适应环境的能力,从而使自己得到更好的生存与发展。在监狱发展史上,一直存在经费和警力不足与社会对监狱罪犯改造高要求之间的矛盾,而且随着社会发展程度的提高,社会对监狱罪犯改造的要求也越来越高。要解决这一矛盾,监狱及其监狱人民警察必须利用一切可以利用的资源,提高监狱管理能力和罪犯改造能力,从而满足社会对监狱及其人民警察的高要求,进而获取更好的生存与发展空间。监狱科研成果转化为监狱解决这一矛盾,提供了一个有效的途径。由此,作为监狱科研成果转化的应用主体,监狱及其人民警察在其成果转化的行为目标中是以利益最大化为前提和动机的。

3. 科研中介机构在监狱科研成果转化中的行为目标

从事监狱科研成果转让的科研中介机构不仅是监狱科研成果转让和交易的场所,还是监狱科研成果的传播者、咨询者和服务者。科研中介机构包括政府所属非营利性科研中介机构和营利性的商业科研中介机构。政府所属非营利性科研中介机构和营利性的商业科研中介机构在监狱科研成果转化中的行为目标都是以专业知识、专门技能为基础,与各类转化主体和主体市场建立紧密联系,为监狱科研成果转化活动提供重要的支撑性服务,有效降低转化风险,[①]促进监狱科研成果成果转化,从而获得自身生存与发展的资源。不同的是,政府所属非营利性科研中介机构在监狱科研成果转化中的行为目标是完成政府所交办任务,从而赢得自身的生存与发展;营利性的商业科研中介机构在监狱科研成果转化中的行为目标是通过为监狱科研成果转化提供服务,从而获取商业利益。

4. 政府在监狱科研成果转化中的行为目标

政府通过合法的行政干预手段,建立和发展监狱科研成果转化中介组织、培育和完善监狱科研成果转化政策、制度环境等,为监狱科研成果转化创造良好的

---

① 银纯泉:《高新技术成果转化理论与实证研究》,西南农业大学 2003 年博士学位论文,第 85 页。

宏观环境和服务体系，为促进监狱科研成果转化创造条件，从而促进监狱科研成果转化成现实社会生产力，是政府主体的行为目标。

（二）不同主体在监狱科研成果转化中行为目标的矛盾与冲突

在21世纪，科研成果转化虽然开始运用市场的方式，但由于科研成果转化的体制与机制没有理顺，不同主体在监狱科研成果转化中自然存在行为目标的矛盾与冲突。①

从司法院校和司法科研机构及其科研人员方面看，司法院校和司法科研机构的改革与转制逐步与市场接轨并正在运行之中，司法院校和司法科研机构还没有完全同政府“断奶”，监狱科研人员两眼不望监狱，闭门造车的状况还时有发生。即或有监狱需求的科研成果问世，有的因为自我封闭，“肥水不流外人田”，②使监狱科研成果难与监狱见面，有的因为创造与获得的利益价值不平等而对监狱科研成果转化失去了积极性。

从监狱及其人民警察层面看，监狱及其人民警察往往对于监狱科研成果转化持观望态度，缺乏热情与主动，管理上仍遵循传统的行为模式。

从科研中介机构方面看，由于科研中介机构的功能和定位还远远不能满足监狱科研成果多元化转化的要求，或由于资金的缺乏，往往使监狱科研成果转化停留在单一的操作层面上，适应不了监狱科研成果变化快、多样性和快节奏的要求，此外，社会环境的诚信不健全也使行业中介机构在监狱科研成果转化中面临信誉危机的冲突。③

从政府方面看，往往行政干预过多，操之过急，对监狱科研成果转化有包办代替之嫌，市场化调节不充分，往往使供与需之间发生错位。

（三）监狱科研成果转化主体行为目标的协同

监狱科研成果转化是科研成果的新知识的市场化、社会化和监狱化相互联系的有机整体，是将科研成果按法律与市场公共规则和包括资本、管理、设备、人力资源、监狱运作机制等在内的多种社会资源优化组合的过程。④ 在这个过程中，政府相关部门、司法院校和司法科研机构及其科研人员、监狱及其人民警察、科研中

① 银纯泉：《高新技术成果转化理论与实证研究》，西南农业大学2003年博士学位论文，第88页。
② 银纯泉：《高新技术成果转化理论与实证研究》，西南农业大学2003年博士学位论文，第88页。
③ 银纯泉：《高新技术成果转化理论与实证研究》，西南农业大学2003年博士学位论文，第88页。
④ 银纯泉：《高新技术成果转化理论与实证研究》，西南农业大学2003年博士学位论文，第88页。

介等不同主体的行为目标只有相互衔接和协同才能有效推进监狱科研成果转化。

从司法院校和司法科研机构及其科研人员角度讲，监狱科研成果研发的根本目标是要实现其价值。在新的历史背景下，监狱科研成果的价值已不仅仅只是为了发表论文或评奖，而是要将其转化成现实生产力。随着知识经济的快速发展和知识更新的速度加快，使监狱科研创新研究与成果转化的速度也越来越快，时间越来越短，科研创新如果不能以监狱需求为导向，其成果将难以为监狱所接受，监狱科研创新成果如果不能快速进入监狱并转化为现实生产力，则司法院校和司法科研机构及其科研人员劳动的社会价值将无以体现。[①] 因此，在监狱科研成果转化成监狱实践的过程中，司法院校和司法科研机构及其科研人员的行为目标在这方面是与政府行为主体目标相一致的。

作为监狱科研成果转化的承担主体监狱及其人民警察层面来说，其行为目标的衔接主要直奔监狱科研成果转化成效益与效率，在与政府相关部门、司法院校和司法科研机构及其科研人员相协调的最大动因是为监狱管理和罪犯改造带来最大效益，只有预期的高效益的回报，才是监狱及其人民警察冒风险投入监狱科研成果转化的行为目标。因为，不同主体在科研成果转化中目标的衔接与协调都集中体现在效益回报上，获取效益是不同主体在监狱科研成果转化中行为目标一致的基点，从这一基点出发，才派生出效益的社会性和经济性，不同主体的共同有机作用使他们各自在监狱科研成果转化中按照市场经济规律获取他们各自的利益和收益。[②]

从科研中介机构角度讲，作为监狱科研成果转化主体的粘接剂和监狱科研成果转化活动的催化剂，只有与政府协调好关系，才能获得政府的支持与帮助；只有与司法院校和司法科研机构及其科研人员协调好关系，才能获得充足、优质的科研成果供给；只有与监狱及其人民警察协调好关系，才能获得广泛的市场；只有活跃于政府、监狱科研成果供给者——司法院校和司法科研机构及其科研人员、监狱科研成果使用者——监狱及其人民警察之间，促进监狱科研成果转化体系内各参与主体间互动，并通过进行科研成果搜寻、评估和传播，实现监狱科研成果转化体系内在的有效联系，才能实现监狱科研成果转化。只有实现了监狱科研成果的

---

① 银纯泉：《高新技术成果转化理论与实证研究》，西南农业大学 2003 年博士学位论文，第 88 页。

② 银纯泉：《高新技术成果转化理论与实证研究》，西南农业大学 2003 年博士学位论文，第 88 – 89 页。

有效转化,科研中介机构才能源源不断地获得自身生存与发展的资源。

从政府角度讲,提高监狱管理和罪犯改造的效率与效益,是促进社会稳定和发展的有效举措。为监狱科研成果转化创造良好的宏观环境和服务体系,促进监狱科研成果转化成现实社会生产力,是政府主体的行为目标。在促进监狱科研成果转化中出台优惠政策和保护措施,其目标就是将司法院校和司法科研机构及其科研人员、监狱及其人民警察按照需求的方式有机衔接在一个链条上,理顺监狱科研成果转化机制。

四、监狱科研成果转化主体行为的博弈与协同

(一)监狱科研成果转化主体行为的博弈

1. 司法院校和司法科研机构及其科研人员与监狱及其人民警察之间的行为博弈

司法院校和司法科研机构及其科研人员与监狱及其人民警察之间的行为博弈更多地体现在利益分配上。即,司法院校和司法科研机构及其科研人员提供的监狱科研成果,监狱及其人民警察不一定有积极性;而监狱及其人民警察有积极性的,司法院校和司法科研机构及其科研人员往往视而不见,相互发生错位。司法院校和司法科研机构及其科研人员对于成果的转让主要目的在于成果价值的实现,而监狱及其人民警察也在于以投入成果的转让来换取更丰厚的回报。一般情况下,监狱科研成果转化的不确定性、风险性和市场的接受程度使成果在转让过程中不能完全体现出它应有的真正价值,①导致司法院校和司法科研机构及其科研人员在成果转让上待价而沽,或者在成果转让后产生后悔情绪,提出追加报酬。司法院校和司法科研机构及其科研人员由于缺乏相应的法律知识和自我保护意识,在成果转让中得不到权益保护,而监狱及其人民警察在成果转让中有的风险估计不足,造成损失,或者在转让中关系不清导致成果转化后纠纷不断,或者对监狱科研成果持怀疑态度不愿冒太大风险。司法院校和司法科研机构及其科研人员与监狱及其人民警察之间不同的心态与价值取向,使监狱科研成果转让困难重重,特别是司法院校和司法科研机构及其科研人员与监狱及其人民警察需求之间的信息不对称,使许多好的监狱科研成果丧失了最佳的转化时机,也导致了

---

① 银纯泉:《高新技术成果转化理论与实证研究》,西南农业大学 2003 年博士学位论文,第 90 页。

监狱科研成果转化效率低下。

2. 政府与司法院校和司法科研机构及其科研人员之间的行为博弈

政府与司法院校和司法科研机构及其科研人员之间的行为博弈存在极强的依附关系和投入产出不经济的矛盾。传统的科研管理体制使政府与司法院校和司法科研机构及其科研人员之间形成了一种怪圈：每年政府对科研基础设施、科研项目给予的资金投入并没有达到十分经济的效果。司法院校和司法科研机构及其科研人员习惯于从政府手中获得经费，却不习惯于依据监狱及其人民警察的需求设定和研究科研项目，致使相当的科研成果与政府的投入初衷相悖，存在大量监狱科研成果库存积压。这种投入与产出不经济的行为使司法院校和司法科研机构及其科研人员的积极性不能充分发挥，也使政府的投入没有发挥最大效益，监狱科研与监狱发展"两张皮"问题十分严重。① 因此，政府与司法院校和司法科研机构及其科研人员之间应寻求一种共同一致的结合点：监狱及其人民警察的需求。政府与司法院校和司法科研机构及其科研人员之间的行为博弈应更多地集中在如何实现科研成果的转化，司法院校和司法科研机构及其科研人员劳动效益最大化和政府投入最优化、经济化上面。

3. 政府与监狱及其人民警察之间的行为博弈

政府与监狱及其人民警察之间的行为博弈集中体现在监狱科研成果转化中的指令性转让和不确定性市场化转让。政府对于监狱科研成果转化的投入与监狱及其人民警察争取政府在这方面的投入，他们的目的和手段存在差异。政府是监狱的主管，监狱的管理和罪犯改造按政府的计划和指令行事，监狱科研成果的转化和运用也往往依靠政府的安排进入监狱，鲜有监狱自主相中某项科研成果将其引入监狱，监狱科研成果的转化在于政府的计划和号令。政府要通过提高监狱管理和罪犯改造的效益来保障社会的稳定和发展；监狱及其人民警察要获取更好的生存和发展，也需要提高监狱管理和罪犯改造的效益，在这一点上，它们是一致的，这也是政府与监狱及其人民警察之间协同的基础。

中介机构与成果提供者及使用者之间的行为博弈。中介机构的出现和发展缓解了监狱科研成果提供者与监狱需求之间信息不对称的状况，监狱科研成果转化的中介机构与成果提供及使用者之间的行为博弈也在这个难点上体现得非常

---

① 银纯泉：《高新技术成果转化理论与实证研究》，西南农业大学2003年博士学位论文，第89页。

充分。一方面,中介机构充当着监狱科研成果提供者与使用者之间的媒介,希望在促进监狱科研成果转化中获取相应的流通服务费用;另一方面,目前的中介机构对于监狱科研成果转让投机性太强,且由于专家组成的中介机构不多,对许多科研成果的价值和特点认识不足,难以为科研成果提供者与使用者之间提供优质、准确的服务,也存在对科研成果本身价值认识上的误区与信息不对称。由此,在中介机构与成果提供者及使用者之间本应趋同价值追逐的一致性中,出现了认识上、未来预期把握、风险与回报等方面的偏差、矛盾等不和谐因素。①

(二)监狱科研成果转化主体行为的协同

监狱科研成果转化过程是涉及监狱科研优质成果的提高、监狱及其人民警察的需求、政府相关部门支持等方面的系统配合。这项系统中的哪一部分齿轮运转不畅,都将影响监狱科研成果的正常扩散与转化,重点研究和解决有利于监狱科研成果转化的各方面条件与关系,促进监狱科研成果的转化,是一项亟待解决的重大问题。

政府应强化对重大科技成果的宏观调控,同时积极参与市场活动。对公益性强的监狱科研成果应以政府为主导,予以综合协调。有些监狱科研成果社会效益大而经济效益小,对于这类科研成果的转化,不能仅依靠经济利益的驱动,而必须以政府为主导。一般来说,政府作为监狱科研成果转化的主体,其活动较少受经济变量的影响,其动力主要来自社会公益需求,②因此,政府往往作为整个科研成果转化过程的组织者、领导者和最后责任者出现。离开政府的行政力量,不可能使这些成果得到转化。但由于这种转化模式存在资金占用多、转化周期长、效果不直接等缺点,因此,能以此方式转化的成果不可能太多。此外,在促进监狱科研成果转化的过程中,政府职能的发挥应尽可能按照市场需求,通过市场手段,按规律办事。应完善监狱科研成果转化有关的财政、税收、法律、法规、知识产权保护等产业化政策及相关的配套措施,并通过行政手段,加快监狱科研成果信息系统和技术市场的建设。③

司法院校和司法科研机构及其科研人员要主动面向监狱,争取多元化的科研项目投资渠道。在项目选题上,要紧密结合监狱的实际需要,并充分体现前瞻性。

① 银纯泉:《高新技术成果转化理论与实证研究》,西南农业大学 2003 年博士学位论文,第 90 页。
② 银纯泉:《高新技术成果转化理论与实证研究》,西南农业大学 2003 年博士学位论文,第 88 页。
③ 银纯泉:《高新技术成果转化理论与实证研究》,西南农业大学 2003 年博士学位论文,第 88 页。

司法院校和司法科研机构及其科研人员要通过各种形式进入监狱,真正做到为监狱、为转化而科研,真正使科研机构的生存和发展与科研成果能否转化紧密地联系起来。要彻底破除计划经济体制下形成的思维定式,从“研究—应用—市场”的旧模式转向“市场—研究—应用”的新模式。司法院校和司法科研机构及其科研人员应根据监狱需求确定选题,通过吸纳风险投资或拿出自有资金等方式开展科学研究,产生的成果按供求规律作价转让或自主开发,科学研究的“民营”与“国营”相互结合、互竞互长。①

中介机构要有成果转化的意识。监狱科研中介机构是监狱科研成果转化的重要主体,要最大限度地提高成果转化的成功率。中介机构在确定投资方向、选择转化项目时,要建立一套以市场为核心的项目评价体系,进而为科研成果转化奠定广阔的市场基础。中介机构要积极引导科研成果的转化,其转化内容的选择以经济效益及社会可接受度为标准,其积极性来源于公益性职能定位或自身利益最大化的追求;同时,中介机构的管理机制及人员结构要适应科研成果的要求,通过调整和优化人员结构,把人员的素质提高与成果的转化有机地结合起来。

监狱及其人民警察要有市场意识,形成监狱科研成果有偿使用的观念,努力提高对科研成果运用效益的预测、评价、比较能力。常见的情况是在监狱实践中,由于监狱人民警察受文化素质及科研水平的制约,一些应用条件要求较高的科研成果可能会因主客观条件的限制而无法达到理想的效果,从而使对该成果的评价失真,因此,提高监狱人民警察的素质十分重要。监狱及其人民警察在树立市场化观念的同时,要积极提高自身素质,增强吸纳和运用科研成果的能力,提高监狱实践的效益,应根据市场的变化及自身的条件选择最有前景的科研成果及适用技术,他们不再是新技术的被动接受者,而是推动技术进步的最为积极的力量。②

以市场规律及利益为纽带将各主体连接起来的监狱科研成果转化系统的优点在于,通过利益连接起来的政府、司法院校和司法科研机构及其科研人员、中介机构、监狱及其人民警察等科研成果转化活动的各环节、各主体,在科研成果转化过程中既能获得自身利益的满足,又能形成一种良性的竞争互动关系。③

---

① 银纯泉:《高新技术成果转化理论与实证研究》,西南农业大学2003年博士学位论文,第88页。

② 詹慧龙:《农业科技成果产业化利益主体分析》,载《农业科技管理》2002年第1期。

③ 刘现武主编:《我国农业科研院所科技成果转化模式研究》,中国农业科学技术出版社2009年版,第40-44页。

第九章　研究结论与政策运用

监狱科研成果能否迅速转化为现实生产力，是实现监狱科研与监狱实践紧密结合的关键，也是发挥监狱科研作用的主要体现。为了加速监狱科研成果转化，本书从系统的角度出发，结合我国国情，在深入研究的基础上，指出了监狱科研成果转化中存在的问题，并相应提出了对策建议。

第一节　研究结论

在全面深化改革的背景下，监狱的改革与发展需要监狱科研成果的支持，而监狱科研成果转化的状况显示，监狱科研成果转化亟待加强。监狱科研成果转化与其他领域的科研成果转化有共通之处，同时也有自己独特的特点和要求。从前文的系统的研究中，本书获得了一些结论，这些结论的集合给出了监狱科研成果转化的完整描述。在此，对这些结论进一步加以整理和精练，总结出本书的基本结论如下：

一、科研成果转化，21 世纪社会及其各个领域发展的主旋律

随着知识经济时代的来临和新科技革命的兴起，知识已成为生产力提升与社会发展的主要驱动力。人类社会的发展，将比以往任何时候更加依赖于知识的生产、扩散和应用，知识在人类社会发展中将起着决定的作用，而作为知识聚合体的科学技术，已经成为支撑和引领经济发展及社会进步的主要动力，科学技术的发展将成为人类社会和经济发展的基础。

对于国家来说，在知识经济时代，知识是获得持续竞争优势的源泉，知识的生产力将成为一个国家竞争力的决定因素，没有任何国家在这方面有自然的优势或

劣势,唯一的优势是经济地利用公开可利用的各种知识的能力,因此,各国政府都致力于科技成果转化。进入21世纪以来,世界各国尤其是发达国家,把促进科技成果转化,推进产学研紧密结合作为提升国家综合国力和竞争力的重要手段。目前,发达国家科技成果转化为生产力并取得实效的比例在60% -80%。

对于社会的任何一个领域和部门来讲也是一样。在21世纪,任何一个领域和部门,也必须借助和依靠知识和科学技术才能得以生存、发展。我们可以看到,在知识经济和新科技革命兴起的时代,一大批借助和依靠知识和科学技术的新的领域和部门不断涌现,同时,又有一大批因不能适应知识经济和科学技术的领域和部门不断萎缩、甚至消亡。因此,在社会的许多领域和部门,都应大力进行科研成果转化,以科研成果转化促进自身的发展。

二、监狱的改革与发展需要监狱科研成果的支持

为了推进社会的全面发展,党的十八届三中全会通过了《中共中央关于全面深化改革若干重大问题的决定》,其中第九部分专门就"推进法治中国建设"问题作出具体规定,这一决定对今后监狱的改革和发展提出了宏伟目标和明确要求。在中央部署的关于推进法治中国建设深化改革的任务中,有多项都涉及监狱,这些重要部署为未来一段时期我国监狱的改革、发展和建设指明了方向。《中共中央关于全面深化改革若干重大问题的决定》和中央关于推进法治中国建设深化改革任务的部署,为新时期监狱的发展提供了重要契机,同时也对新时期监狱工作提出了重大挑战。一方面,各项改革举措在运作中亟须监狱科学理论指导和科学论证;另一方面,在监狱改革与发展过程中出现的各种各样的问题和困惑,也需要监狱科学理论给予全面而正确的回答。

正是在这样一种背景下,应创新监狱科学研究,实现监狱科研成果的有效转化,将监狱科研成果运用于指导监狱改革与发展的实践,解决监狱改革与发展实践中出现的各种热点、难点和焦点问题,全面做好罪犯改造工作,全力维护监狱的持续安全稳定,最大限度地提高罪犯的改造质量,为贯彻落实十八届三中全会决定精神,正确而有效地完成监狱的各项改革任务,为维护社会和谐稳定,保障现代化建设繁荣发展,促进国家长治久安作出应有的贡献。

三、监狱科研成果转化的状况显示监狱科研成果转化亟待加强

在今天,科学技术是第一生产力,已经成为整个社会的广泛共识,科学技术在

生产力发展及社会变革中的现实作用有目共睹，人们已经越来越自觉地认识到了科研成果转化的重大意义，在社会的各个领域，科研成果转化的问题开始成为焦点和重点，并采取各种措施切实促进科研成果向现实生产力的转化。

但时至今日，监狱科研成果转化的必要性和重要性却仍然没有引起监狱理论研究者和监狱实际工作者应有的重视。一方面，随着监狱内外环境的变化以及在押犯数量的不断攀升，监狱监管改造罪犯的压力越来越大，急需监狱科学理论的指导，急需监狱科研成果提供理论支持和智力服务，以提高罪犯改造的质量；另一方面，新中国成立后，特别是改革开放以来我们所取得的大量的监狱科研成果却被束之高阁，在监狱科研方面，人力、财力、物力是付出了，却没有得到充分的转化应用，没能产生应有的社会效益和经济效益。

与其他领域的科研成果转化相比，监狱科研成果转化已经大大滞后于其他领域的科研成果转化，不能满足政府对科研成果转化的要求和监狱改革与发展的需要，监狱科研成果转化亟待加强。

四、监狱科研成果转化与其他领域的科研成果转化有共通之处，同时也有自己独特的特点和要求

一方面，监狱科学是人们对客观世界的一种认识，是知识，是科学，也是生产力或者说也对生产力有直接的作用和间接的影响，监狱科学成果和其他科学成果一样也要经过转化，才能转化为生产力和现实的社会力量。就此而言，监狱科学与其他科学并没有什么不同。① 因此，监狱科研成果转化可以借鉴其他领域科研成果转化的有效方法。

但是，另一方面，监狱科学、监狱科学研究以及监狱科学研究成果都有不同于其他科学的特点，监狱科研成果向现实生产力转化的动力、机制、途径和条件等，与其他领域的科研成果转化也都有很大的不同。因此不能与其他科学一概而论，无视其特殊性。

1. 监狱科学的属性及性质方面的特点。从科学的分类以及社会科学的含义及其分类来看，很明显，监狱科学应属于社会科学的范畴，具有明显的社会科学的属性。监狱科学以监狱及其发展规律为研究对象，在科学性质上属于上层建筑、

① 刘春霞：《当前辽宁省社会科学成果转化问题研究》，东北大学 2009 年硕士学位论文，第 12 页。

意识形态，从总体上说，监狱科学主要是通过社会意识对于社会存在的能动反映来实现其影响的。监狱科学的这种属性及性质必然会影响到监狱科学成果的转化。

2. 监狱科学研究的特点。首先，监狱科研的对象和客体具有自身的特点。监狱科研的对象和客体是监狱及各种监狱现象。监狱科研以监狱及其发展变化规律为研究内容，其研究任务是揭示各种监狱现象的本质及其发展规律。监狱是一种由人组成的人为的社会机构，监狱现象是一种社会现象，从监狱科研的对象和客体可以看出，监狱科研不属于自然科学研究，而属于社会科学研究的范畴。因此，监狱科研的客体有参与性。作为监狱科研客体的人，会影响监狱科研中资料的客观性和理论预测的准确性。其次，监狱科研主体方面也具有自身的特点。监狱科研工作者本身就是他所研究的监狱现象的参与者，是某一社会阶级、阶层和集团的一分子，因此，其在研究过程中不可能或很难采取纯客观的立场，必然会以这种或那种方式，把其所属的社会阶级、阶层和集团以及自己的政治倾向、价值观念、宗教情感等带进研究过程，从而影响研究结果。

3. 监狱科研成果转化的特点。与其他科研成果转化、特别是自然科学成果转化相比，监狱科研成果转化具有自身的特点，主要表现在以下几个方面：一是转化的具体方式与自然科学不同；二是转化受阶级、阶层和集团利益的影响大；三是转化产生的结果主要是或直接是社会效益。监狱科研成果转化的这些特点对于监狱科研成果的转化来说，既是有利因素，同时也是障碍因子，制约着监狱科研成果的转化。

五、监狱科研成果转化是一个由监狱科研成果供给者、监狱科研成果使用者、中介机构、政府相关部门四大主体构成的系统，监狱科研成果转化受监狱科研成果品质因素、监狱科研成果使用者的需求与能力因素、中介因素、环境因素等四大因素的影响

从监狱科研成果转化涉及的主体的角度看，监狱科研成果转化主要涉及四大主体：

1. 监狱科研成果供给者。监狱科研成果供给者，主要包括各级司法院校和直接隶属于各级司法行政部门的科研机构，当然也包括其他兼职监狱研究的院校和科研机构。它们承担着创造、供给监狱科研成果的任务。因此，从监狱科研成果

转化的过程来看,它们属于监狱科研成果的输入端,是监狱科研成果转化的第一主体。

2. 监狱科研成果使用者。监狱科研成果使用者,主要包括各级各类监狱及其人民警察和司法行政和管理部门及其领导者和管理者。监狱科研成果转化的过程,是监狱科研成果从监狱科研成果供给者转移到监狱科研成果使用者的过程。因此,从监狱科研成果转化的过程来看,监狱科研成果使用者,属于监狱科研成果的接收端,是监狱科研成果转化的另一主体。

3. 中介机构。要使监狱科研系统了解监狱实践部门的需求,就必须建立反映需求的中介机构,将监狱实践部门需求的信息传递到监狱科研系统中去。要使监狱实践部门了解到有哪些科研成果可以满足其需求,也要借助于中介机构。

4. 政府相关部门。政府相关部门,是监狱科研成果转化的又一主体。政府相关部门之所以是监狱科研成果转化的主体,是因为:一是监狱科研成果为监狱政策制定提供理论依据,或者,监狱科研成果转化为监狱领导者和管理者的决策,从这个角度看,政府相关部门是监狱科研成果使用者,是监狱科研成果使用主体;二是政府相关部门是监狱科研成果转化过程中的领导者、管理者,在监狱科研成果转化的过程中起着促进、规划、调整、监督的作用,担负着为监狱科研成果转化营造良好转化环境的职责。

从系统构成的角度看,影响监狱科研成果转化主要有四个方面的因素:

1. 监狱科研成果品质因素。监狱科研成果转化过程的成功与否,首先取决于监狱科研成果供给者提供的科研成果的品质,优质的监狱科研成果是监狱科研成果转化成功的前提和基础。一项研究成果能否被转化,能够实现多大的转化,该研究成果本身的品质无疑是最根本的因素。如果监狱科研成果供给者提供的研究成果品质低劣,如针对性不强、成熟度不够、综合配套性差、创新不足、效益差等,无论监狱科研成果转化主体怎么努力,这些成果的转化效果都将不会理想。

2. 监狱科研成果使用者的需求与能力因素。有了监狱科研机构,有了一支优秀的监狱科研人才队伍,也有了大量的、优质的监狱科研成果,这只能说是完成了监狱科研成果转化完整过程的一半。监狱科研成果的转化还要有对象和客体,还要有吸收者和接纳者,即监狱及其人民警察。作为科研成果吸收者和接纳者的监狱及其人民警察的状况,直接影响监狱科研成果的转化。影响监狱科研成果转化的成果使用者方面的因素众多,既有监狱科研成果使用者思想认识方面的因素,也有监狱科研成果使用者转化动力方面的因素;既有监狱科研成果使用者转化能力方面的因素,也有监狱科研成果转化内部环境方面的因素。而且这些因素还相互影响、相互制约,共同影响监狱科研成果转化。

3. 中介因素。在监狱科研成果转化中,中介系统作用十分重要,它能促进监狱科研成果的供方与追求方互相配合,融合成一个整体,提高合作的效率。中介机构实质是提高监狱科研成果转化中政府与市场互补的一个机制。随着我国市场经济的发展,监狱科研机构及其科研人员与中介机构直接联系增多,并且,监狱科研机构及其科研人员为了通过成果的转化而获取经济利益,也大量地直接参与监狱科研成果转化的转化活动。

4. 环境因素。监狱科研成果转化是一项复杂的系统工程,需要相应的环境支持。在监狱科研成果转化中,各主体需要协同合作,更重要的是建立一个良好的科研成果转化环境。一个良好的、完善的环境是监狱科研成果转化的重要前提和条件。监狱科研成果转化既与科研成果供给机构和成果使用机构的内部环境密切相关,又与外部环境因素相关。

六、监狱科研成果转化中科研供给侧存在的问题及原因

(一)监狱科研人员方面存在的问题

一是思想观念僵化,缺乏成果转化意识。很多监狱科研人员最多只是重视监狱科学及监狱科学研究本身,仍然轻视对监狱科研成果的转化。他们认为监狱科研人员的本职工作只是搞科研、出成果和结果,养成了只管研究,不管转化的观念和习惯。有些监狱科研人员只注意监狱科研有出成果的功能,而缺乏转化监狱科研成果的观念。对这些人来说,其监狱科研与社会实践常常脱节,科研课题有时并不是来自监狱实践,而是关起门来搞科研,以至于长期以来,形成了"一科研,二评奖,三入库"的科研观念。取得成果便完事大吉,再去争取新的课题。成果能否转化以及如何转化,与自己无关。由于成果不适应监狱的需要,结果"成果一大套、实践不对号,谁也不爱要"。

二是监狱科研与监狱实践脱节,监狱科研及其成果滞后。思想僵化,不能坚持理论联系实际的优良作风表现在监狱科研中,就是监狱科研与监狱实践脱节。很明显,这些监狱科研人员根本就没有成果转化意识,也自然不会有推广、应用和转化其成果的现实行为。监狱科研脱离监狱实际上不仅表现在没有很好地将监

狱科研成果应用到指导监狱实践中去，而且还表现为很多监狱科研课题并不是来自监狱实践，导致“两头”都不“在外”。长期以来我国监狱科研的自我封闭是形成人们轻视监狱科学和影响监狱科研成果推广、应用和转化的重要因素。监狱科研与监狱实践脱节，必然导致我国的监狱科研及其成果一度滞后。我国的监狱科研一度在双重意义上落后了：其一是落后于我国监狱实践发展的客观需要，其二是落后于国外监狱科学的发展。

三是没有正确处理好监狱科学基础研究和应用研究之间的关系。在我们的监狱科研中，在处理监狱科学研究中的基础研究和应用研究之间的关系中，存在两种错误倾向：一种倾向是只注重基础研究而忽视应用研究；另一种倾向是只注重应用研究而忽视基础研究。在当今的监狱系统，的确有些人认为监狱科学基础研究是远水不解近渴；搞监狱科学基础研究又太苦、太累、缺经费、难出成果、获奖难、待遇差；现在的一些司法和科研机构也倾向于重视监狱科学中应用型学科的建设；再加上一些监狱科研人员不甘心寂寞，急功近利等，从而出现了重实用技术，轻科学理论，重实用研究，轻基础理论研究的倾向，这是目光短浅的表现，是片面的，错误的。没有今天的监狱科学基础研究，就没有明天的监狱科学研究成果应用，也就没有后天的监狱实践水平的提高。

（二）监狱科研成果本身品质存在的问题

通过现有监狱科研成果的分析不难发现，现有监狱科研成果在其本身品质方面，主要存在成果针对性不强、成果质量不高、成果成熟度不够、成果综合配套性差、成果效益可行性差等问题，这是导致监狱科研成果转化率偏低的来自成果本身的因素。

一是成果针对性不强。由于特定的历史原因和各种现实因素的影响，导致监狱的科研成果供给与监狱的实际需求之间存在较大的错位，导致了很多研究成果不能适应监狱现实需求。二是竞争型成果偏多，成果质量不高。三是成果自身的成熟度不够。科研成果成熟度越高，推广、应用就越有条件和保障，反之则越有风险。如果监狱科研成果达不到足够的成熟度，就会大大增加使用过程中的风险。目前，我国一些监狱科研成果不能被转化，与这些成果自身的成熟度不够有关。四是成果综合配套性不足。由于我国监狱科研机构的部门分割，难以开展合作研究，导致监狱科研成果综合配套性不足。五是缺乏效益上的可行性。

（三）导致监狱科研供给侧问题的原因

导致监狱科研供给侧问题的原因，主要有以下几个方面：

1. 研究者不同于实践者的文化

如果从文化角度去分析导致监狱科研供给侧问题的原因，监狱科研人员不同于监狱实践者的文化则是导致监狱科研供给侧问题文化方面的原因，这也是影响监狱科研转化的深层根源。研究者不同于实践者的文化，主要表现在：一是不平等的地位；二是看问题的不同角度，实践者与研究者之间的紧张关系往往是由于他们各自所处的不同地位以及看问题的不同角度引起的；三是对学术的不同看法。以大学为基地的学术研究是在那种"傲慢、权威和独立"的传统中成长起来的，那种重基础研究轻应用研究的风气还有相当的市场，他们觉得研究工作的重点应放在当前的实践领域。

2. 监狱科研组织队伍因素

科学的发展，依赖于科学本身的生产能力，即从事科学研究的人员的数量和水平，以及他们所拥有的研究手段和社会对科学研究活动所给予的经费、道义方面的支持。科研人员是科学活动中最活跃的因素，科研成果的数量和水平，首先取决于科研人才的数量和水平。

要产出更多、更好的监狱科研成果，有效地转化监狱科研成果，一定要有一支高水平的、数量充足的监狱科研队伍，这是生产优质监狱科研成果的关键，也是转化监狱科研成果的前提。没有这样一支队伍，既无法进行监狱科学研究以便产出更多、更好的科研成果，也无法对产出的监狱科研成果进行转化。

在监狱科学研究的组织队伍方面，存在三个方面的主要问题：一是监狱科研队伍的数量还不足；二是监狱科研队伍的整体质量和水平不高；三是监狱科研队伍的团队建设不充分。

3. 司法院校和司法科研机构内部科研管理因素

一是科研管理观念落后。虽然我国的经济制度朝着社会主义市场经济方向转变，但是司法院校和司法科研机构内部科研管理观念仍然没有完全摆脱传统计划经济观念的影响，在内部科研管理上仍然习惯于固守旧有的观念，而面对市场化改革所带来的挑战不能很好地适应。主要表现在：缺乏服务意识，重"管"轻"理"；缺乏质量意识，只注重科研量的扩张；缺乏成果知识产权保护意识和转化意识，只注重科研成果发表与鉴定；缺乏信息意识与策划意识，科研项目与成果奖采用“闭门造车式”的申报方式。

二是科研管理体制僵化。主要表现在:集权的科研管理体制;“封闭被动式”科研管理模式;“金字塔形”的科研管理组织结构;按“职务与职称分配”的科研分配体制。

三是科研管理机制不顺。主要表现在,科研管理的评价机制存在的问题:不合理的量化科研评价,致使科研评价的科学性受到了质疑;不合理的利益导向,引发了学术上的急功近利行为和浮躁心理;不合理的论文考核指标,导致学术作假案时有发生。科研管理的激励机制存在的问题:激励机制的基础与依据——绩效考评体系不尽合理;激励机制的手段方法单一,难以达到理想的效果;激励机制的制定和实施在某些方面显失公平;促进科研成果转化的激励机制欠缺。

七、科研成果在监狱科研成果使用侧转化的现状及其影响因素

(一)监狱方面在监狱科研成果转化中的现状

从对监狱及其人民警察调研的情况看,监狱及其人民警察转化监狱科研成果的状况不容乐观。主要表现以下几个方面,或者说从以下几个方面可以明显地看出监狱及其人民警察转化监狱科研成果的状况不佳:一是对监狱科研以及监狱科研成果转化的态度消极;二是对监狱科研以及监狱科研成果缺乏最基本的了解;三是监狱科研成果转化意识及实践均较弱。

(二)导致转化现状的监狱科研成果使用侧方面的影响因素

导致转化现状的监狱科研成果使用侧方面的影响因素,主要表现在以下几个方面:

1. 认识因素

调研中我们发现,在监狱领导和监狱人民警察中,普遍存在以下几个方面的错误认识,这些认识不同程度地影响监狱科研成果的转化。一种认识是,认为监狱工作简单易行,从事监狱工作可以只靠经验,不必经过系统、正规的科学知识的学习和教育就会无师自通,就会成为合格的监狱工作者。另一种认识是,做一个好“看守”,年复一年、日复一日地低水平地重复着监管改造活动。还有一种认识是,认为搞科研是专门机构与专门人员的事,监狱人民警察只要能运用理论指导监管改造的实践就行了,没有必要去探索发现新规律;认为监狱人民警察的主要任务是看好罪犯,搞科研会分散监狱人民警察的精力,影响监管改造质量;认为监

狱人民警察充其量只是看守，即使搞科研，也搞不出什么名堂；认为搞科研是司法行政部门和监狱的事，与他们无关；认为搞科研是监狱及其领导的事，与他们无关，况且搞不搞科研成果转化，照样职务晋升、加工资、拥有铁饭碗，等等。凡此种种，均是导致转化现状的监狱科研成果使用侧方面的认识方面的原因。

2. 转化动力因素

从调研的情况来看，监狱领导和监狱人民警察都不同程度地存在转化监狱科研成果动力不足的情况：

一是监狱人民警察缺乏转化监狱科研成果的积极性。对监狱人民警察的调研显示，在目前的监狱管理体制和机制下，一方面，监狱人民警察整天忙于管理、教育和改造罪犯的日常事务，压力巨大，没有空余时间去思考管理、教育和改造罪犯问题，没有时间和精力去了解监狱科研成果，也就无法顾及监狱科研成果转化了；另一方面，转化科研成果与监狱人民警察的职务晋升、经济收入、物质或精神奖励等关系不大，转化不转化科研成果对他们的利益影响不大，这必然导致他们不愿意投入时间和精力去了解监狱科研成果、应用监狱科研成果。

二是监狱领导缺乏科技创新的积极性。对监狱领导的调研显示，在目前的监狱领导体制和机制下，一方面，由于科研成果转化具有成本高、周期长、风险大的特点；另一方面，由于缺乏鼓励监狱领导应用研究成果的激励机制，缺乏鼓励他们的创新意识的物质和精神奖励机制，这种状况，导致监狱领导缺乏科技创新的主体意识，缺乏转化监狱科研成果的积极性，不愿意去应用研究成果，承担科研成果转化的风险，只局限于按部就班、维持现状。

三是监狱对科研成果的需求不旺盛。从正在建立社会主义市场经济体制的大背景来观察分析，监狱接受科研成果方面存在的许多问题与障碍主要表现在，(1)监狱接受科研成果的现实态度受到社会发展阶段的影响。(2)一方面，部分监狱科研成果成熟程度比较低，而监狱对其期望值过高。另一方面，许多监狱还没有完全从计划经济时期那种无偿地、被动地、靠行政力量推动来接受科研成果的状态中转变过来，总希望国家来推广，科研成果拿来就用，立竿见影。(3)现行的监狱管理运行机制减低了监狱接受科研成果的热情。(4)许多监狱的经济状况使其接受科研成果力不从心。

3. 转化能力因素

转化能力要素主要体现在以下几个方面：

(1)监狱人民警察科研转化能力不足

一是科学文化素养还不够高。由于历史的原因和各种现实因素的影响,我国监狱人民警察整体受教育水平低且提高缓慢,理论和科学文化素养还不够高,这必然会影响到对监狱科研成果的学习、理解、接受和把握,从而导致我们的监狱及其人民警察科研转化能力不足。

二是科研理论知识薄弱,缺乏自觉的方法论意识。目前,监狱人民警察的基础知识比较薄弱,专业知识只是初步内容,至于进行科学研究所需的统计学、测量学、研究方法学、经济学等专门领域的知识几乎是空白。缺乏自觉的方法论意识,表现为:其一,研究方法单调,绝大部分监狱人民警察在研究中只知道使用归纳法和演绎法,很少使用别的研究方法;其二,研究方法欠科学,往往是讲一两个例子,然后得出一个结论,或先讲一两个例子,再讲结论,其结论的科学性、可靠性是大可怀疑的。监狱人民警察科研知识调查结果显示,监狱人民警察科研基本理论和科研方法知识储备还很不充分。

三是科研能力明显不足。科研能力的调查结果显示,监狱人民警察在正确选题、文献处理、选择方法和撰写论文等方面的科研能力存在明显不足。监狱人民警察科学文化素养偏低、科研理论知识薄弱、方法论意识的缺乏以及科研能力的不足,把握不好科研成果所要转化的方向,也没有好的方法引导自己转化,最终转化的效果往往差强人意。

(2)监狱研究开发力量薄弱,"二次"开发的能力不强

一是监狱研究开发力量薄弱。我国监狱开发研究也与我国整体的开发研究一样,监狱研究开发力量薄弱。监狱研究开发的大部分力量集中在司法院校和司法科研机构,监狱科研力量薄弱,研究开发与消化吸收监狱科研成果能力不强。从根本上讲,监狱研究开发力量薄弱的原因,是由于我国监狱对来自外在的压力不够敏感,缺乏自觉依靠科学技术进步的动力和实力。此外,监狱组织机构和运行机制不甚合理,缺少进行科学技术开发所需要的实力和能力也是原因之一。

二是"二次"开发的能力不强。监狱科研成果转化的最后实现,还需要把这种成果应用到监狱实践中去,形成效率与效益。监狱科研成果转化率低的根本原因是没有实现高比例的结合。这种把实验性科研成果转化为监狱实践操作,实现科研成果与实践紧密结合的工作,又称科研成果"二次"开发或"再开发"。监狱科研成果转化率低的原因之一就是没有搞好"二次"开发。

4. 监狱内部环境因素

监狱内部环境主要存在以下几个方面的问题：一是监狱科研成果转化的制度保障不完善。就目前的监狱现状来说，社会施加于监狱的巨大压力致使监狱管理体制刚化，在这种刚性的监狱管理体制下，监狱将社会施加给它的压力又转移到监狱人民警察身上，致使监狱人民警察工作任务繁重，根本没有时间去思考问题，参与科研时间受到很大的阻碍。二是监狱科研成果转化的机制比较欠缺。就目前的监狱的科研成果推广现状来说，还没有建立一个完善的推广机制，监狱科研成果推广还是远远不够的。三是监狱科研成果转化文化氛围不强。

八、监狱科研成果转化中介存在的问题

目前我国科研成果转化中介服务工作在发展中存在不少问题，仍是国家创新体系中亟待加强的薄弱环节。存在的主要问题具体体现在以下几个方面。

一是对科研成果转化中介服务工作不够重视。二是缺乏促进和规范科研成果转化中介发展的政策法规体系，现有的科研成果转化中介普遍羸弱。这主要表现在：有关科技中介服务的政策法规还不够健全，缺乏促进和规范科研成果转化中介机构发展的政策法规体系，科研成果转化中介条件差，专业化程度不高，等等。三是科研成果转化中介机构官办色彩明显，市场化程度不高。四是科研成果转化中介机构缺乏高素质的、结构合理的专业人才队伍，缺乏对中介人员的激励机制。目前在我国从事科研成果转化中介服务的大部分人员都是改行过来，虽然有一定的科学技术方面的背景和知识，但是缺乏市场营销、法律、经营管理等方面的知识和经验。甚至有些科研成果转化中介从业人员缺乏职业道德，不顾行业信誉，在中介服务中弄虚作假，败坏科研成果转化中介的社会名誉，造成科研成果转化中介服务的市场需求不足。

九、科研成果转化中介机构自身建设不力

我国科研成果转化中介机构自身建设存在的主要问题有：一是科研成果转化中介机构力量分散，协同作用有待发挥；二是国际化程度低，与国际接轨有很大的差距。目前国内科研成果转化中介服务机构大都停留在国内开展业务，在业务、信息、管理模式等方面还远未达到国际化的程度。

十、政府监狱科研成果转化的环境建设存在的问题

一是法律制度不健全。无论是在知识产权方面，还是在科研合作立法方面，相关法律法规及其实施细则都不健全。二是政策和支持力度不够。具体来讲，主要有以下几个方面的问题：政府财政投入不足，制约了监狱科研创新与转化。监狱科研成果转化政策落实力度不够，激励机制不健全。三是政府科研管理体制不顺畅。目前我国监狱科研成果转化率低、转化难的根本原因是政府科研管理体制存在严重的不足：(1)受到体制等诸多因素的影响，由于监狱科研成果转化涉及司法院校和司法科研机构、政府与监狱三方面的体制，导致有限的科研资源无法实现有效的整合，极大阻碍了政府在监狱科研成果转化中的职能发挥；(2)虽然我国每隔一段时间就有科技发展规划，但是在科研成果转化链上缺乏有效的总体布局和规划，这是我国当前科研管理中存在的一个突出问题；(3)多级机构管理、科研组织行政化，导致科研成果创新与转化环境的恶化。科研活动管理的过度集中和多级管理，导致了科研管理主要靠会议、文件、报表、汇报、批条、评比等行政手段来组织科技工作，通过对人、财、物的分配权，直接控制、干预微观科研组织机构的科学研究和技术发展活动的全过程，这就导致一方面滋生了浮躁和腐败现象，另一方面造成科研系统缺乏主动为社会发展服务的意识，使整个科研系统缺乏压力、动力和活力。过度行政化使某些科研人员将原本做研究的精力和时间投入非科研活动中，滋养了不良的学术风气，对科研创新和科研成果转化带来消极影响。四是政府科研评价机制不合理。五是政府科研成果转化公共服务平台羸弱。政府科研成果转化公共服务平台羸弱，主要表现在以下方面：我国科研成果转化公共服务平台建设投入不足且不合理；科研成果登记制度和信息发布制度不够完善；科研成果信息服务能力不高；科研成果技术交易信息服务不能满足需要；科研成果技术标准体系建设亟待完善；科研成果转化知识的科普服务有待进一步发展和完善，科研成果转化知识的人才培训服务有待加强。

第二节　政 策 运 用

在得出研究结论之后，研究人员通常会对研究的应用价值作出判断，并在研

究报告中阐述其政策意义，因为其中很多都蕴含着研究者对自己研究成果的期待。当然，尽管研究的“政策意义”由研究者本人构建，而研究所实现的“政策价值”却取决于决策者。①

监狱科研成果转化是涉及司法院校和司法科研机构及其科研人员、监狱及其人民警察、中介机构和政府相关部门等多个主体的系统工程，受到监狱科研成果本身品质、监狱及其人民警察的转化需求和转化能力、中介因素和转化环境等多种因素影响，需要多种战略措施协调配套，多管齐下，综合作用，才能加快我国监狱科研成果转化。因此，其对策也涉及各个方面，笔者拟从参与监狱科研成果转化的主体入手，结合监狱科研成果转化的影响因素，分别提出加强我国监狱科研成果转化的政策建议。

一、给监狱科研成果供给侧的政策建议

（一）解决好研究者与实践者由于文化不同而产生的矛盾

为了更好地解决研究者与实践者之间的矛盾，可以借鉴科尔曼提出的“机构的分离”和“方法的多元”的观点。科尔曼认为，让执行规划的机构来评价自己的工作是不适宜的，除去自我评价以外至少应该有一种来自外来机构的评价。因此，科尔曼提出了“机构的分离”和“方法的多元”的观点。为了达到这种多元化，他考虑了一些能相互补充的方法。首先，可以委派两个或两个以上的相互独立的机构来进行研究。其次，由不同的机构对研究成果给予各自的评价。为了尽可能公正无私地来评价科研成果，我们还可以考虑建立“科学法庭”。方法问题和技术问题可以由有能力、有兴趣的派别在“科学法庭”予以处理。最后，还应该考虑研究成果传递的多元化。

在研究者同实践者如何进行联系方面，一些国家的做法，尤其是机构上的安排也值得借鉴。在使科学研究与重要问题联系起来的方面，美国的私人基金会，如卡内基财团和福特基金会，起到了重要的促进作用。这些基金会通过对有希望的研究项目和革新提供初期补助金，使研究者有机会解决被人忽视的问题。在多数情况下，英国和瑞典的研究者同实践者之间的联系是由皇家专门调查委员会作为媒介的。

---

① 闵维方：《学术的力量：教育研究与政策制定》，北京大学出版社2010年版，第153－154页。

信息的交流是建立研究与实践之间良好关系的关键问题。许多事例证明，“现成”的研究成果对实践过程有强烈的影响，这一事实说明了信息传播的重要性。迈克尔·科尔斯特及其合作者也相信，信息传播是使研究者和实践者互通有无的唯一办法。科尔斯特指出，大多数人对研究的利用有错误的看法。他们倾向于寻找研究在实践中直接的应用，而忽视其中许多影响实践的不同方式。

（二）加强监狱科研组织队伍建设

要提高监狱科研成果的品质，促进监狱科研成果的有效转化，就需要健全监狱科学的教学和研究机构，造就一支宏大的、高素质的队伍，培养大量的从事监狱科学研究、教学和监狱科学成果转化方面的人才。

1. 壮大监狱科研队伍

监狱科研人才队伍建设，应首先从监狱科研人才的数量抓起。

一是稳定现有监狱科研队伍。我们的监狱科学研究所要充分地用好监狱科学方面的人才。各级监狱管理部门和领导要尊重监狱科学方面的人才，并制定相关政策，保护好这些人才，为他们在监狱科学研究中开拓进取、施展聪明才智创造条件，并充分发挥他们的作用。要及时改善监狱科研人员的工作、学习和生活条件，对作出突出贡献的监狱科研人员，也要像对作出突出贡献的其他领域科学家一样，给予重奖。

二是吸引其他领域的科研力量。我们还可以成立科技人才市场，采取优惠政策，大力引进优秀的监狱科学人才。开发智力，引进人才，不仅要开发国内的智力，引进国内的监狱科学人才，充分发挥国内监狱科学人才的作用，还要引进国外的智力和国外的监狱科学人才，充分发挥国外监狱科学人才的作用。

三是加紧监狱科研人才培养。各级司法院校要大力培养监狱科学方面的人才，特别是高素质人才。利用刑事一体化思想的兴起及其社会对监狱问题日趋关注的机会，重振监狱科学研究。利用高校硕士、博士研究生的招生扩招的机遇，更多培养监狱科学方面的硕士、博士研究生。

2. 提升监狱科研队伍质量和水平

在社会飞速发展的今天，知名度和影响力的形成需要监狱科研人员在强烈的社会责任感和时代感驱使下，研究出大量的、高质量的科研成果，高质量的成果又来自于高质量的人才。

（1）培育监狱科研人员的科研精神与追求

从事科学研究的老一辈优秀学者之所以优秀，之所以能生产出大量的、优质的科研成果,这与他们在科学研究中所体现出的崇高精神和追求是分不开的。因此,要提升监狱科研队伍质量和水平,首先应该从培育他们的科研精神与追求入手。主要培育以下几个方面的科研精神与追求:一是监狱科研人员的社会责任;二是监狱科研人员的求实精神;三是科研人员的严谨学风。

(2)提高监狱科研人员的"基本功"

为了更好地发挥监狱及其人民警察在监狱实践中的作用,笔者认为,可以从以下几个方面努力,监狱科研人员应该具有以下几方面"基本功":一是监狱科研人员应坚持严谨、务实的学术态度;二是监狱科研人员应具有实践关怀;三是监狱科研人员应有强烈的现实关怀和问题意识;四是监狱科研人员应有淡泊功利的"学者情怀";五是监狱科研人员应有扎实的监狱理论基础和主流理论储备;六是监狱科研人员应有进入监狱科研现场的勇气和智慧;七是监狱科研人员应有培养用来打通现象与理论的"社会学的想象力";八是监狱科研人员应尽可能做到价值中立和研究的客观性。

(3)提升监狱科研人员的科研能力与水平

提升监狱科研人员的科研能力与水平的主要措施包括:一是强化主体意识,塑造独立品格;二是拓宽研究视野;三是夯实理论根基;四是促进学科交流,突出问题研究;五是创新监狱科学研究方法,加强实证研究。

3. 搞好监狱科研团队建设

科研团队建设能够整合科技与人力资源,提升攻关能力,整合物力资源,提高科研资源的利用率。先进的科研团队,不仅有利于提高科研成果的品质,也是出高项目、大项目的保证。搞好监狱科研团队建设的主要措施包括:一是增强科研团队成员的主观能动性;二是提升科研团队成员个体创新能力;三是吸纳高端人才进入科研团队;四是允许学术争鸣;五是形成包容和谐的科研团队氛围;六是创造良好的科研团队学术环境。

(三)监狱科研人员应自觉树立成果转化意识,转化研究模式

1. 树立监狱科研成果转化意识

监狱科学及监狱科研人员要走出书斋,与日新月异的监狱变革和发展紧密结合,坚持理论联系实际,坚持"两头在外",从现实中发掘和提炼研究课题,推出一大批对监狱现实具有重要指导意义的监狱科研成果,通过转化的途径,以科学的、具备超前意识的理论成果和成熟的对策性研究指导监狱实际工作,解决监狱实际

问题，并为监狱有关的部门和领导的相关决策提供科学依据，只有这样，才既能使自身得到发展，又能转化为现实的社会力量，显现其巨大的社会效益，为监狱的变革和发展作出应有的贡献。也只有如此，才能转变监狱科学及变革和发展工作者不同程度存在的理论脱离实际的不良学风和作风，改变人们对监狱科学及监狱科研人员的偏见，赢得社会的重视和认同，重新塑造自身良好的形象，同时使监狱科学在这一过程中焕发出活力。

2. 从监狱实践及其需要中选题立项

要优化监狱科研成果的选题立项主要有两条途径：一是司法院校和司法科研机构自身发掘有应用前景的选题；二是依靠监狱提出有意义的选题，不管哪条途径，都要求司法院校和司法科研机构面向监狱。一旦实行社会化运行，便要求司法院校和司法科研机构既要对监狱需求保持高度敏感，积极地向监狱推销自己的科研成果，如努力通过各种媒体宣传自己，又要加强横向科研力度，深入监狱内部，分析、探询它们需求，同时对自我能力的估计和司法院校与司法科研机构未来的发展方向保持清醒的认识。因此，司法院校和司法科研机构要迅速调整好自己的位置，加强与监狱的纵深合作，承担监狱急需解决的研究课题，与监狱广泛合作，走联合开发、联合生产，共同发展之路，这是优化司法院校和司法科研机构科研选题的必经之路。

3. 正确处理监狱科学基础研究和应用研究之间的关系

为了促进监狱科研成果的转化，在监狱科学基础研究与应用研究间的关系上，一方面，我们必须注意并下大力搞好监狱科学的应用研究，这有利于贯彻监狱科研要面向监狱主战场，满足监狱需要，并会带来明显的效益，直接推动我国监狱的发展，也有利于形成良好的学风，树立监狱科学的形象。另一方面，我们也要重视和加强监狱科学的基础研究，它是监狱科学应用研究的基础、源泉、先导和后盾。监狱科学基础研究在理论上的重大突破可以为扩大应用研究创造必要的前提条件。监狱科学基础研究是监狱科学进步的基础，保障基础研究持续和稳定的发展是增强我国监狱科学和提高我国监狱科学研究水平的重要途径。

4. 构建监狱实践的问题

利用监狱科研和监狱科研人员在监狱实践问题构建中的独特价值，以期更好地发挥监狱科研和监狱科研人员在监狱实践问题构建中的作用，不仅能提高监狱科研成果的品质，也有利于监狱科研成果的有效转化。一是监狱科研人员要以理论认识和学术敏锐提出监狱实践问题；二是监狱科研人员要通过学术研究准确地界定监狱实践问题；三是监狱科研人员要以学者的责任和谋略参与监狱问题构建。

5. 不断提高和完善监狱科学研究

尽管学术的力量不容忽视，但研究者们也承认，监狱科学研究真正影响到监狱实践的案例只是少数，而其中重要原因之一就是监狱科学研究本身还需要不断完善。为此，首先，需要加强调查研究；其次，应该学会提出对策建议；最后，还应该学会对策性的文本表达方式。

（四）创新司法院校和司法科研机构内部科研管理制度

1. 更新科研管理观念

科研管理观念是管理行为的先导，管理行为受其观念的指导。没有科研管理观念的更新，就不可能有管理行为的创新。因此，首先必须更新科研管理观念。更新科研管理观念要做到四个转变：一是强化服务意识：从重“管”轻“理”向管理与服务并重、以服务为主的转变。二是强化质量意识：从注重科研量的扩张向质与量并举，以质为主转变。三是强化知识产权保护意识和成果转化意识：从注重科研成果“发表与鉴定”向成果“发表、鉴定、申请专利、转化”四位一体转变。四是强化信息意识与策划意识：科研项目与成果奖的申报方式从“闭门造车式”向“开放策划式”转变。

2. 转变科研管理体制

在更新科研管理观念的基础上，应该建立一个面向监狱、开放流动、竞争协作、优势互补、相互融合、充满生机和活力的科研管理体制。科研管理体制转变主要包括：一是科研管理从“集权或分权模式”向“一体化模式”转变；二是科研管理从“封闭被动式”向“开放主动式”转变；三是科研管理从“金字塔形”向“扁平化和网络化”转变；四是分配体制从“按职务与职称分配”向“按劳按知分配”转变。

3. 创新科研管理机制

（1）完善科研评价机制

司法院校和司法科研机构科研评价工作的科学化应从完善科研评价机制入手，要注意做好以下几方面的工作：一是在改进科研成果量化评价的同时，积极探索包括定量分析相结合的其他多种形式的评价机制；二是完善科研评价的利益导向机制，克服学术上的急功近利行为；三是加强科研人员的科学道德建设，建立学术惩戒处罚制度。

(2)创新科研管理的激励机制

有效地实行科研激励机制,能起到充分调动广大科研人员从事科研工作的积极性,激发他们的创造性,使他们生产更多更优质的科研成果,积极主动转化科研成果。鉴于科研激励过程中存在的种种问题,必须加强司法院校和司法科研机构科研管理中激励机制的创新。一是夯实激励机制的基础与依据——建立科学、合理的绩效考评体系。二是各种激励措施协调统一,主要包括:①经济报酬激励与非经济报酬激励的统一;②内外激励相辅相成;③长时激励与短时激励相统一;④正向激励与负向激励相结合。三是实施分类激励。通过正确适合的分类,对于青年科研人员、中年骨干科研人员、学科带头人,因人而异地制定激励策略,从而达到最大的激励效果。四是建立促进科研成果转化的激励机制。包括:加强职称与科研成果转化工作的关联度;确立科技成果推广奖与其他"三大奖"同等重要的观念;建立和完善有利于科研成果转化的多元化的利益分配机制;建立有利于科研成果转化的激励机制。

二、给监狱科研成果使用侧的政策建议

(一)转变认识,走出认识误区

思想是行动的先导。导致目前监狱科研成果转化偏低的一个重要原因,是认识上存在许多误区,因此,要提高监狱科研成果转化率,只有从转变认识,走出认识误区入手才能见效。

首先,监狱领导要转变认识。监狱领导要深刻认识科研成果转化对于监狱事业的意义,认识到监狱科研成果转化是推动监狱改革发展、提高罪犯改造质量的重要途径,牢固树立科研立监、科研兴监、科研强警的观念,将监狱科研成果转化工作提升到更高的战略地位。

其次,监狱人民警察也要转变认识。对于监狱人民警察来说,也应认识到监狱科研成果及其转化对自己的实际工作和自身专业成长的重要性,端正对监狱科研成果及其转化的认识,自觉地变监狱科研及其成果转化的"局外人"为"局内者",切实做到把监狱科研成果的转化落实于自我的成长和对罪犯改造质量的关注上。

(二)激发动力

1.激发监狱人民警察转化监狱科研成果的动力,可以从这两个方面入手:

一是必须保障监狱人民警察转化科研成果能够获得高于、至少不低于不转化的收益。这就需要监狱要改革现有的监狱人民警察管理制度，将评优评先、职务晋升、警衔晋升等与监狱科研成果转化研成绩挂钩，同时，设立监狱科研成果转化奖励制度，对进行科研成果转化的监狱人民警察进行物质和精神奖励，形成监狱科研成果转化的动力激励机制。二是保障监狱人民警察有时间和精力进行科研成果转化。一方面，合理安排监狱人民警察的作息时间，给负担过重的干警"松绑"，实现科研和监管改造两不误；另一方面，通过各种方法扩充干警资源，减轻目前在职干警的工作压力，将其从繁重的监管改造任务中解放出来。

2. 激发监狱领导转化监狱科研成果的动力，也需要从两个方面入手：一是改革现有的监狱领导体制和机制，建立激励监狱领导应用科研成果的制度，促进监狱领导对科研成果的应用。对因应用研究成果而提高了自己的政绩的监狱科研成果给予物质和精神上的奖励。同时，加强监狱领导应用科研成果的培训，实现循证决策，将监狱决策建立在科学的研究成果基础上。二是针对科研成果转化本身的特点，政府相关部门要支持监狱的科技进步，在监狱科研成果转化方面，给予监狱资金、技术等方面的支持和保障。

（三）加强科研培训与指导，培养提升转化能力

对监狱人民警察进行培训与指导，提升监狱及其人民警察转化监狱科研成果的素养与能力，是提高我国监狱科研成果转化率的必要措施。

1. 加强监狱理论学习，提高监狱领导干部的监狱科学理论水平。今天，面对新的形势和任务，我们的监狱干部特别监狱领导干部的监狱科学素质还不能完全适应。为此，我们要在监狱领导干部中加强监狱理论学习，提高监狱领导干部的监狱科学理论水平，就必须形成一整套的行之有效的方式、方法和制度：一是要完善监狱干部脱产进修制度；二是坚持监狱领导干部在职自学制度；三是建立监狱领导干部监狱科学理论学习考核制度。

2. 加强对监狱人民警察科研培训和指导。监狱人民警察素养的提高是一个长期的过程，从科研知识的学习到科研技能的掌握，再到科研意识和精神的形成，都是一个不断累积的过程。在这个发展过程中，需要监狱和科研部门对监狱人民警察进行培训，形成对监狱人民警察科研活动有力的支持，从而培养和提高他们的科研素养。在科研培训方面，监狱应多组织培训，同时加强科研培训的针对性；在监狱人民警察的教育与再教育中，加强对其科研素质的培养；在科研指导方面，

应加强科研指导力度,形成以监狱人民警察为主,以大专院校或上级科研机构指导为辅的科研模式。

（四）让监狱人民警察参与监狱科研及其成果转化全过程,在科研实践中培养监狱人民警察的科研素养

监狱人民警察是监狱科研成果转化的利益主体。重视监狱人民警察的主体地位,让他们能够充分参与到监狱科研活动中,将有利于监狱科研成果转化。

第一,建立监狱人民警察参与科研及其成果转化的平台。相关监狱管理部门应该完善现有监狱人民警察参与科研及其成果转化体系,包括建立综合性的交流中心,并利用网络等平台使监狱及其人民警察与科研部门之间随时可以相互了解和开展合作。

第二,推动监狱人民警察参与科研及其成果转化组织的建设和发展。首先,要支持富有监狱科研经验和一定科研成果的监狱人民警察组建科研组织,以组织的形式,带动广大监狱人民警察积极投身于监狱科研及其成果转化中。其次,重视发挥现有的监狱组织在带动监狱人民警察参与科研及其成果转化中的作用,发挥监狱工作协会及其各个分会在连接监狱实践部门与司法院校和司法监狱科研机构中的桥梁作用。

第三,构建监狱实践导向的科研支持体系。建立监狱实践导向的科研支持体系,首先,要从科研选题开始就立足监狱的需求。构建监狱实践导向的科研支持体系,从选题时就应考虑到科研成果的应用前景,并及时在如何应用转化上开展研究。其次,促进监狱科研指导方式的转变。监狱科研人员不能仅仅只向监狱人民警察传授一般的科研技能,还要引导监狱人民警察进入科研现场,让他们参与科研及其成果转化的全过程,并在这一过程中,给予他们耐心细致的指导和帮助。

第四,支持和保护不同主体的利益。协调各方的利益,特别是支持和保护参与监狱科学研究和成果转化的监狱人民警察的利益,才能激发监狱人民警察参与科研及其成果转化的积极性。

第五,在监狱科研实践中培养监狱人民警察的科研素质。如同在游泳池中学会游泳一样,监狱人民警察的科研素质也必须在监狱科研的实践中不断培养提高。因此,我们要鼓励监狱人民警察参与科研实践,积极为他们创造参与科研实践的环境和条件。只要广大监狱人民警察积极参与科研,他们的科研素质就一定会在实践中不断得到培养和提高。

(五)监狱人民警察要增强科研主动性,努力提高自己的科研素养

监狱人民警察科研素养的提高是一种自我完善的过程,监狱人民警察自身的科研主动性是其科研素养提高的内在动因。监狱人民警察科研素养主要包括科研意识、科研知识、科研能力与科研精神。监狱人民警察要提高自身的科研素养,就需要从科研素养的各个组成部分上着手。

第一,端正科研态度,突出问题意识和反思意识的培养,持续磨砺科研精神。监狱人民警察的科研意识和科研精神的自我养成,要突出以下几个方面:一是端正科研态度。二是突出问题意识和反思意识的培养。监狱人民警察要树立问题意识,善于在实践中寻找问题、从理论学习和研究中发现问题、从他人的研究成果中提出问题,并把这些问题直接转化为研究问题。同时,监狱人民警察应加强对自我实践的反思,通过反思,积极参与问题解决的自主研究,使自己一步一步地成为“行动研究者”,这是监狱人民警察提高自身科研素养的重要举措。三是不惧困难、积极进取的科研精神。

第二,不断加强科研知识学习,做好科研知识储备,做到厚积薄发。科研素养的提高是一个潜移默化逐步积累的渐进过程,监狱人民警察只有自觉努力地学习罪犯改造理论,并把理论的学习和日常的工作实际及科研活动相结合,才能不断地提高自己的理论水平和思想素养。只有具备了扎实的理论素养,科研素养的形成和发展才会有稳固的基础。

第三,立足现实条件,从开展“草根式”小课题研究开始,在科研实践中逐步提升科研能力。基于监狱与自身的现实条件的限制,对于监狱人民警察而言,进行大课题研究和系统研究可能不现实,这就要求监狱人民警察采用适合自己的小课题,从开展“草根式”小课题研究开始,逐步提高自己的科研能力。

(六)提升监狱研究开发能力和“二次”开发的能力

1. 鼓励和支持建立监狱研发机构,提高监狱研究开发能力,使监狱成为研究开发主体,是促进监狱科研成果转化的重要途径。

为鼓励和支持建立监狱研发机构,提高监狱研究开发能力,促进监狱科研成果转化,可采取以下措施:一是建立监狱技术进步机制。要继续深化监狱体制改革,依靠科学技术进步的压力和动力,使监狱由于利益驱动在发展中产生对科学技术进步的强劲需求。二是加大对监狱科研的投入,增强监狱进行科研开发的经济实力。政府相关部门的科研拨款应向监狱倾斜,大幅度提高监狱使用政府研究

与开发投入的比重，通过加大科研资金投入，使监狱有实力进行科研开发。三是制定有关鼓励和支持监狱培养和吸收高水平科研人才的政策和措施，为培养一批高水平的科研人才，为在国内外有较高知名度的跨世纪的科研开发创造良好的环境与条件。四是积极研究我国监狱科研合作的特点和机制，鼓励监狱与高等学校、科研院所合建研究开发机构，联合开发项目，鼓励科研院所以各种形式进入监狱。五是将监狱科研开发体系的建立作为现代监狱制度建设的重要内容，将建立和完善监狱的科研开发机构，提高监狱的技术开发能力作为今后一个时期促进监狱改革与发展的一项重点工作来抓，将监狱科学技术进步和科研开发工作的成效作为政府对监狱进行择优支持的依据。

2. 进行“二次”开发，完善配套措施

一是进行科研成果选择。在选择的思路上，必须思路清晰，选择既着手解决一些近期的具体问题，又立足于长远综合发展的科研成果，防止在科研成果选择上出现“头痛医头、脚痛医脚”的现象。清晰的选择思路还要靠选择标准去实现。选择标准多种多样，很难统一，一些基本的标准可归纳如下：其一，先进性与适应性相结合的科研成果；其二，对监狱系统发展具有关键意义的科研成果。在科研成果选择时，这几个方面都必须综合考虑，绝不可偏废。

二是选择试点试验。在实施试点试验时，要建立利益共享、风险共担的利益机制。要发挥科研和监狱两个方面进行试点试验的积极性，必须建立利益机制，建立科研示范点，选派专家和科研人员到示范点蹲点，边做试验研究，边示范推广，使科研成果迅速地转化为现实的监狱生产力。

三是完善配套措施。一项新的科研成果投入监狱实践部门，存在一个新科研成果与旧监狱系统配套的问题，也就是说，监狱系统与新科研成果的融合问题，同时也还有创造一些新的环节与所应用的新科研成果配套的问题。这在使用新科研成果的过程中还是一个比较复杂的系列工作。过去，新科研成果难以应用，在很大程度上是缺少配套的系列措施，因此，为了使新科研成果得以应用，必须在试点示范中把配套措施的完善作为一项重要工作。

（七）创设有利于科研及成果转化良好的监狱内部环境

1. 健全监狱科研的管理体制与机制，为监狱科研成果转化提供制度保障

第一，在监狱增设专门的科研管理机构。在监狱增设专门的科研管理机构——科研科（或科研室），专门负责监狱的科研及成果转化工作。第二，构建监

狱科研成果的推广机制。第三,建立完善的监狱科研成果转化效益评估机制。

2. 完善三大科研保障,为监狱科研及其成果转化提供优越的条件

第一,科研资讯保障。一方面,要加大投入创造良好的硬件条件,搞好监狱的图书室建设和计算机网络化建设,优化配置图书资料和科研设备;另一方面,加强监狱人民警察进行计算机网络信息技术的培训,建立信息管理制度,使监狱与外部有一个畅通的信息交流通道,为监狱人民警察提供大量、及时、精确、丰富、新颖的国内外科研成果信息。第二,科研时间保障。一是监狱领导要转变思想,树立向"科研要效益,向科研要质量"的管理理念,合理安排他们的作息时间,给负担过重的干警"松绑";二是通过各种方法扩充干警资源,减轻目前在职干警的工作压力,将其从繁重的监管改造任务中解放出来。第三,科研经费保障。监狱领导者应该树立"科研投资是最大效益投资"的观念,把科研经费投入作为一种成本纳入监狱成本预算,加大科研经费的投入,以此来鼓励干警参与科研、转化科研成果。

3. 营造氛围,为监狱科研及其成果转化创设良好的内部环境

实现监狱科研成果的顺利转化,监狱内部环境是强有力的内部引导与保障,因此,第一,监狱应积极营造浓厚的科研氛围。要营造良好的科研氛围应做到两点:一是领导要树立好榜样,做科研成果转化的典范;二是监狱要形成尊重研究者的氛围。第二,鼓励并加强监狱人民警察之间的合作研究。成立监区或分监区研究组,积极鼓励同监区或分监区的监狱人民警察进行合作研究活动,同时也鼓励跨监区或跨监狱的人民警察之间进行合作研究活动。第三,创造宽松、自由的内部文化环境。通过以上这些举措为监狱科研成果转化创造有利的内部环境保障。

三、建设与完善监狱科研成果转化中介的建议

(一)切实提高对建设和完善监狱科研成果转化中介重要性的认识

监狱管理和罪犯改造工作,是国家创新体系的重要组成部分。因此,应提高对建设和完善监狱科研成果转化中介工作重要性的认识,发挥监狱科研成果转化中介在促进监狱科研成果转化方面的纽带作用,努力营造促进监狱科研成果转化的良好氛围,从而实现监狱管理和罪犯改造工作的创新,为国家创新体系的建设作出自己的贡献。

(二)积极扶持监狱科研中介发展

我国监狱科研中介机构不仅数量少,而且服务能力也较低,因此,需要政府在

多个层面加以扶持:一是制定科研中介机构发展的法规体系,积极为科研成果转化中介的发展创造良好的法律法规环境;二是制定相应的政策,鼓励科研成果转化中介机构的发展;三是推进有利于科研中介机构加快发展的信息环境建设。

(三)依托司法院校和科研机构,新建一批监狱急需的科研中介机构,同时鼓励科研中介机构的市场化发展

在加强现有监狱科研成果转化中介机构能力建设的同时,应根据监狱科研成果转化需要,立足司法院校和科研机构优势,新建一批依托司法院校和科研机构、监狱急需的科研成果转化中介机构,与我国监狱的改革与发展相协调。

在扶持和新建监狱科研成果转化公共中介机构的同时,按照国家和地方事业单位改革的部署,将部分业务能力突出的部门向科研中介机构转变,将其中一部分改制为"自主经营、自担风险、自我约束、自我发展"的具有独立法人资格的监狱科研成果转化中介服务机构,奠定中介行业发展的组织基础。进一步改革政府对科研中介机构的现行管理体制,政府部门要逐步放权,发挥政府部门的服务、监督、协调职能,保证科研中介机构在市场活动中公平、公正和中立地从事业务。同时,积极营造各类监狱科研成果转化中介机构平等竞争的市场环境,引导监狱科研成果转化中介机构面向市场化发展。

(四)加强监狱科研成果转化中介服务队伍建设

面对当前我国监狱科研成果转化中介服务的从业人员素质急需提高的现状,应采取以下措施:一是应鼓励司法院校相关专业的师生和科研院所及各类监狱的有实践经验的科研人员从事中介服务,同时鼓励更多的高素质人才(包括海外留学人员)参与到监狱科研成果转化中介服务中去;二是在人才管理方面,全面推进职业资格证书制度,建立科研成果转化中介服务业职业资格标准体系;三是要加强对现有监狱科研成果转化中介服务机构从业人员的教育、培训,提高其整体素质。

(五)强化监狱科研成果转化中介机构自身建设

1. 推动科研成果转化中介行业协会的建立

鼓励司法院校、科研机构、监狱积极加入科研成果转化中介机构,在政府、司法院校、科研机构、监狱之间发挥桥梁和纽带作用,逐步完善行业自律体系。

2. 加强科研成果转化中介的对外交流与合作

一是加强监狱科研成果转化中介与社会科研成果转化中介机构的交流与合

作,监狱科研成果转化中介机构要积极融入社会中介机构体系建设之中;二是加强国际合作与交流,提高监狱科研成果转化中介机构社会化服务水平。

(六)充分发挥监狱工作协会在科研成果转化中的作用

中国监狱工作协会(China Prison Association,CPA)是司法部直属单位,也是隶属于中华人民共和国司法部的一个行业协会。中国监狱工作协会完善的组织机构、精细的专业分工、广泛的内部网络联系、数量众多的会员等,非常有利于监狱科研成果的转化。从中国监狱工作协会的宗旨和职能可以看出,中国监狱工作协会的宗旨职能,恰恰是监狱科研成果转化的条件,如果能促进中国监狱工作协会履行宗旨和职能的充分发挥,将极大促进监狱科研成果的转化。为此,一要充分发挥监狱工作协会在监狱科研成果信息交流中的作用;二要充分发挥监狱工作协会在监狱科研成果转化中的作用。

四、给政府相关部门建设和完善监狱科研成果转化环境的政策建议

(一)明确政府在科研成果转化中的作用定位

一是明确政府在促进科研成果转化中的职能。政府在科研成果转化方面有领导、协调、参与、支持、引导、规范、管理、服务等多种职能。二是加强对科研成果转化工作的领导。要着重加强制定政府有关部门的协议,厘清关系,明确职能,合理分工,加强配合,统一制定有关科研成果转化的政策措施,统筹部署有关科研成果转化的活动。三是制定和实施有利于科研成果转化的政策法规。四是政府在促进科研成果转化中提高服务。其内容主要是采取一系列措施为科研成果转化提供支撑条件。

(二)完善有关监狱科研成果转化的法律法规

第一,制定一部规范和支持监狱发展、增加科研成果转化需求的法律;第二,加强对监狱科研中介机构支持和规范的立法,通过立法规范和支持监狱科研中介机构的发展;第三,进一步完善知识产权法以有效保护监狱科研工作者的智力劳动成果;第四,应当进一步修改、完善相关税收等政策。

(三)制定有利于监狱科研成果转化的扶持与激励政策

在监狱科研成果转化方面,政府的作用更多地表现为政策扶持上。具体来讲,包括以下政策:第一,财税政策上,加大财政对监狱科研投入的力度;第二,监狱科研成果转化促进政策上进一步加强科研中介机构的政策支持力度,促进科研

机构和监狱信息交流;第三,监狱科研成果转化激励政策上,政府要努力完善科研成果转化的配套政策,建立监狱科研成果转化的激励机制,鼓励科研人员积极投身监狱科研成果转化的实践活动中。

(四)改革政府的科研管理体制

深化政府科研管理体制改革的方向是建立与市场经济体制相适应的科研管理体制。政府科研管理体制改革可从以下两个大方向入手:首先,对我国政府科研管理体制中政府、监狱、司法院校、司法研究机构等行为主体之间的关系重新进行设定,对科研活动分层次管理,明确各主体在科学技术发展和科研成果转化中发挥的作用,建立层次分明、分工合作、联系紧密、结构合理的科研管理体系。其次,遵循市场经济的原则,区分政府与市场在科学技术发展和科研成果转化中的职能作用,整合各种社会资源进行有效的配置。具体来讲:一是要重建政府与司法院校和司法科研机构、监狱之间的“三螺旋”关系;二是搞好科研成果转化链上的总体布局和规划,加强基础研究和基础应用研究与科研开发和科研成果转化之间的联系;三是政府应当鼓励和支持司法院校和司法科研机构改革内部的微观科研和人才的管理体制;四是完善政府监管机制,营造科研成果创新与转化的良好环境。

(五)建立公正合理的科研评价机制

第一,创新监狱科研成果评价的有关观念,剔除现有评价体系弊端。第二,改革政府现行评价体制。第三,建立与监狱发展相匹配的评价制度,首先是明确监狱科研成果评价制度应涵盖的内容。其次是建立科学的成果评价制度。最后是建立全面的评价指标。第四,在目前监狱科研工作者的业绩评价中,将科研成果与监狱实际工作结合的广度和深度作为考核监狱科研工作者业绩的主要内容之一。

(六)促进科研成果转化公共服务平台建设

促进科研成果转化公共服务平台建设的措施包括:第一,加强科研成果转化公共服务平台建设的组织领导;第二,完善科研成果信息服务体系;第三,加大科研成果转化公共服务平台建设投入力度;第四,强化科研成果转化公共服务平台监督管理;第五,实行科研成果转化公共服务平台新型管理模式和运行机制;第六,大力加强技术标准研究,完善技术标准体系;第七,营造科研成果资源共享的社会环境;第八,加强科研成果转化知识的人才培训服务。

主要参考文献

[1]于中涛、肖德富:《社会科学成果的推广应用与转化》,中国农业出版社 2003 年版。

[2]彭文晋主编:《科技成果转化概论》,羊城晚报出版社 2008 年版。

[3]丁中文、陈奇榕、黄耀东编著:《农业科技成果转化概论》,中国农业科学技术出版社 2004 年版。

[4]马占元、王慧军主编:《农业科技成果转化概论》,中国农业出版社 1994 年版。

[5]李绪鄂主编:《科技成果转化的问题与对策》,中国经济出版社 1994 年版。

[6]中共中央政策研究室文化组编著:《科技成果转化成功之路》,辽宁大学出版社 1995 年版。

[7]唐五湘、黄伟主编:《科技成果转化的理论与实践》,方志出版社 2006 年版。

[8]张玉臣主编:《科技成果转化的政策支撑》,上海科学普及出版社 2001 年版。

[9]董朝斌主编:《新经济与科技成果转化》,上海科学普及出版社 2001 年版。

[10]向善荣编著:《农业科技成果转化与产业化》,江西高校出版社 1997 年版。

[11]原玉全等编著:《科技成果转化实践及其机理》,国防工业出版社 1998 年版。

[12]赵玉林:《科技成果转化的经济学分析》,企业管理出版社 2000 年版。

[13]张健华:《高校科技成果转化中的政府职能研究》,天津人民出版社 2013 年版。

[14]刘现武主编:《我国农业科研院所科技成果转化模式研究》,中国农业科学技术出版社 2009 年版。

[15]彭毅、唐小我主编:《促进高校军事科技成果转化应用的研究》,电子科技大学出版社 1994 年版。

[16]于中涛编著:《农业科技成果的推广与转化》,中国农业科技出版社 1996 年版。

[17]徐思祖主编:《农业科技工作者指南从选题立项到成果转化》,中国农业出版社 1996 年版。

[18]银纯泉:《高新技术成果转化理论与实证研究》,西南农业大学 2003 年博士学位论文。

[19]李友华、韦恒等:《科技成果推广转化绩效评价理论与方法研究》,中国农业出版社 2008

年版。
[20]袁邦玉、汪海波等:《加速我国科技成果转化专题文集》,国家行政教务部1996年版。
[21]上海市高新技术成果转化服务中心编:《科技成果转化的实践与思考科技成果转化十二周年征文集》,上海科学普及出版社2008年版。
[22]马忠法:《创新型国家建设背景下的科技成果转化法律制度研究》,上海人民出版社2013年版。
[23]沈菊琴、卢小广、冯步云等:《江苏省县(市、区)科技成果转化路径、绩效评价及对策分析》,黄河水利出版社2008年版。
[24]刘洪涛、董金友主编:《自主创新与科技成果转化》,河南人民出版社2008年版。
[25]单伟:《企业内部隐性知识流动与转化研究》,哈尔滨工业大学2008年博士学位论文。
[26][美]彼得·德鲁克:《知识管理》,杨开峰译,中国人民大学出版社1999年版。
[27]张雨:《农业科技成果转化运行机制》,中国农业科技出版社2006年版。
[28]叶良均:《农业科技成果转化问题研究》,中国科学技术大学2008年博士学位论文。
[29]陈涛:《高校科技成果转化的系统分析》,东北大学2009年博士学位论文。
[30]张健华:《高校科技成果转化中的政府职能研究》,南开大学2010年博士学位论文。
[31]程媛:《高校科技成果转化的促进机制研究》,浙江大学2012年硕士学位论文。
[32][德]克劳斯·冯·柏伊姆:《当代政治理论》,李黎译,商务印书馆1990年版。
[33]任永安、卢显洋:《中国特色司法行政制度新论》,中国政法大学出版社2014年版。
[34]王泰主编:《监狱学概论》,中国政法大学出版社1996年版。
[35]刘娟:《社会科学研究项目管理》,中国财政经济出版社2006年版。
[36]黄福康主编:《社会科学基础知识》,江西高校出版社2006年版。
[37]杨云香主编:《社会科学研究管理导论》,河南人民出版社2009年版。
[38]龙海明:《我国高校科研成果绩效评价制度研究》,湖南大学出版社2015年版。
[39][美]肯尼思·D.贝利:《社会研究方法》,1982年英文版。
[40]《教师百科辞典》编委会编:《教师百科辞典》,社会科学文献出版社1987年版。
[41][美]贝塔朗菲:《一般系统论的历史和现状》,载《科学学译文集》,科学出版社1981年版。
[42]张文焕、刘光霞、苏连义编著:《控制论·信息论·系统论与现代管理》,北京出版社1990年版。
[43]万安中:《中国监狱发展的探索与思辨》,中国政法大学出版社2013年版。
[44]杨世云:《比较监狱学》,中国人民公安大学出版社1991年版。
[45]夏宗素等:《新中国监狱学的回顾与前瞻》,载《中国监狱学刊》1999年第5期。

[46]钟贤道等:《科技转化论——关于科学技术转化为生产力诸问题的研究》,国防科技大学出版社 1993 年版。
[47]华东师范大学教育科学资料中心编:《当代国外教育研究》,华东师范大学出版社 1986 年版。
[48]闵维方:《学术的力量:教育研究与政策制定》,北京大学出版社 2010 年版。
[49][美]唐纳德·肯尼迪:《学术责任》,阎凤桥等译,新华出版社 2002 年版。
[50]傅家骥:《技术创新学》,清华大学出版社 1998 年版。
[51]许庆瑞:《研究、发展与技术创新管理》,高等教育出版社 2000 年版。
[52]汪力主编:《高校科研管理论纲》,白山出版社 2008 年版。
[53]李新荣:《高等院校科研管理研究》,中国经济出版社 2008 年版。
[54]国防科技成果办公室编:《科技成果管理的理论与实践》,国防工业出版社 1989 年版。
[55]李景元等:《现代企业技术创新基础与成果开发转化》,中国经济出版社 2010 年版。
[56]周杨:《科技成果转化视角的高校知识生产力研究》,浙江大学 2011 年博士学位论文。
[57]喻登科:《科技成果转化知识管理绩效评价研究》,哈尔滨工程大学 2010 年博士学位论文。
[58]王辉坡:《科技成果转化的知识管理及对策研究》,哈尔滨工程大学 2007 年博士学位论文。
[59]李为忠:《我国监狱人民警察科研素养调查报告》,载《河南司法警官职业学院学报》2015 年第 6 期。
[60]李豫黔:《构建我国监狱工作创新发展八大体系研究》,载《犯罪与改造研究》2017 年第 1、2 期。
[61]冯卫国、于淑彦:《监狱科学——谈监狱学研究之进路》,载《河北法学》2005 年第 5 期。
[62]刘德刚、牛芳、唐五湘:《“科技成果”一词的起源、演变及重新界定》,载《北京机械工业学院学报》2004 年第 6 期。
[63]刘春霞:《当前辽宁省社会科学成果转化问题研究》,东北大学 2009 年硕士学位论文。
[64]李新荣:《论地方高校科研管理工作的八大转变》,载《科技管理研究》2005 年第 8 期。
[65]于中涛、张玉麟、李学明、康贝贝、王玉秀、刘毅杰:《论哲学社会科学成果推广应用的重要意义》,载《沈阳农业大学学报(社会科学版)》2005 年第 3 期。
[66]肖玲:《中小学教师的教育科研成果转化研究》,西南大学 2015 年硕士学位论文。
[67]刘颖:《国防科技成果转化中政府的作用》,载《经济师》2003 年第 5 期。
[68]刘志辉、唐五湘:《新时期政府在科技成果转化中的作用》,载《科学学与科学技术管理》2006 年第 3 期。

[69]张建堂:《社会科学成果转化形态分析》,载《丹东师专学报》1998 年第 8 期。
[70]苏南科技开发编辑部:《科技中介的含义与分类》,载《苏南科技开发》2005 年第 11 期。
[71]高永洋:《我国肉制品质量安全保障体系研究》,山东大学 2011 年硕士学位论文。
[72]顾明远:《系统论》,百家出版社 1984 年版。
[73]周洋:《略论图书馆的系统管理》,载《中国科教创新导刊》2010 年第 11 期。
[74]徐元善:《略论现代领导系统的协同观》,载《地方政府管理》2000 年第 7 期。
[75]王瑜:《高等院校科技成果转化问题及对策探究》,成都理工大学 2016 年硕士学位论文。
[76]陶建华:《浅议高校科研成果转化存在的问题及对策》,载《中外企业家》2013 年第 3 期。
[77]梁立新:《试论我国高校科技成果转化的观念创新》,广西大学 2005 年硕士学位论文。
[78]田东良、郝桂琴:《提高科技成果转化率的措施分析》,载《农业科技管理》2008 年第 4 期。
[79]长人:《中国标准如何面向世界,面向未来——访中国标准化研究院副院长郑卫华》,载《中国质量与品牌》2005 年第 9 期。
[80]唐仁华、朱晓:《加强平台建设促进成果转化》,载《科技进步与对策》2003 年第 17 期。
[81]王黎明、曹怡春:《交通科技管理工作探析》,载《科技创新与应用》2013 年第 17 期。
[82]陈智慧:《科技管理体制改革的对策研究》,武汉科技大学 2013 年硕士学位论文。
[83]李建成:《高校科技成果转化的现状和对策研究》,湖南大学 2008 年硕士学位论文。
[84]王洛忠:《高校科技成果转化中的政府作用分析》,载《中国行政管理》2004 年第 3 期。
[85]杨木高:《监狱协会(学会)的前世今生》,载《犯罪与改造研究》2019 年第 8 期。
[86]顾建光:《发挥科技中介在科技创新中的作用》,载《中国行政管理学会 2004 年年会暨“政府社会管理与公共服务”论文集》。
[87]王贯中:《发展石油成果转化的中介机构的研究》,载《时代经贸(下旬刊)》2008 年第 8 期。
[88]杨美成、宋卫红:《技术创新机制转变与科技中介组织功能研究》,载《江苏科技大学学报(社会科学版)》2007 年第 3 期。
[89]徐洁:《如何开展“草根式”小课题研究》,载《基础教育》2008 年第 1 期。
[90]王利荣:《行刑法律机能研究》,法律出版社 2001 年版。
[91]郑伦仁:《大学教师学术责任缺失问题研究》,载《教育探索》2008 年第 9 期。
[92]汪永铨:《关于我国高等教育科学研究的几点思考》,载《教育研究》1999 年第 10 期。
[93]陈洁:《胡森:一位教育学家的学术生涯及其启示》,苏州大学 2004 年硕士学位论文。
[94]黄清:《课程研究的方法论原则》,载《教育评论》1999 年第 3 期。

后　记

本书是在中央司法警官学院监所治理体系和治理能力现代化研究专项项目研究成果基础上撰写的。所以,在这里,首先对学校、科研处及领导对笔者的研究立项和对本书的出版所给予的支持和大力资助,表示感谢。

本书在写作过程中,参考了许多专家和学者的研究成果和资料,在本书出版之际,对这些专家和学者表示深深的谢意。

本书提出的一些观点,仅仅是笔者尝试性的探索,限于水平所限,肯定会有浅陋和不成熟之处,恳请读者和同行专家们批评指正。

李为忠

2022 年 3 月 16 日

附录

监狱人民警察科研素养调查问卷

各位干警:你们好! 首先感谢大家在百忙之中抽出宝贵时间填写问卷,对大家的合作笔者表示衷心感谢!

填写须知:

1. 请你在所选的答案前打“√”,除特殊说明外,均为单项选择。
2. 如遇提示“可以多选”,则可以选择多于一个的选项,只要你认为合适的都要选上。
3. 如果你选择“其他”这一选项,请在上填写相关内容。

您的基本情况:

1. 您的性别:A. 男　B. 女

2. 您的年龄:A. 30 岁以下　B. 31 - 44 岁　C. 45 岁以上

3. 您的学历:A. 大专以下　B. 大专　C. 本科　D. 本科以上

4. 您的警衔:A. 警员　B. 警司　C. 警督　D. 警监

请您回答以下问题:

1. 您认为监狱干警有无必要进行科研

A. 完全没必要　B. 没必要　C. 可有可无　D. 有必要　E. 非常有必要

2. 科研是研究机构的事情,监狱干警应该集中精力教育改造罪犯

A. 非常同意　B. 比较同意　C. 无所谓　D. 比较不同意　E. 完全不同意

3. 科研活动可以切实提高罪犯改造质量

A. 非常同意　B. 比较同意　C. 不清楚　D. 比较不同意　E. 完全不同意

4. 科研活动可以提高干警的素质

A. 非常同意　B. 比较同意　C. 不清楚　D. 比较不同意　E. 完全不同意

5. 您反思过自己的改造罪犯活动吗

A. 没有　B. 偶尔　C. 经常

6. 您是否会主动将罪犯改造实践中的问题上升到理论层面来认识和思考

A. 完全会　B. 会　C. 部分会　D. 不会　E. 完全不会

7. 近些年来,您是否接触到了新的罪犯改造技术或者方法

A. 非常多　B. 比较多　C. 不清楚　D. 很少　E. 完全没有

8. 近些年来,您所接触到的罪犯改造技术或者方法,您认为是否适合自己的罪犯改造实践

A. 不适合　B. 条件不具备　C. 停留在理论学习阶段　D. 适合

9. 您对罪犯改造的专业理论知识

A. 系统地学过　B. 较系统地学过　C. 少量地学过　D. 零星地学过　E. 没有学过

10. 您目前的关于罪犯改造知识主要来源于(可多选)

A. 监狱或上级组织的培训　B. 职前学校教育　C. 职后学历进修　D. 自学　E. 其他

11. 您对罪犯改造科研方法这门课程的学习情况是

A. 没学过　B. 粗略学过　C. 认真学过　D. 认真学过并基本掌握

E. 认真学过并完全掌握

12. 您对下列哪些科研方法较为熟悉(可多选)

A. 观察法　B. 经验总结法　C. 实验法　D. 调查法　E. 个案研究法

F. 其他

13. 您是否了解进行课题研究要遵循“确定研究课题,提出研究假设,搜集、整理资料,分析资料和已有理论,撰写研究报告(论文)”这些程序

A. 完全了解　B. 了解　C. 不太了解　D. 不了解　E. 根本不知道

14. 在科研中您能根据进取性、需要性、创新性等原则进行选题

A. 完全能够　B. 能够　C. 部分能够　D. 不能够

15. 您能对查阅到的国内外相关文献资料进行归纳整理、分析鉴别,并客观地严谨地进行评论、阐述主观见解

A. 完全能够　B. 能够　C. 部分能够　D. 不能够

16. 您能从研究任务与对象出发,确定最合适的科研方法

A. 完全能够　B. 能够　C. 部分能够　D. 不能够

17. 在科研中，对所获得的数据，您能运用统计学的原理和方法进行处理、检验、分析和评价

A. 完全能够　B. 能够　C. 部分能够　D. 不能够

18. 您能否格式正确地写出一篇科研论文或报告

A. 完全能够　B. 能够　C. 部分能够　D. 不能够

19. 您选课题做研究，会选择

A. 具有研究价值，且有一定挑战性的

B. 容易的，且有一定研究价值的

C. 容易的，不考虑它是否具有研究价值

20. 当您确立一个研究课题之后，会克服一切困难，坚持到底，直至最后完成

A. 完全不符合　B. 基本不符合　C. 说不清　D. 基本符合　E. 完全符合

21. 在科研中，您能否自始至终坚持实事求是，采用经过实践调查的真实数据

A. 完全能够　B. 能够　C. 部分能够　D. 不能够

22. 在论文（或研究报告）的撰写过程中引用或参考他人的材料、数据或观点，您是否会注明出处并在参考文献中列出

A. 完全能够　B. 能够　C. 部分能够　D. 不能够

23. 您是否愿意与人合作开展科研

A. 非常不愿意　B. 不愿意　C. 根据具体情况而定　D. 愿意　E. 非常愿意

24. 和他人合作论文（或研究报告）时，您能否按照贡献大小降序排列的署名原则

A. 完全能够　B. 能够　C. 部分能够　D. 不能够

25. 您所在监狱的领导是否重视科研

A. 非常重视　B. 比较重视　C. 有一些重视　D. 不重视　E. 很不重视

26. 若您写过或要写文章，主要是为了（可多选）

A. 考核、评优

B. 完成上级安排的任务

C. 解决实际工作中的问题

D. 个人兴趣、爱好

E. 与大多数同事保持一致

27. 您目前阅览本领域报纸、杂志或专业理论书籍的情况是

A. 经常阅读 B. 有时阅读 C. 偶尔阅读 D. 一般不阅读 E. 从不阅读

28. 您是否热心于在监狱工作

A. 非常热心 B. 热心 C. 有点热心 D. 不热心 E. 很不热心

29. 您是否乐意为罪犯改造而辛苦劳累

A. 非常乐意 B. 乐意 C. 有点乐意 D. 不乐意 E. 很不乐意

30. 您所在监狱是否有足够的图书、报纸、杂志、信息资源供查阅或借阅

A. 完全有 B. 基本有 C. 有少量 D. 严重缺乏 E. 根本没有

31. 您是否撰写过罪犯改造笔记、反思或论文

A. 经常写 B. 有时写 C. 偶尔会写 D. 一般不写 E. 从未写过

32. 您是否参与或主持过任何层次的课题研究

A. 经常参加 B. 有时参加 C. 偶尔会参加

D. 一般不参加 E. 从未参加过

33. 您进行科研在时间上

A. 很充足 B. 充足 C. 基本充足 D. 有少量 E. 基本没有

34. 您所在监狱进行科研是否有足够的经费予以保障

A. 完全有 B. 基本有 C. 有少量 D. 严重没有 E. 根本没有

35. 您所在监狱或上级是否组织过科研知识或能力培训

A. 经常组织 B. 有时组织 C. 偶尔组织 D. 基本不组织 E. 从没组织

36. 您所在监狱进行科研能否能够得到科研机构或司法院校的科研指导

A. 完全能够 B. 能够 C. 基本能够 D. 基本不能够 E. 根本不能够

37. 若您现在有进行科研培训的机会，你会

A. 很想参加 B. 想参加 C. 无所谓 D. 不愿意参加 E. 很不愿意参加

38. 您觉得以什么方式进行培训效果会更好（可多选）

A. 系统授课（函授）

B. 系统授课（脱产学习）

C. 听讲座

D. 在实践中接受指导

E. 其他方式（请写出）

39. 您希望进行哪些方面科研内容的培训(可多选)

A. 科研选题

B. 科研设计

C. 科研方法

D. 论文撰写

E. 以上都需要

F. 其他(请写出)

40. 要促进监狱干警积极参与研究活动,你认为监狱应该采取什么措施(可多选)

A. 制定研究的奖励机制

B. 开展培训,加强培训力度

C. 加强课题研究的过程指导

D. 创设科研氛围,加强科研重要性的认识

E. 为干警提供学习外界经验的机会

F. 加强管理,增强领导科研意识

问卷到此结束,请你再从头到尾检查一次是否有漏答或错答的问题。最后,衷心感谢你的支持,谢谢!